C0-ANY-421

La
biblia de la longevidad

La
biblia de la longevidad

Susannah Marriott

Guía para una vida larga, sana y feliz

Para mi marido, nuestras chicas y sus abuelos.

Descargo de responsabilidad

El contenido de este libro tiene una finalidad meramente divulgativa. La información aquí expuesta no debe sustituir en ningún caso al consejo médico profesional ni ser utilizada para diagnosticar, tratar o curar enfermedades, trastornos o dolencias. Por consiguiente, la editorial no se hace responsable de los daños o pérdidas causados, o supuestamente causados, de forma directa o indirecta por el uso, la aplicación o la interpretación de la información aquí contenida.

Título original: *The Longevity Bible*

Traducción: Begoña Merino Gómez

© 2018, Susannah Marriott
© 2018, Octopus Publishing Group Ltd. por el diseño y la maquetación

Publicado originalmente en Gran Bretaña en 2018 por Godsfield Press, una división de Octopus Publishing Group Ltd., Carmelite House, 50 Victoria Embankment Londres EC4Y 0DZ

Susannah Marriott ostenta el derecho moral de ser identificada como la autora de esta obra.

De la presente edición en castellano:
© Gaia Ediciones, 2018
   Alquimia, 6 - 28933 Móstoles (Madrid) - España
   Tels.: 91 614 53 46 - 91 614 58 49
   www.alfaomega.es - E-mail: alfaomega@alfaomega.es

Primera edición: febrero de 2019

Depósito legal: M. 26.511-2018
I.S.B.N.: 978-84-8445-773-2

Impreso en China

Cualquier forma de reproducción, distribución, comunicación pública o transformación de esta obra solo puede ser realizada con la autorización de sus titulares, salvo excepción prevista por la ley. Diríjase a CEDRO (Centro Español de Derechos Reprográficos, www.cedro.org) si necesita fotocopiar o escanear algún fragmento de esta obra.

Índice

Introducción:
madurez, perspectiva, resiliencia

¿Qué es la longevidad? Según el diccionario es vivir hasta una edad avanzada, pero también se dice que algo es longevo cuando tiene constancia y persistencia. Por muy deseable que sea una vida larga, no es un objetivo tan valioso como una vida buena, abundante y duradera. Este libro habla de lo que podemos hacer para vivir mejor más tiempo, de alargar la «duración de nuestra salud» y de mejorar nuestro bienestar con cada año que pasa.

Este no es un libro sobre el envejecimiento. Envejecer es algo propio de la condición humana que sucede en todo momento, por muy viejos que seamos. Envejecer también es una característica universal. El universo lleva haciéndolo durante más de la mitad de sus trece mil millones de años de vida, su producción de energía ha ido reduciéndose en todas las frecuencias y galaxias, el ritmo de nacimiento de las estrellas es menor y su temperatura se ha ido enfriando. Nos guste o no, estamos conectados con el tiempo. Negarlo o esforzarnos por ser lo que no somos, ocultar lo que somos (avergonzados de tener nuestra edad) o definir un envejecimiento «deseable» por los rasgos de la juventud es negativo para nuestro bienestar y nuestra salud mental.

Este libro es más amable que eso. Nos anima a ser más generosos y genuinos, celebra lo bueno de envejecer (sabiduría, experiencia, confianza), y ofrece formas de mantener el equilibrio y el deseo de vivir a cualquier edad.

Envejecer bien implica ser más resilientes a lo que la vida nos presenta (cambios, pérdidas, adversidades) y procesarlo de manera que la existencia no pierda significado, resulte satisfactoria y sigamos motivados para recuperarnos y probar nuevas posibilidades. ¿Qué nos hace resilientes? Una vida activa, una buena dieta y suficiente sueño, la satisfacción vital y la autoestima, la estimulación cerebral, las interacciones humanas satisfactorias y el sustento espiritual. De eso habla este libro. La buena noticia es que la resiliencia no resulta afectada por la edad. La gente mayor es al menos tan resiliente como la más joven, según dicen los estudios. Tampoco parece afectarle el lugar en el que vivamos (ciudad, campo o las afueras), y puede ser aún mayor si tenemos una enfermedad mental.

Hablo mucho de yoga porque he visto sus beneficios en mis compañeros yoguis mayores y especialmente en nuestros instructores. El yoga es extraordinario para la salud física

a medida que envejecemos (mejora la fuerza de los huesos y los músculos, la coordinación, la flexibilidad, la respiración y la circulación), mantiene el cerebro activo y la mente consciente; facilita la relajación y el sueño, estimula el equilibrio hormonal y fomenta una actitud positiva. Nos ayuda a responder mejor a los cambios corporales y a las emociones, y aumenta nuestra conciencia sensorial. Tiene la reputación de sintonizarnos con los poderes espirituales (sabiduría, intuición, visión clara) que nos liberan de la negatividad

ARRIBA: En el mejor de los casos, envejecer es un momento de liberación y exploración que nos permite aprovechar al máximo cada día.

asociada a la edad, la enfermedad e incluso la muerte.

Conoceremos la reveladora visión del ayurveda, sistema médico tradicional indio, y de la medicina tradicional china en relación con el envejecimiento, así como historias y fábulas arquetípicas que nos ayudan a aceptar los aspectos más oscuros de envejecer. Los rela-

«Si en cada etapa de tu vida haces lo correcto, cuando hayas vivido mucho tiempo y alcanzado grandes logros tus acciones te rendirán dividendos notables. Y no solo porque no tendrás que anticipar tus acciones, ni siquiera en el supremo momento, en el mismo fin de la vida, sino por el gran placer que produce mirar hacia atrás y ver una larga vida bien empleada y muchas obras bien realizadas».

CICERÓN

tos de viajes al submundo o de la búsqueda de la vida eterna expresan nuestros miedos y esperanzas más profundos, y los símbolos de un buen envejecimiento, como la tortuga, el pino y el invierno (véanse las páginas 288, 251 y 384), pueden ser extraordinariamente significativos.

Este libro está lleno de esperanza y posibilidades que dan testimonio de nuestro potencial para aprender y transformarnos durante toda la vida.

IZQUIERDA: La belleza del invierno muestra las mejores cualidades de la edad avanzada: quietud y descanso profundo que nutren la energía creativa.

IMPRESCINDIBLE PARA ENVEJECER BIEN

- Mucho ejercicio.
- Alimentos nutritivos.
- Descanso de buena calidad.
- Respirar mejor.
- Mente enfocada y calmada.
- Alimentos para el cerebro.
- Relaciones amables.
- Amigos de todas las edades.
- Alegría de espíritu.
- Fuerza para resistir las tempestades.

La esperanza de vida actual

Durante los últimos cien años, la experanza de vida no ha dejado de crecer de forma estable y continuada. La Organización Mundial de la Salud (OMS) considera que este es uno de los grandes logros del siglo XX.

Debemos esta situación a las mejoras del medio ambiente (agua, dieta, calidad del aire) y a que vacunamos a los niños para protegerlos de las infecciones. Gracias a una mejor nutrición y a una menor exposición a enfermedades en la infancia, sobrevivimos y prosperamos.

Hemos ido viviendo más tiempo poco a poco, sobre todo en las últimas décadas, especialmente porque hay más gente que deja de fumar, los tratamientos de las enfermedades cardíacas y el cáncer han mejorado y la supervivencia de los niños y el tratamiento del virus de la inmunodeficiencia humana (VIH) en África han mejorado. La esperanza de vida promedio ha aumentado espectacularmente en el siglo XXI: entre 2000 y 2015 aumentó cinco años en todo el planeta,

el mayor incremento desde la década de 1960, según la OMS, más rápidamente en África. La esperanza de vida global es de 73,8 años en las mujeres y de 69,1 en los hombres, y se espera que alcance 85,3 y 78,1 en 2030. Japón es el líder mundial, con más de 83 años de esperanza de vida, pero en todas partes se observa un aumento que está por encima de los 80 años. Aun así, la diferencia entre sexos se mantiene: según la Organización de las Naciones Unidas (ONU), las mujeres viven 4,5 años más que los hombres.

En Australia, como en todas partes, la generación del *baby-boom* ha ido envejeciendo y el número de personas en edad de jubilarse ha aumentado rápidamente. En Estados Unidos, el número de mayores de 85 años se triplicará en 2060. La Oficina de Estadística de Gran Bretaña ha calculado que en 2031 el 22% de la población tendrá más de 65 años y su número superará a los menores de 25 años. Aun así, se ha visto un aumento imprevisto de las muertes en Inglaterra y Gales: la mejora en las cifras de mortalidad se ha frenado y no sabemos por qué. Para algunos, el hecho de dejar de fumar no produce tantos beneficios como antes, ni tampoco los tratamientos cardíacos; para otros, esto se debe a los recortes que siguieron a la crisis económica de 2008.

Hay lugares del mundo llamados zonas azules en los que la longevidad y el número de centenarios que viven la segunda mitad de su vida de forma activa y feliz es extraordinario. Las islas mediterráneas de Icaria y Cerdeña, las islas japonesas de Okinawa, la península de Nicoya en Costa Rica, o la comunidad de los Adventistas del Séptimo Día de Loma Linda en California comparten formas de vida que nos dan pistas de qué es lo que ayuda a alcanzar una vejez larga y gratificante, libre en gran medida de las afecciones propias de la edad, como las enfermedades cardíacas y las cataratas. Son costumbres bastante obvias y sencillas, como la actividad física durante toda la vida, una dieta rica en vegetales, un medio ambiente limpio, una vida espiritual que nos sostenga, un papel que tenga sentido para nosotros y una comunidad que nos apoye y sepa apreciar el descanso y los valores de sus mayores como formas de conservar la tradición.

Hemos mitificado esos lugares, imaginándolos como la isla griega de Hiperbórea, una región «más allá del viento del norte» donde siempre es primavera y sus moradores viven mil años, sin enfermar, envejecer ni guerrear. Cuando quieren poner fin a sus vidas, saltan a un lago y se transforman en cisnes blancos. Los habitantes de la zona azul de Shangri-La demuestran que nuestra edad biológica no tiene que coincidir con nuestra edad cronológica.

> **CONSEJO:** Averigua la edad de tu cuerpo buscando el test en línea «Calcula tu edad biológica».

IZQUIERDA: La esperanza de vida ha ido aumentando en cada generación y en cada país del mundo durante los últimos 200 años.

Cómo envejecemos

El deterioro fisiológico del cuerpo se debe al paso del tiempo. Incluso si nos mantenemos sanos, todos los sistemas de nuestro organismo resultan afectados por la edad. Evolutivamente estamos programados para transmitir nuestros genes en las décadas reproductivas y para que después comience un deterioro.

El proceso de envejecimiento se acelera considerablemente después de nuestros años fértiles. La frecuencia cardíaca y la producción y volumen de sangre se reducen, y las arterias se endurecen y aumenta la presión arterial. Los pulmones no realizan el intercambio de gases con tanta eficacia y su capacidad cae. Las enfermedades cardíacas, el ictus y las afecciones respiratorias se llevan la mayor parte de vidas en el planeta (un tercio de ellas), con las primeras como causa principal de mortalidad desde los 65 años.

Como a medida que envejecemos vamos siendo menos activos, las células de los músculos se atrofian y se reducen los huesos y la masa magra del cuerpo. Perdemos potencia muscular y resistencia, y el rango de movimiento y la flexibilidad se reducen. Las articulaciones se deterioran. El sistema gastrointestinal se ralentiza a la vez que nuestro metabolismo. La producción de hormonas decae, la inmunidad se reduce y la inflamación es más probable.

El cerebro se encoge literalmente y es más lento procesando y resolviendo problemas. La memoria falla y los sentidos se pierden. El alzhéimer, la forma de demencia más común, es la quinta causa de muerte en el mundo, por delante de los accidentes de tráfico, el sida/VIH y la diabetes. Los casos se duplican cada 5 años a partir de los 65: si bien menos del 3% de las personas de esa edad enferman, a partir de los 85 la tasa de afectados llega al 30%.

Las generaciones anteriores morían de infecciones y enfermedades parasitarias (viruela, polio, sarampión) asociadas con dietas y ambientes deficientes. Ahora las principales causas de muerte son enfermedades crónicas no transmisibles, como las cardiopatías, el cáncer y la diabetes. Según la OMS, representan el 87% de las enfermedades en los mayores de 60 años. Aun así, la variabilidad individual en el inicio del envejecimiento y la edad a la que estas enfermedades se inician es enorme.

Por qué envejecemos

Las investigaciones de la configuración genética de las personas longevas ha identificado qué genes son responsables y dónde mutan para afectar a nuestra longevidad (gen Age 1). Los estudios geográficos y de parientes han examinado la relación del entorno con la herencia genética en el proceso de envejeci-

ESPÍRITU JOVEN

Es un fenómeno que se observa a través de las edades: las personas muy mayores suelen decir que no se sienten viejas, y no se ven a sí mismas como ancianas, cualquiera que sea la edad que tengan. En el Estudio Longitudinal Inglés sobre el Envejecimiento esto parecía guardar relación con una mayor esperanza de vida. Las cosas esenciales que nos hacen sentir vitales no tienen nada que ver con la edad: un cuerpo estable y flexible, una mente centrada en la paz y un espíritu armonioso. Como señaló el escritor y filósofo alemán Goethe, «la edad nos toma por sorpresa».

La persona más vieja del mundo nunca sintió que tenía su edad. La supercentenaria Jeanne Calment, de la ciudad de Arles, en Francia, vivió 122 años y 164 días, y finalmente nos dejó en 1997. Recordaba haber conocido a Van Gogh en su ciudad natal y ser testigo de la construcción de la Torre Eiffel. Jeanne recibió clases de esgrima a los 85 años y practicó gimnasia y tocó el piano hasta que cumplió 109 años. Su historial es tanto un testimonio de la calidad de los registros de la población en Francia como de su espíritu juvenil y su buena salud.

ARRIBA: Jeanne Calment, la persona más anciana del mundo, durante su juventud y su sana ancianidad.

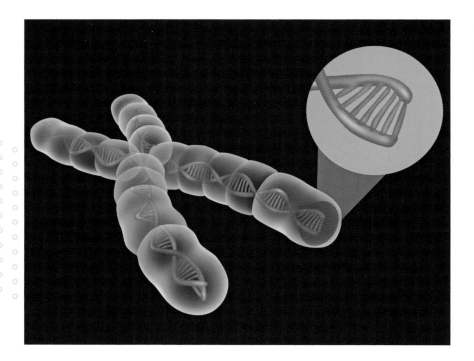

ARRIBA: Los extremos del ADN del cromosoma están protegidos por el telómero (de color rojo en la ilustración).

miento. Parece que el 20-30% de la variación en la forma de envejecer es genética, y que eso es más importante en los hombres que en las mujeres. Cuanto mayor eres, más importan los factores genéticos.

El ADN y los telómeros

Todavía no se comprenden bien todos los procesos corporales que participan en el envejecimiento, pero se sabe que es importante que el ADN esté en células protegidas, porque envejecemos cuando nuestro ADN resul-

ta dañado. Todas las células tienen una esperanza de vida (es decir, pueden dividirse solo un cierto número de veces), por lo que a medida que cumplimos años el número de reproducciones se reduce. Las células de los recién nacidos se replican de 80 a 90 veces en cultivos de laboratorio. Las de una persona de 70 años, solo de 20 a 30 veces. Cuando ya no pueden dividirse, su funcionamiento es

> «¿Te has preguntado dónde se encuentra el último propósito?
> Está en buscar la longevidad y mantener un aspecto joven».

CANCIÓN DE LAS TRECE POSTURAS, **TEXTO CLÁSICO DEL TAICHI**

menos eficiente y acaban muriendo. Tal vez eso explique por qué, a medida que pasan las décadas, las heridas cicatrizan más despacio, la función inmunitaria es menos eficiente y en las paredes de los vasos sanguíneos aparece arteriosclerosis.

El número de divisiones sanas puede estar determinado por los revestimientos protectores que se encuentran en los extremos de los genes, llamados telómeros. Estos fragmentos «repetitivos» de ADN y proteínas estabilizan el final de los cromosomas. Cada vez que una célula se reproduce, el telómero se acorta porque esta no puede replicarse bien en los extremos de la cadena de ADN; por eso los organismos más viejos suelen tener telómeros más cortos. Cuando se acaban acortando demasiado, la célula ya no puede dividirse y muere («senescencia» celular). La enzima telomerasa repara y restablece la longitud de los telómeros, contrarrestando este acortamiento. Pero la cantidad de esta enzima se reduce con la edad y el estrés crónico, sobre todo con el que se asocia a las adversidades vitales y la depresión.

Existe una relación entre el acortamiento de los telómeros y algunas afecciones típicas del envejecimiento (osteoporosis, cardiopatías y diabetes), así como con el deterioro del funcionamiento de los órganos y la atrofia de los tejidos. Los telómeros más largos se asocian con un desarrollo más lento de las enfermedades de la edad. Aun así, los resultados de las investigaciones son contradictorios: en algunas de ellas, los ratones con telómeros largos y sanos no vivieron más. También se ha visto que las células cancerosas activan la telomerasa, que alarga los telómeros, haciendo que las células cancerosas se vuelvan inmortales. Además, las células pueden dividirse muchas más veces que las necesarias para la duración de una vida humana. En el proceso de envejecimiento debe intervenir algún elemento más.

Las mitocondrias

En cada una de nuestras células hay mitocondrias, orgánulos generadores de energía que absorben y descomponen los nutrientes y liberan aproximadamente el 90% de la energía química que la célula necesita para mantenerse activa y viva. En particular, las células musculares (como las del cerebro y las cardíacas) necesitan grandes cantidades de energía, por lo que contienen miles de mitocondrias. Estos orgánulos productores de energía también descomponen y reciclan los desechos, y participan en el inicio de la muerte celular. Con la edad, el rendimiento de la red de mitocondrias decae, porque el daño de los radicales libres las afecta, así como el deterioro en las mutaciones. Esto está relacionado con el debilitamiento muscular, cerebral y de las células cardíacas, y puede influir en enfermedades comunes durante el envejecimiento.

Los investigadores de instituciones como la Escuela Politécnica Federal de Lausana, en Suiza, y la Universidad de California, en Berkeley, han descubierto que en ratas y gusanos se puede hacer que las mitocondrias sean más eficientes. Esto se consigue exponiéndolas a un estrés leve para reducir su producción. De este modo se potencian el metabolismo y la esperanza de vida de estas criaturas. Otras investigaciones de la Escuela de Salud Pública Chan de Harvard han revelado que la restricción dietética en nematodos parecía mantener joven a la red de mitocondrias. El siguiente paso es realizar estas pruebas en mamíferos. Mientras tanto, podemos mantener al cuerpo estimulado para retrasar el envejecimiento de las mitocondrias y provocar la creación de nuevas («biogénesis») mediante ejercicio regular, un sueño de buena calidad y una dieta rica en verduras y grasas saludables.

Daños oxidativos

El envejecimiento celular puede ser resultado del daño oxidativo. Los radicales libres (el producto de los electrones combinados con las moléculas de oxígeno), creados como resultado de los procesos celulares y en respuesta a la luz UV y a la polución, dañan a las mitocondrias. El estrés oxidativo se ha asociado con el envejecimiento cerebral, con las cataratas y el cáncer.

La teoría del envejecimiento asociado a los radicales libres data de la década de 1950. Se basa en la observación de que el daño oxidativo aumenta con la edad, y de que al reducirlo se alarga la esperanza de vida en especies como la mosca de la fruta, los ratones y otras especies de laboratorio. (Los antioxidantes protegen a las células de los efectos de los radicales libres al oxidarse ellos mismos). Pero un número cada vez más abundante de estudios han visto que una mayor producción de antioxidantes puede acortar la vida y que el envejecimiento ocurre también en ausencia de oxígeno.

Incógnitas que hay que desvelar

Parece que el estrés oxidativo solo es una de las muchas formas del deterioro resultado de los procesos biológicos que contribuyen al envejecimiento. Podemos aprender a reparar una forma de daño, pero somos un cantidad enorme de sistemas y partes interconectadas, y si alteramos una parte podemos hacer que otra falle. Somos biológicamente imperfectos, dicen los investigadores, y no podemos predecir cuál es la verdadera causa del envejecimiento. Lo anterior se suma a otros factores aleatorios que aún no comprendemos.

AYURVEDA Y ENVEJECIMIENTO

El sistema tradicional indio de cuidado de la salud se autodefine como una «ciencia» de la larga vida. Afirma que todo en el universo, incluidos nuestros cuerpos, está constituido por los mismos elementos básicos: tierra, agua, fuego, aire y éter. Cuando estos elementos están en equilibrio, somos fuertes y disfrutamos de una larga vida. Para mantener el equilibrio debemos vivir de acuerdo a las estaciones y siguiendo una «buena conducta» (con rutinas diarias sanas, una dieta rica en alimentos rejuvenecedores y preparaciones a base de hierbas), y cultivando una forma de vida en sintonía con nuestra constitución individual.

El ayurveda ve el cuerpo como una mezcla de tres *doshas* o energías constitutionales: *vata*, *pitta* y *kapha*. *Vata* es una energía a base de aire, una fuerza activa que controla todo movimiento, desde la respiración al flujo de la sangre, además de los nervios y los impulsos eléctricos. *Pitta* es el fuego interior del cuerpo que controla el metabolismo, el sistema endocrino y la digestión. *Kapha* es la fuerza pesada que da estructura al cuerpo en el espacio, y se manifiesta en el tejido conectivo y las mucosas. Cuando un *dosha* se vuelve dominante, la salud se altera: demasiado *vata* seco y aireado se manifiesta como osteoporosis o artritis; mucho calor de *pitta*, como presión arterial alta o sofocos; demasiado *kapha*, pesado y vacío, como estreñimiento o edema.

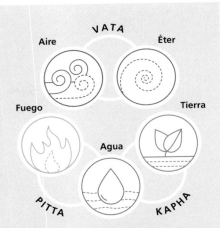

ARRIBA: Los tres *doshas* que forman nuestra constitución ayurvédica están formados por los elementos tierra, agua, fuego, aire y éter.

Los diferentes *doshas* pasan a primer plano en las distintas etapas de la vida, manifestándose en las dolencias de esa época. El *kapha* predomina en la infancia y se convierte gradualmente en *pitta* en la cuarentena y la cincuentena, manifestándose en forma de síntomas como los sofocos. Después de aproximadamente los 55 años tenemos más *vata*, que se manifiesta en la desintegración de los huesos y la memoria. Para combatir las alteraciones asociadas con el envejecimiento, el ayurveda nos anima a adoptar estrategias de reducción de *vata* (véase la página 336) en las últimas décadas de la vida.

MEDICINA TRADICIONAL CHINA Y ENVEJECIMIENTO

El sistema chino de «alquimia interna» afirma que cuanta más cantidad tengamos de los Tres Tesoros, más nos aseguramos la longevidad, y nos anima a trabajar para mantenerlos equilibrados. Son *qi* (la fuerza de la vida, véase la pág. 334), *jing* (la esencia vital, véase la pág. 247) y *shen* (energía espiritual, véase la pág. 349). Los equilibramos practicando taichi o qigong, que nos aportan vigor, resistencia y fuerza, además de facilidad de movimiento en cuerpo y mente.

Se dice que nacemos con una cantidad finita de *jing*, la fuerza primaria responsable del desarrollo desde el nacimiento y el crecimiento hasta la decadencia y la muerte. Esta fuerza nos protege del ataque de los seis factores clave que causan la enfermedad: el calor del verano, la sequedad, la humedad, el frío, el calor (del fuego) y el viento. El *jing* determina nuestra fuerza y resiliencia, y cuanto más lo mantengamos, más viviremos. Representa nuestra estructura genética y, a diferencia del *qi*, no puede recargarse.

El *jing* se almacena en los riñones (también se le llama la esencia de los riñones) y nos proporciona energía a medida que llegamos a la edad adulta (con su máximo al principio de la veintena), alimentando la creación de nueva vida. A partir de los 40 años, la energía se agota de forma natural (desde la parte superior del cuerpo). Nos debilitamos físicamente y somos más proclives a la enfermedad (todos los síntomas reducen el *jing*, dejándonos más agotados y vulnerables). El estrés crónico es especialmente agotador. Cuando nos quedamos sin *jing*, sobreviene la muerte.

Para reducir la cantidad de *jing* que perdemos, se nos recomienda seguir una dieta sana, aliviar el estrés con descanso, ejercicio, relajación y meditación, tomar hierbas tonificantes (véase la pág. 246) y fortalecer el meridiano del riñón con acupuntura y practicando taichi o qigong.

IZQUIERDA: Las técnicas de la medicina tradicional china trabajan sobre los meridianos (canales de energía sutil) para mantener la salud a medida que vamos envejeciendo.

Las etapas de la vida

Durante la historia humana hemos inventado relatos de la vida que dividen su duración en capítulos claramente separados. Cada relato tiene unas normas de conducta adecuadas a cada etapa y lecciones que nos ayudan a progresar hasta el próximo estado.

Este tránsito es lo que llamamos «el viaje del héroe». En cada etapa aprendemos algo que nos ayuda a seguir avanzando y a volvernos más íntegros, hasta que llega la transformación final de la vida. Tal vez solo seamos capaces de distinguir estas fases en retrospectiva.

Dijo Cicerón que cada etapa tiene su estación y una cualidad que la define: seriedad en la edad adulta y madurez en la más avanzada, sugiriendo que son fases naturales y fijadas. En la antigua Grecia, los hombres pasaban de una primera etapa de vida como guerreros a otra en la que se ocupaban de los asuntos de estado gracias a la sabiduría adquirida en la batalla, que transformaban en buen juicio con el fin de tomar decisiones para la comunidad.

Encontramos las primeras representaciones de los estadios de la vida en los antiguos frescos del castillo del desierto de Qasr Amra, en Jordania, donde se representan las tres etapas. Las formas de veneración más antiguas adoran a la Triple Diosa, una mujer en las tres fases de su vida reproductiva (doncella, madre y anciana), que suele compararse con las tres fases de la luna (creciente, menguante y llena). Las cualidades empoderadoras que la

ARRIBA: El paso del tiempo se muestra con belleza en los anillos concéntricos del crecimiento de un árbol, que nos permiten interpretar la historia del clima de cada año transcurrido.

anciana aporta a la mujer incluyen la sabiduría y la paciencia, la perspectiva y la generosidad producto de la experiencia, a menudo en viajes realizados a través de los momentos oscuros en la vida. La anciana diosa griega Hécate (véase la pág. 150) conoce los poderes del inframundo (incluidas la adivinación y la intuición) y puede usarlos para hacer el bien. Dice la verdad y trae riquezas y victoria.

La figura de los estadios de la vida está presente con mayor fuerza en la Europa medieval, cuando es más frecuente presentarlos en cuatro etapas: infancia, juventud, edad adulta y ancianidad, de forma análoga a los cuatro elementos, estaciones y puntos cardinales (que son nuestros intereses simbólicos y mágicos más antiguos). En la tradición hindú, la vida también es un camino en cuatro etapas o *ashrama*. *Brahmacharya* es la etapa de estudiante, para aprender y prepararse. En *Grihastha*, la etapa de cabeza de familia, estamos ocupados con la familia y el trabajo, enfocados en el mundo. A la edad de 50 empieza *Vanaprastha*, la etapa de «ermitaño», en la que empezamos a soltar las preocupaciones del hogar y el trabajo y necesitamos retirarnos al bosque para entregarnos a la contemplación. La etapa final es *Sannyasa*, la etapa errante, de renuncia total a las posesiones y las responsabilidades para enfocarnos en la autorrealización y prepararnos para el renacimiento.

DERECHA: Un *sannyasi* hindú renuncia al mundo material y a los lazos familiares para dedicarse a las prácticas devocionales y la vida espiritual.

A veces se considera que los estadios de la vida son siete, como en el famoso monólogo de las siete edades del hombre que escribió Shakespeare («El mundo es un escenario», en *Como gustéis*). Las siete etapas corresponden a las cualidades que se atribuían a los planetas en el mundo antiguo, y al orden en que orbitan alrededor de la Tierra: la Luna representa la infancia; Mercurio, los años de educación; Venus es la época de formar relaciones y hogares; Marte es el soldado que parte para dejar huella en el mundo; Júpiter es la época de las reglas y la justicia, y Saturno es la edad ancia-

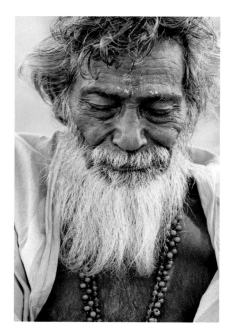

na, el planeta que se mueve más lentamente y que la astrología considera el gran profesor. El astro más alejado es Saturno, que se asocia con los límites de la conciencia. No hay ningún planeta para los años de ancianidad avanzada del monólogo de Shakespeare. Es «simple olvido, sin dientes, sin ojos, sin gusto, sin nada». Más allá de Saturno solo está el dominio desconocido de las estrellas.

El siete suele usarse en conexión con los estadios de la vida y se relaciona con las escalas temporales sagradas: los siete días de la creación, los días de la semana (nombrados así por los dioses Norse y Germánico) y los planetas del mundo clásico. En el siglo VI, en Grecia, Solón habló de ciclos de 7 años, y cada uno ofrecía un aspecto de madurez distinto: mente y ética a los 42 y habilidad de hablar y pensar entre los 49 y los 56. Pitágoras creía que los múltiplos de 7 (21, 49, 56, 63) eran momentos de la vida muy importantes, y que la edad anciana empezaba a los 60.

Cada vez más, nuestras definiciones cronológicas superan a la edad. No somos viejos a los 60 o los 80, sino cuando el cuerpo y la mente ya no sirven a nuestros deseos y nos impiden actuar.

MUJERES SABIAS Y ANCIANAS

Según la medicina china tradicional, la vida de las mujeres se desarrolla en siete ciclos de 7 años. Esto se describe por primera vez en el *Canon de Medicina Interna del Emperador Amarillo*, el documento más antiguo que se conoce sobre medicina china (se cree que data del año 300 a. C.). Estos ciclos de 7 años representan solo los años reproductivos, que finalizan a los 49 años, cuando se dice que la concepción es poco probable. Siete es un número impar, considerado yin para el ciclo yang masculino de 8 años.

La doctora Clarissa Pinkola Estés, psicoanalista, poeta y autora del clásico *Mujeres que corren con los lobos*, afirma que las mujeres continúan evolucionando en ciclos de 7 años a lo largo de la vida. Cree que con cada ciclo nos volvemos más conscientes de cómo funciona el mundo y estamos más alineadas con la vida espiritual. Su serie de ciclos de 7 años supera los 105 años.

La pérdida del ciclo mensual alrededor del que gira nuestra vida reproductiva puede dejar a las mujeres desconectadas y sin foco. Entonces podemos reorientarnos y crear un sentido continuo de orden o avance observando las rotaciones de la luna durante todo el mes. Podríamos sentirnos más expansivas a medida que crece, y centrarnos en nosotras mismas y mirarnos hacia adentro a medida que mengua, descansando más en las lunas llenas y nuevas. La luna nueva de cada mes brinda una nueva oportunidad para reenfocarse y hacer balance.

Vida ilimitada: verdad y ficción

El aumento estable de la esperanza de vida (unos 3 meses por año entre 1840 y 2007, según la OMS) suscita la pregunta de cuánto podemos llegar a vivir. ¿Existe un límite para la vida humana? Los científicos lo están investigando, pero artistas, escritores y filósofos siempre han mostrado curiosidad por la fuente de la vida eterna y lo que pasaría si bebemos de ella.

Algunos científicos creen que tenemos un reloj biológico que se detiene en un cierto momento. Afirman que si llegamos a entender las causas del envejecimiento, podríamos retrasar sus efectos negativos para siempre. En 2017, cinco equipos de investigación publicaron un artículo en la revista *Nature* en el que refutaron la afirmación de la International Database on Longevity (que sigue a los supercentenarios del planeta) de que el techo de la vida humana está en 114,9 años desde mediados de los noventa. Basan su afirmación en los estudios que predicen una vida de 150 años en 2300 y creen que este estancamiento es una simple irregularidad (un solo invierno frío en décadas de calentamiento global).

La generación actual de supercentenarios (personas de 110 años o más verificables) suscita un gran interés en los investigadores. Suelen mantenerse bastante sanos, en su caso las alteraciones habituales asociadas con la edad se presentan más tarde y viven independientes hasta ser nonagenarios. Son los más sanos de todos: cuanto más viejos se hacen, más sanos han sido. La buena noticia es que las personas que viven durante períodos excepcionalmente prolongados tienden a llevar vidas largas y sanas con independencia de la genética o de sus orígenes culturales y sociales. Cualquier enfermedad grave se presenta unos pocos años antes del final de la vida («morbilidad comprimida»).

CLASIFICAR A LOS MUY ANCIANOS

El Estudio de Centenarios de Nueva Inglaterra clasifica a los centenarios en las siguientes categorías de salud:

- **Evasores**: a los 100 años no muestran signos de enfermedad (15% de las personas estudiadas).
- **Aplazadores**: hasta los 80 años o más tarde no muestran signos de enfermedad (43% de las personas estudiadas).
- **Supervivientes**: antes de los 80 años se les diagnostican enfermedades asociadas con la edad (42% de las personas investigadas).

ARRIBA: El diente de león, quizás más hermoso en su estadio final que cuando está en flor, es un potente símbolo de regeneración: una sola planta produce unas 15.000 nuevas semillas.

¿Qué podemos aprender sobre la longevidad de los supercentenarios? Según el Estudio de Centenarios de Nueva Inglaterra, si eres un hombre y vives más de cien años, es 17 veces más probable que tengas parientes que superen los cien años, y tus hijos de más de 65 sufrirán las enfermedades del envejecimiento mucho más tarde (cardiopatías, diabetes y «mortalidad general»). Los investigadores analizan el ADN de las familias que viven mucho más tiempo para identificar genes clave, sobre todo la vía del gen de la insulina, los genes relacionados con el metabolismo del colesterol y los vinculados con una menor incidencia de presión arterial alta, enfermedades cardiovasculares y deterioro de la memoria.

Al parecer, ser mujer es una ventaja genética, según indican cifras como las de la Oficina Nacional de Estadística de China, que muestra que el 85% de los centenarios y el 90% de los supercentenarios son mujeres. Sin embargo, los pocos hombres de esas edades están muy sanos: las mujeres parecen convivir mejor con las enfermedades asociadas con la edad (no se sabe por qué), mientras que los hombres que alcanzan una gran edad están más sanos durante su vida.

Después de estudiar a más supercentenarios que otras investigaciones, el Estudio de Centenarios de Nueva Inglaterra concluyó que, si nos cuidamos, todos podemos llegar en excelente forma a los 80 años. Lo demás son factores genéticos. Y la carrera para descubrir la clave genética para alcanzar el infinito ya ha empezado.

CARACTERÍSTICAS COMUNES DE LOS CENTENARIOS

El Estudio de Centenarios de Nueva Inglaterra ha observado estas características comunes en un grupo de estudio formado por personas de distintas procedencias étnicas, ingresos, educación y dietas:

- Peso corporal magro.
- Es poco probable que hayan fumado.
- Manejan bien el estrés.
- Cerebros saludables.
- Han dado a luz después de los 40 años (un indicio de que el cuerpo envejece poco a poco).
- Parientes muy ancianos y niños muy sanos.

En busca de la vida eterna

El mito de la resurrección data del principio de los tiempos. Vemos pasar las estaciones y anhelamos la certeza de que, tras la desolación del invierno, el sol volverá y nos dará alimento.

Encontramos una de sus expresiones más antiguas en Ishtar, la diosa babilónica de la vida y la fertilidad (también es la Inanna sumeria). Ishtar aparece en la historia escrita más antigua del mundo, el *Poema de Gilgamesh*, y se la recuerda por su lucha para conquistar el inframundo. Es asesinada pero luego revive y regresa al mundo con la condición de que su esposo ocupe su lugar en el inframundo durante la mitad del año. Su historia se recrea de nuevo en la de Perséfone (véase la pág. 382).

CUIDADO CON LO QUE DESEAS

Los antiguos griegos advirtieron de los peligros de luchar contra el envejecimiento. Abrumada por el amor a su esposo mortal, la joven y bella diosa alada del día, Eos (también conocida como Aurora, que monta a Pegaso), suplica a Zeus que la deje vivir para siempre. Él acepta, a cambio de concederle el regalo de la eterna juventud. Eos observa el lento declive de su amante, que de galán pasa a convertirse en un anciano débil: ella le da «ambrosía celestial», la bebida de los dioses que confiere la inmortalidad y supuestamente preserva la carne mortal, pero los mortales que la toman no conservan la salud. Cuando él se vuelve demasiado decrépito para moverse o pensar, ella lo encierra. Al final, los dioses se apiadan y lo convierten en una cigarra. Todavía hoy podemos escucharlo rogar por la liberación de la vida. La inmortalidad es más de lo que los mortales pueden manejar.

IZQUIERDA: Al amanecer, la luz de la inmortal Aurora deslumbra los débiles ojos de su mortal esposo Titono, que envejece cada nuevo día.

A los pies del Árbol de la Vida del paraíso cristiano e islámico brota una fuente cuyas aguas puras fluyen hacia los cuatro puntos cardinales y que si se bebe garantiza la inmortalidad. Es similar a la Fuente de la Memoria que está en la entrada del inframundo griego. Las aguas eternas brotan más profusamente en el siglo XV, cuando los héroes de los romances descubren lagos juveniles. Las pinturas representan a mujeres maduras que se sumergen en ellos y emergen convertidas en hermosas jóvenes. Se creía que la fuente de la juventud, símbolo de riquezas incalculables, estaba oculta en una jungla del Nuevo Mundo. En 1513 el conquistador español Juan Ponce de León partió en su busca, según dijeron después de su muerte. En su lugar «descubrió» Florida, y podemos beber las aguas curativas de San Agustín.

IZQUIERDA: Los árboles antiguos tienen raíces antiguas, una característica común de los mitos fundacionales en todo el mundo.

¿Está en la sangre?

Si el antídoto del envejecimiento no está en el agua, ¿está tal vez en la sangre? La Biblia dice que «la vida de la carne está en la sangre» (Levítico 17:11), y en el sacramento de la comunión está presente la sangre de Cristo, que ofrece el perdón de los pecados y la vida eterna. En su *Metamorfosis*, Ovidio relata que la hechicera Medea devolvió la vida al anciano padre de Jasón reemplazando su sangre con un rico elixir, que le devolvió a su cabello blanco un brillo oscuro y restituyó su vigor juvenil. Hay muchas descripciones de principios de la modernidad de cómo se usaba la sangre de los jóvenes para restaurar la salud de los ancianos. El químico Andreas Libavius aconsejó en 1616 verterla «como si manara de la fuente de la vida y todas tus debilidades desaparecerán». Inspirados por la historia de Medea, en Inglaterra algunos experimentaron con transfusiones entre un pollo y otro desde 1639. En 1665 el

CIENCIA FICCIÓN DE LA INMORTALIDAD

Los escritores y los artistas siempre se han sentido fascinados por la idea de una vida sin límites. El subgénero de ficción especulativa conocido como «ciencia ficción de la inmortalidad» trata de responder a los dilemas que plantean los científicos de la longevidad: ¿Estaría la vida eterna disponible para todos? ¿Qué precio tendríamos que pagar y cómo toleraríamos eones de historia? Si nadie muere, ¿hay guerras? Y ¿cuál es el último sacrificio? ¿Dónde acaba la vida humana y dónde empieza la inteligencia artificial? Las criaturas de la cultura popular que viven eternamente, como los zombis, los vampiros y los no muertos, no parecen muy felices en su estado inmortal. Una película de 1965 filmada por Hammer y basada en la novela de H. Rider Haggard, *Ella,* lanza una horrible advertencia. La reina immortal Ayesha, encarnada por Ursula Andress, envejece milenios en solo unos segundos.

IZQUIERDA: La hechicera Medea es sacerdotisa de Hécate, la diosa del inframundo que domina las leyes de la naturaleza, la vida y la muerte.

médico de Cornualles Richard Lower realizó la primera transfusión en vida: desangró a un perro y lo llevó al borde la muerte para devolverlo después a la vida con sangre de otro perro.

Usar sangre joven para insuflar una nueva vida aún es una idea acariciada. Después de que unos estudios revelaran que dar sangre joven a ratones viejos revertía el deterioro cognitivo y neurológico, la joven empresa californiana *Ambrosia* (atención al nombre) lanzó un ensayo microfinanciado con la aportación de seiscientas personas en mitad de la sesentana, que pagaron 8.000 dólares cada una, y recibieron plasma de personas de 16 a 25 años. No hay pruebas que relacionen este tratamiento con efectos antienvejecimiento, ni en ratones ni en humanos.

Tecnología y envejecimiento

La fuente de la juventud como origen de riquezas interminables sigue siendo la piedra filosofal. Resolver el problema de la muerte es la nueva búsqueda de algunas de las compañías más poderosas del mundo. Los magnates de Google, Amazon, Apple y PayPal están invirtiendo grandes cantidades en laboratorios, jóvenes empresas de biotecnología y fundaciones para «curar» el envejecimiento con nuevas herramientas: aprendizaje automático, algoritmos, inteligencia artificial y métodos para piratear y descifrar códigos. Hay programas de «geroprotección» que predicen nuestra fecha de caducidad identificando y rastreando los biomarcadores del envejecimiento, terapias con hormonas de crecimiento y células madre, así como la edición de genes, el desarrollo de órganos personalizados a partir de ADN, el transhumanismo (fusión con otras especies) y copiar los recuerdos para conservarlos para siempre, en forma mecánica o en la nube. Y está la misión de Priscilla Chan, esposa de Mark Zuckerberg, de Facebook, de «curar todas las enfermedades».

Estas búsquedas obvian y alteran la investigación convencional. La Food and Drug Administration de Estados Unidos y otras autoridades mundiales que regulan los medicamentos y su financiación no consideran que el envejecimiento sea una enfermedad, y sustancias biológicas como el plasma no pueden ser patentadas y vendidas.

EN BUSCA DE LA FÓRMULA MÁGICA

El trato más famoso con el diablo es el que ofrece la eterna juventud. En muchos trabajos de la leyenda alemana de *Fausto*, el protagonista es un alquimista o nigromante que emplea artes oscuras para hallar el elixir de la eterna juventud y alguna forma de transmutar el metal en oro. A cambio del secreto de la vida, promete entregar su alma. Su búsqueda para desentrañar los misterios de la naturaleza y aumentar el potencial humano se considera una manipulación del orden divino que solo puede terminar mal.

ARRIBA: Mefistófeles tienta al erudito Fausto prometiéndole que la ciencia logrará superar debilidades humanas como la muerte.

El alquimista más famoso fue el librero y escriba medieval Nicolas Flamel. Trabajó en París entre los siglos XIV y XV, pero su supuesta hazaña tardó trescientos años en convertirse en una leyenda. Se cree que en el camino de peregrinación a España descubrió un texto hebreo que contiene las fórmulas de las leyes secretas que rigen el funcionamiento del universo. Después de descifrar los símbolos junto con su esposa Perenelle, descubrió la fórmula de la piedra filosofal (que convierte el metal en oro) y del elixir de la vida, que a través de la «transmutación del alma» convirtió a la pareja en inmortal. Funcionó: vivió hasta los 80 años y aparece en la mayoría de grandes libros y películas de éxito de siglos posteriores, desde *Notre Dame de Paris* de Victor Hugo hasta *El Código Da Vinci* de Dan Brown y la novela *Harry Potter y la piedra filosofal*, llamada así por su invención.

El Viejo Padre Tiempo

Tal vez una de las representaciones más benévolas del envejecimiento, junto a la de Santa Claus o la del hada madrina, sea la figura alada del VIejo Padre Tiempo, que trae regalos para todos, pero sobre todo a los jóvenes que lo merecen. En sus encarnaciones más tempranas sostiene una guadaña, sugiriendo que regresa de cosechar la generosidad de la naturaleza, y ofrece los frutos de la tierra, saludando al ciclo siempre renovado del año agrícola. Su otro regalo es una hija, Verdad.

En una encarnación anterior es el viejo Cronos, una de las dos deidades primordiales presentes desde el principio de los tiempos (*kronos* en griego). Su emblema también es una hoz y es el patrón de la cosecha, además del portador de formidables fuerzas de destrucción. En la mitología romana, el Viejo Padre Tiempo es Saturno y su símbolo el uróboros, la serpiente que se muerde la cola, el símbolo de la regeneración eterna. El planeta Saturno era considerado el planeta de la vejez, el más lento de todos, estable, árido, serio. Hasta después del siglo xi la Muerte no empuñó la hoz y sostuvo el reloj de arena, y las connotaciones de tiempo se minimizaron y eliminaron.

IZQUIERDA: En este grabado de 1881, la Tierra viaja a través del espacio transportada por el Viejo Padre Tiempo en una benévola forma alada.

Parte 1

CUERPO LONGEVO:
activo, ágil, equilibrado

Al envejecer podemos aspirar a un cuerpo ágil y dinámico, que pueda hacer todo lo que queramos, con un esqueleto equilibrado que mantenga nuestra estructura erguida, huesos fuertes que nos sostengan con seguridad, articulaciones flexibles que nos ayuden a doblarnos y girarnos, y músculos que se contraigan y se extiendan para impulsarnos durante el día. Entonces el movimiento es fluido, disfrutamos de la actividad y nos resulta fácil descansar. Los músculos y el cerebro recuerdan lo que podíamos hacer cuando éramos más jóvenes y la vida no parece tan distinta.

No hay duda. Cumplimos años y nuestros músculos, huesos y aptitudes físicas van cambiando. Nuestro punto óptimo son los 35 años, pero cuanto más activos nos mantengamos, más controlados tendremos esos cambios. Si cuidamos nuestra fisiología, nuestro rendimiento será el mejor posible a medida que vayamos saltando décadas.

¿Qué nos ocurre a partir de los 30 años? La masa muscular y la fuerza se reducen del 30% al 50% entre los 30 y los 80 años, aunque no es hasta los 60, y en especial hasta los 70, cuando aparecen cambios radicales en la fuerza, la agilidad, la flexibilidad y la resistencia. El sistema cardiorrespiratorio decae después de los 40. La capacidad aeróbica (la cantidad de oxígeno que el cuerpo utiliza durante su rendimiento máximo) se reduce hasta que a los 65 años tenemos aproximadamente un 30% menos de capacidad. El rendimiento de los hombres después de los 40 cae más rápidamente que en las mujeres, sin importar la cantidad de ejercicio que hagamos.

La buena noticia es que podemos influir en ese deterioro de la masa muscular y la capacidad aeróbica sin que nuestra edad importe: basta mantenernos más activos y hacer algo de entrenamiento de resistencia. Todos conocemos a la típica persona de mediana edad y hábitos sedentarios que cambia su vida cuando empieza a entrenar para una maratón o para hacer ciclismo de larga distancia. Los datos de aplicaciones móviles como *Strava* muestran que la gente en la cuarentena acaba las maratones una media de 2 minutos antes que los corredores veinteañeros. Los estudios dicen que puedes aumentar tu capacidad aeróbica un 25%, y eso te hace 20 años más joven. En el Estudio de Dallas sobre el Reposo y el Entrenamiento (véase la pág. 44),

IZQUIERDA:
Estar activos, salir al aire libre y pasar tiempo con amigos es la forma de reducir los efectos de la edad sobre el cuerpo y la mente.

Un cuerpo preparado para una vida larga es un cuerpo equilibrado, que nos mantiene erguidos contra la gravedad, seguros y estables. Las caídas son la principal razón por la que perdemos nuestra capacidad de mantenernos activos e independientes a medida que envejecemos. Después de los 60 años, el número de caídas aumenta.

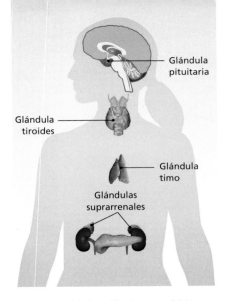

ARRIBA: La edad afecta al funcionamiento del sistema endocrino: a las glándulas y órganos que producen hormonas y regulan funciones corporales fundamentales.

los hombres en la cincuentena recuperaron la capacidad cardiovascular que tenían a los 20 años. Es decir, lograron revertir los efectos de 30 años de inactividad física en solo 6 meses.

Reequilibrar las hormonas

Un cuerpo equilibrado mantiene un buen equilibrio hormonal. Las hormonas son mensajeros químicos que tienen una influencia enorme en los sistemas corporales. Y a medida que envejecemos, los órganos y las glándulas del sistema endocrino también se modifican. Se reduce el número de hormonas producidas, la capacidad del cuerpo para metabolizarlas y la sensibilidad de sus receptores. Algunos creen que los efectos de la edad se relacionan sobre todo con la menor producción de hormonas (entre ellos el aumento de la grasa corporal y la reducción de la masa muscular), que son sorprendentemente similares a los efectos de las deficiencias hormonales en personas más jóvenes.

La glándula pituitaria controla el sistema endocrino y regula las hormonas que afectan al crecimiento. Con la edad se va volviendo más pequeña y menos eficiente. La reducción de la hormona del crecimiento (que estimula el crecimiento celular, el metabolismo y el desarrollo muscular) afecta a la fuerza y a la masa muscular y ósea, además de al corazón y a la función inmunitaria. La dehidroepiandrosterona (DHEA u hormona de la juventud), producida por la glándula suprarrenal, protege los sistemas cardiovascular, neurológico e immunitario, y actúa frente a la diabetes y la obesidad. Su producción se reduce drásticamente después de los 30 años. La glándula tiroides también produce menos hormonas y eso implica que la tasa metabólica será más baja y que los niveles de grasa aumentarán. La respuesta de las células a la insulina segregada por el páncreas se reduce después de los 50 años, y el metabolismo de la glucosa se ralentiza. Las concentraciones de hormona paratiroidea aumentan, afectando a los valores de calcio, y contribuyen a la osteoporosis. En las mujeres son responsables de la importante pérdida de estrógenos y progesterona que se inicia con la menopausia. En los hombres también se reduce la testosterona, pero más gradualmente. La producción de la hormona melatonina, reguladora del reloj corporal de la vigilia y el sueño, también se deteriora, lo que puede afectar al ciclo del sueño.

En otras palabras, menos homonas equivale a menos delgadez y menos masa ósea, más grasa y más resistencia a la insulina, una inmunidad y una libido más bajas, más cansancio y problemas para regular la temperatura corporal, sin olvidar el mayor riesgo de enfermedad cardíaca y depresión. La pregunta que se suscita es si podríamos revertir esos efectos aportando al cuerpo las hormonas que pierde. La respuesta es que eso no parece influir en la longevidad, y los expertos consideran que los efectos secundarios de la suplementación hormonal no se conocen lo suficiente.

Entonces, ¿cómo reequilibrar el sistema hormonal? Con más ejercicio y suficiente sueño. El ejercicio parece ayudar a mantener el sistema endocrino y a estabilizar la actividad hormonal en las distintas décadas de la vida. Treinta minutos de entrenamiento de resistencia trabajando los grupos musculares largos activa la secreción de hormonas, aumentando su concentración en la sangre circulante. Sus efectos

ARRIBA: El ejercicio promueve la liberación de endorfinas, una hormona que provoca sentimientos de positividad y nos hace desear estar más activos.

persisten tras una sesión. El ejercicio aeróbico modifica los cambios causados por la edad de forma que el hipotálamo y la glándula pituitaria trabajan juntos. Hace que esta glándula produzca más hormonas, desarrollando hueso y músculo, y estimula la tiroides para regular la temperatura corporal, el ritmo cardíaco y la presión arterial, y aumenta la sensibilidad a la insulina. También hace que se produzcan endorfinas, la hormona del bienestar que evita los efectos negativos del estrés y nos hace sentir más motivados y mantenernos activos.

Las mujeres se benefician más de mantenerse activas, ágiles y equilibradas en cada década. Con la edad tendemos a volvernos más sedentarias, y también vivimos cambios más acusados en la cantidad de hormonas, con un riesgo mayor de perder fuerza, músculo y masa ósea («atrofia musculoesquelética»), lo que hace que al cuerpo le resulte mucho más difícil funcionar de forma óptima.

Nuestros cuerpos están programados para envejecer, pero los expertos no distinguen los cambios físicos asociados con la edad y los que resultan del estilo de vida. La conclusión es que podemos renovar el cuerpo haciendo ejercicio. Y aún más importante, esto ayuda a renovar nuestra percepción del envejecimiento del cuerpo, no como frágil y rígido, sino como bellamente capaz de adaptarse al cambio continuo.

BENDITO SUEÑO

El sueño tiene un papel reequilibrante vital. Mientras dormimos se liberan hormonas clave (hormona del crecimiento, melatonina, prolactina, insulina) que ayudan a reparar los tejidos, regulan la inmunidad y el apetito, mantienen el reloj corporal de los ritmos y convierten los alimentos en energía. Las personas con insomnio suelen tener más hormonas relacionadas con el estrés, asociadas a problemas de memoria a corto plazo, presión arterial alta y mayor riesgo de enfermedad cardíaca.

ARRIBA: Los patrones de sueño pueden cambiar con la edad, pero necesitamos el mismo sueño profundo.

El arquetipo del guerrero

A medida que envejecemos, puede ser útil repensar los arquetipos que tenemos en mente. De forma consciente o inconsciente, estos nos sirven de modelos, y si somos capaces de renovarlos cada pocos años, pueden ayudarnos a negociar y refinar nuestra definición de hombre y mujer en cada fase de la vida. Esto nos ayuda a elegir mejor para seguir realizando nuestro potencial.

El psicólogo Carl Jung fue el pionero en la idea de los arquetipos y su papel en el subconsciente colectivo. Creía que la experiencia humana, perfeccionada a lo largo de miles de generaciones, ha dado lugar a patrones de pensamiento e instintos compartidos por todos, con independencia del lugar y la época en que vivimos. Estos arquetipos universales se manifiestan en cuentos y costumbres populares, sueños y fantasías, literatura e imágenes que presentan similitudes en sus símbolos, rituales e historias a través de diversas culturas y épocas. Al envejecer, algunos aspectos de estos arquetipos universales pueden pasar a un primer plano o parecer más importantes, y ser especialmente útiles para ayudarnos a transitar los tiempos de cambio. Existen arquetipos masculinos y femeninos, y podemos identificarnos con aspectos de los dos, independientemente de su sexo.

El arquetipo masculino activo es el guerrero, un personaje maduro que nos enseña a crecer. Es alguien con unos objetivos y un pensamiento claro, fuerte, y una postura segura y un foco claro. Siempre está alerta, listo para actuar, pero también es capaz de contenerse. Tiene el coraje de abordar lo que requiere su atención, y la inteligencia para controlar los recursos y conservar la energía cuando es necesario. Sus movimientos son eficientes. Es flexible y se mueve con facilidad desde una posición de fuerza equilibrada y con disposición para dar un golpe decisivo al frente o atrás, poniendo en

«El verdadero arte de vivir en este mundo se parece más al del luchador que al del bailarín. Consiste en enseñar a un hombre o a una mujer a que estén preparados y prestos para que les caiga cualquier cosa encima, y que así nada los derribe ni los aparte».

MARCO AURELIO

marcha una decisión regida por principios y disciplina. Es un buen arquetipo que tener en cuenta a medida que el cuerpo envejece.

Marco Aurelio, emperador de la antigua Roma y tal vez el mejor filósofo guerrero, escribió sobre los *dogmata*, los principios rectores y las verdades por las que elegimos vivir. Dejó dicho que en momentos de presión o distracción nos retiramos para descansar en nuestra *dogmata*, representada como un santuario de verdad interior que restaura y refresca, a la vez que promueve la fortaleza y la seguridad.

El estereotipo femenino activo es la Diana del mundo romano, Artemisa en el panteón griego. Es la cazadora independiente que vaga por el desierto con su arco y sus flechas, lista para proteger, rescatar o castigar. Es resuelta y una superviviente, igual que su hermano Apolo. En una representación actual es Katniss, protagonista de las historias distópicas de *Los juegos del hambre*. Ha inspirado a una generación de jóvenes feroces y rectas, seguras de su poder y listas para asumir la autoridad y luchar por la justicia y la libertad, por los derechos de las mujeres, los niños y el mundo natural. Como mujeres mayores, también podemos aprovechar esta energía de la Generación K a medida que nos adentramos en el «desierto» de un

ARRIBA: La diosa romana Diana siempre es joven. Es una intrépida vigilante de caza y protectora de la vida de las mujeres. Dirige a sus discípulas en las veladas de medianoche y merodea descarada.

mundo que parece no tolerar el envejecimiento del cuerpo. Contemplar el arquetipo de Diana puede ayudarnos a recordar la energía de los años activos y reconectarnos con las chicas autoconfiadas y espontáneamente activas que éramos antes de que llegaran las hormonas de la pubertad. Al conectarnos con este arquetipo, encontramos una manera de canalizar la energía eterna de la juventud.

Cultivar la energía del guerrero

Esta postura de yoga se llama la postura del guerrero II (*virabhadrasana* II).
Ayuda a cultivar la cualidad mental de guerrero, a la vez que desarrolla
la fuerza y el equilibrio de la parte inferior del cuerpo, y una parte superior
enfocada y flexible.

1. Mantente de pie con los pies separados
1,2 metros y estira los brazos, extendiéndolos
hasta la punta de los dedos. Los talones
deben quedar debajo de las muñecas.

2. Gira un poco tu pie derecho hacia adentro,
y el izquierdo hacia fuera 90° para que quede
frente al lado corto de tu esterilla, si la usas.
Dobla la rodilla izquierda para que quede
encima del tobillo izquierdo. Para
mantener la rodilla segura, haz que se

dirija hacia el dedo pequeño del pie que no
queda hacia adentro. Deja caer el peso sobre
el borde exterior de tu pie derecho y levanta
la parte del puente. Siente cómo se estira
hasta la cara interna del muslo.

3. Mantén el torso anclado en la línea media
de tu cuerpo y mira bajo tu brazo izquierdo.
Fija tu mirada en la uña del dedo
corazón y relaja la mirada. Aguanta
así algunas respiraciones.

4. Ahora vamos a movernos. Inhala y extiende las manos. Dobla los codos para acercar las manos delante del pecho mientras exhalas. A medida que inhalas, extiende los brazos de nuevo, manteniendo juntos los omóplatos. Repite el movimiento durante diez respiraciones completas, visualizando una bola dorada de energía en tu pecho. Ahueca los dedos suavemente para recoger tu energía. A medida que te muevas, siente la estabilidad y la fuerza en la parte inferior de tu cuerpo, y la flexibilidad y concentración en la superior.

5. Exhala al estirar la pierna adelantada y apoya las manos en las caderas antes de girar los pies para repetir el ejercicio a la derecha.

Ejercicio para una vida larga

¿Cuál es la mejor forma de preparar tu cuerpo para que sea resistente en el futuro y a cualquier edad? El ejercicio es el factor número uno de la longevidad: reduce el riesgo de alteraciones que acortan la vida con más frecuencia (cardíacas, presión arterial alta, ciertas formas de cáncer, obesidad y alzhéimer).

Dice la Oficina de Prevención de la Enfermedad y Promoción de la Salud de Estados Unidos que el ejercicio parece reducir la mortalidad más de un 25% y aumentar la esperanza de vida más de 2 años (respecto a una vida sedentaria). Es decir, cuanto menos activos estemos según envejecemos, más probable es que muramos.

BENEFICIOS DEL EJERCICIO AL ENVEJECER

- Se reduce el riesgo de sufrir enfermedades cardíacas y de presión arterial elevada, diabetes, cáncer, osteoporosis, obesidad, alzhéimer y demencia.
- Los huesos y los músculos están más fuertes; el equilibro es mejor.
- Se mejora la inmunidad.
- La digestión, el metabolismo y la eliminación de residuos son más eficientes.
- La mortalidad se reduce.

Mantente en movimiento

No importa qué edad tengas y qué tipo de ejercicio prefieras. Lo mejor que puedes hacer por tu salud es moverte más. La movilidad es la clave para tener una mejor postura, huesos más fuertes, músculos más potentes y más agilidad. Sigue moviéndote y aumentarán tus probabilidades de mantener una calidad de vida elevada e independencia a una edad avanzada. Y además reducirás el riesgo de sufrir enfermedades crónicas y lesiones, y tu estado de ánimo será mejor.

Muchos de los indicios fisiológicos que asociamos al envejecimiento (músculos debilitados, pérdida de fuerza y resistencia, ridigez articular, aumento de grasa corporal) son sencillamente resultado de la inactividad. Una vida sedentaria se asocia con más caídas, depresión, coágulos de sangre e hinchazón. De hecho, según los expertos, es difícil diferenciar entre el deterioro consecuencia de la edad y el de una vida inactiva. A medida que nos hacemos ancianos, una menor movilidad es un factor de riesgo para algunas palabras feas, como morbilidad, hospitalización, discapacidad y mortalidad.

La buena noticia es que, incluso si ahora estás inactivo, una vez que empiezas a hacer ejercicio co-

DERECHA:
Nunca es tarde para empezar a hacer ejercicio. Comienza por lo fácil e incrementa poco a poco la distancia y la velocidad según aumenten tus músculos y tu movilidad.

mienzas a recuperar la función y a mejorar tanto tu esperanza de vida como la calidad de esos años adicionales, incluso las personas más frágiles. Un estudio publicado en el *New England Journal of Medicine* descubrió que los ancianos que vivían en residencias tuvieron un aumento promedio del 97% de la fuerza después de solo 10 semanas de entrenamiento de resistencia. El estudio *Harvard Alumni Health* observó que los hombres sedentarios que empezaron a hacer ejercicio después de los 45 años redujeron su tasa de muerte un 24% respecto a sus iguales sedentarios.

Para mantener la movilidad, es útil priorizar áreas clave del cuerpo: fortalecer las extremidades inferiores y el soporte de la parte central (véanse págs. 78-97), mantener el movimiento lateral en los lados del cuerpo (véanse págs. 116-123) y cuidar la zona lumbar (véanse págs. 124-131). Con la edad es más importante calentar bien antes del ejercicio y una recuperación activa. Y a medida que pasan las décadas, podemos descubrir que estamos trabajando tanto para mantener la forma y la rehabilitación después de una lesión como para desarrollar nuevas habilidades. Pero es importante seguir forzando los límites cuando nos sentimos cómodos en una actividad: aplicar un poco de estrés «saludable» probando algo nuevo o esforzándonos un poco más de lo habitual o durante más tiempo fortalece los tejidos del cuerpo y los mantiene sanos.

CUERPO LONGEVO

43

En 1966, cinco hombres de 20 años se acostaron durante tres semanas, supervisados por investigadores de la Facultad de Medicina de la Universidad de Texas Southwestern. Sus cuerpos sufrieron un proceso de envejecimiento drástico. En solo tres semanas, su frecuencia cardíaca, presión arterial, fuerza muscular y grasa corporal, antes saludables, correspondían a hombres que duplicaban su edad. El equipo del Estudio de Descanso y Entrenamiento de Dallas les prescribió un régimen de ejercicios de ocho semanas. Esto no solo revirtió el daño, sino que después del programa estaban más sanos que cuando empezaron el estudio.

Los cinco hombres volvieron a participar en el estudio 30 años después, ya con 50 años. Todos tenían peor salud cardíaca y más grasa corporal, pero aún no estaban tan debilitados como después de tres semanas de reposo en la cama cuando tenían 20 años. Los cinco comenzaron un programa progresivo de 6 meses de ejercicio aeróbico constante (caminar, correr, pedalear). Sorprendentemente, su ritmo cardíaco, su presión arterial y capacidad aeróbica recobraron los valores de sus 20 años. Solo con ejercicio retrasaron el reloj tres décadas.

Mantente en equilibrio

Un sistema vestibular o de equilibrio fuerte es vital para mantenernos activos y hacer ejercicio. El sistema utiliza una red de órganos sensoriales periféricos y de neuronas que procesan los estímulos sensoriales que nos dicen en qué lugar del espacio estamos, con qué velocidad y en qué dirección nos movemos, y dónde está nuestra cabeza respecto a la gravedad.

De niños nos movemos con facilidad en todas las direcciones durante horas. Así desarrollamos un sistema vestibular fuerte. Pero inevitablemente, a medida que nos adaptamos a una menor variedad de patrones (habituales en los años de formación y de trabajo), vamos limitando nuestros movimientos. Entonces el equilibrio del sistema deja de funcionar tan bien como podría. Cuando los músculos pierden potencia con la edad, la flexibilidad y el rango de movimiento de las articulaciones se deteriora, y el cuerpo evita las lesiones adaptándose a estos movimientos. Ahí es cuando el equilibrio se resiente de verdad y aparecen los mareos y las caídas.

Los mareos de origen desconocido en personas mayores son el problema de salud más frecuente en las consultas médicas. Se asocia no solo con más caídas, sino con depresión, miedo, aislamiento social y una reducción generalizada de las funciones. Es triste que las lesiones asociadas con las caídas sean una de las principales causas de muerte en personas ancianas.

Para contrarrestar esta disminución, debemos actuar más como hacen los niños, moviéndonos en todas direcciones todo el tiempo. En lugar de

> «El descanso y la inactividad no miman el cuerpo. Es el ejercicio y el movimiento lo que lo conserva».

> **PLATÓN**

estar de pie durante horas, tenemos que ponernos cabeza abajo, estar de pie sobre una pierna, saltar, usar una tabla de equilibrio, mantener el equilibrio sobre nuestras manos, colgarnos de los brazos… Esto desarrolla la fuerza de la parte central y mejora nuestro equilibrio y nuestros sistemas sensoriales. El movimiento en diversas direcciones (incluso inclinarse es bueno) «altera» nuestro centro de gravedad, que enseña al cuerpo formas de responder para recuperar el equilibrio. Si eres una persona inquieta, es posible que descubras un objetivo mejor. El yoga y las artes

IZQUIERDA: Actúa como un niño más a menudo, si puedes, con otro niño. Disfrutarás los beneficios de la conexión entre generaciones para individuos de todas las edades.

marciales son increíblemente útiles para desarrollar los sistemas vestibular y sensorial.

Conserva tus músculos

Alcanzamos la masa muscular máxima entre los 20 y los 30 años. En las siguientes dos décadas la perdemos poco a poco, y con ella la fuerza. Desde los 50, cada década perdemos más del 15%

de la fuerza porque se reduce el número de fibras musculares, nervios y neuronas. Entre los 20 y los 75 años perdemos más de la mitad de las fibras musculares «de contracción rápida», es decir, somos más lentos respondiendo a los estímulos. Esta pérdida se asocia con las menores cantidades de hormona del crecimiento y testosterona, y con la menor capacidad de procesar las proteínas.

MÍDETE LA CINTURA

La composición del cuerpo cambia con la edad: tenemos menos músculo y más grasa. Los cambios hormonales hacen que la grasa se acumule alrededor del abdomen. Vigila tu cintura: a medida que aumenta, también lo hacen los riesgos de enfermedad cardíaca e ictus, diabetes tipo 2 y algunos tipos de cáncer. Aquí puedes ver cuándo debes perder peso:

- **Mujeres:** la cintura mide más de 80 cm (31,5"). El riesgo aumenta mucho por encima de 88 cm (34,5").

- **Hombres:** la cintura mide más de 94 cm (37"). El riesgo aumenta mucho por encima de 102 cm (40") o de 90 cm (35") en los hombres asiáticos.

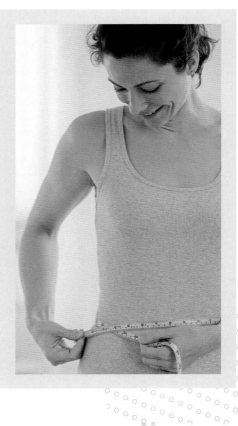

DERECHA: Aparte de tu índice de masa corporal, la altura y el peso, la medida de la cintura es un buen indicador de tu riesgo de sufrir enfermedades asociadas con el envejecimiento.

El declive se acelera después de los 60 años y en cualquier época de sedentarismo: los estudios sugieren que los músculos más viejos pueden ser más sensibles a los períodos cortos de inactividad que los músculos de los más jóvenes. A medida que perdemos músculo, perdemos resistencia y potencia en las extremidades inferiores y se reduce nuestra capacidad de mantener una serie de movimientos repetitivos. Unos músculos menos pesados significa que nuestros tiempos de reacción y coordinación son más lentos, tenemos más riesgo de fatigarnos y lesionarnos, y nuestros músculos se recuperan más despacio. El cuerpo comienza a compensar para mantenernos en posición vertical, lo que puede causar problemas posturales. Por ejemplo, ajustamos el ángulo de

nuestra columna vertebral para mantener el peso corporal en equilibrio, lo que puede crear una curvatura en la columna vertebral, y el peso extra impuesto a través de las articulaciones de la cadera y la rodilla las somete a un exceso de estrés. El entrenamiento de resistencia (levantar, tirar o empujar contra una fuerza opuesta) es la mejor manera de mantener la masa y la fuerza muscular.

Si vas a un gimnasio, pídele a un entrenador que trabaje con adultos mayores que te prepare un programa de entrenamiento de fuerza adaptado a tu edad, condición física y sexo, con la combinación correcta de trabajo de alta intensidad y

IZQUIERDA: El entrenamiento de fuerza de la parte superior del cuerpo también ayuda a los músculos que usamos para respirar, que se debilitan con la edad.

estabilidad, para desarrollar tus músculos con eficiencia y sin peligro. También puede aconsejarte cómo combinar este entrenamiento con el ejercicio aeróbico.

Cuida tus huesos

La densidad ósea alcanza su punto máximo al final de los 20 años y disminuye aproximadamente el 0,5% por año después de los 40 años. El contenido mineral de los huesos se reduce, haciéndolos más frágiles y quebradizos. Las microgrietas aumentan con la edad, reduciéndose así su dureza. Una cuarta parte de las personas mayores de 60 años tiene huesos frágiles, lo que incrementa el riesgo de fracturas. A medida que el esqueleto se debilita, es menos capaz de soportar la carga del cuerpo (y de servir como depósito de calcio), lo que provoca cambios en la postura, el andar y el equilibrio, y un menor rango de movimiento, lo que aumenta el riesgo de caídas. Algunos huesos son especialmente susceptibles a cambios estructurales y a los daños, entre ellos las caderas y la tibia y el fémur en las piernas.

La pérdida de cartílago, que hace de amortiguador entre los huesos, afecta a las articulaciones. A medida que pierde grosor, estas son más susceptibles a las lesiones y a los efectos del estrés. La mayor rigidez de los ligamentos y de los tendones más antiguos también contribuye a la rigidez y a la reducción del rango de movimiento en las articulaciones.

La osteoporosis no es una afección del envejecimiento, pero como está relacionada con la pérdida de masa y fuerza ósea, es más frecuente en los mayores. Los huesos se vuelven frágiles y son más propensos a fracturarse. Las articulaciones son más vulnerables, en especial las de las caderas y las muñecas. Una estructura ósea ligera y delgada es un factor de riesgo, puesto que la concentración de estrógenos se reduce desde la menopausia en adelante, pero los hombres también sufren una disminución en la densidad mineral ósea, en especial los fumadores.

El entrenamiento de resistencia con peso es la mejor forma de preservar la densidad ósea: los estudios muestran que la masa ósea aumenta en las piernas y la espalda de los mayores que hacen ejercicio con pesas, mientras que los que solo caminan desarrollan hueso en las caderas y la región lumbar. El ejercicio que entrena las habilidades de equilibrio es útil para prevenir caídas. En cambio, el entrenamiento con distintos tipos de movimientos y de ejercicio protege a las articulaciones del exceso de trabajo.

Conserva la flexibilidad

El paso de los años no solo afecta a los músculos y a los huesos. La matriz de tejido blando rico en colágeno que los conecta tiene una función clave en nuestra capacidad para mantener un rango de movimiento saludable a través de las décadas. Los ligamentos, el tejido que conecta los huesos, van perdiendo elasticidad y eso limita el movimiento de las articulaciones. Los tendones, que unen el músculo al hueso, se vuelven rígidos a medida que pierden contenido en agua con los años. Eso hace más fácil que

ARRIBA: Mantén tus pies y tus tobillos flexibles y sensibles, y te será más fácil estar activo y tener un buen rango de movimiento en todo el cuerpo.

PRESTA ATENCIÓN A LOS PIES

Para desarrollar el equilibrio y una buena marcha hay que empezar por los pies y las piernas. Un ensayo clínico australiano realizado en 2011 observó que una combinación de ejercicios de pies, ortesis para el calzado y consejos sobre el uso del calzado redujeron las caídas un 36% cada año. Los ejercicios de enraizamiento para la parte inferior del cuerpo basados en el yoga y el taichi (véase la página 79) pueden ayudarnos a encontrar la combinación de fuerza y relajación que necesitamos para mantenernos erguidos y ágiles.

se desgarren (y por eso tardan más en curarse), privándonos de flexibilidad y estabilidad.

Los terapeutas del movimiento y el trabajo corporal a menudo trabajan la red de tejido conectivo o fascia que envuelve los músculos, los huesos y los órganos. Su tejido de fibras de colágeno unidas mediante un mucus que absorbe el agua mantiene todo unido, pero capaz de deslizarse sobre sí mismo sin problemas cuando hace falta. Imagínate una red de redes que se extiende elegantemente alrededor de cada órgano, músculo y hueso, como una bolsa de malla que envuelve a las cebollas: la rigidez o la disrupción en un área causa compresión o desconexión en otras partes de la red, y esto afecta al movimiento y a la estabilidad del conjunto.

Tom Myers desarrolló una forma de mapear las conexiones de la fascia, que recorren arriba y abajo el cuerpo. Uno de esos «trenes anatómicos» pasa por la parte trasera del cuerpo: sale de los dedos de los pies, baja hasta las plantas y sube por detrás de las piernas, luego por la espalda y llega hasta la cabeza. La rigidez en los gemelos, por ejemplo, puede causar la disrupción del tren, provocando limitaciones en los hombros o el cuello.

La fascia pierde elasticidad después de los 50. Las lesiones y el hábito, así como la menor hidratación del pegamento que permite que el tejido se estire y se deslice, resulta en una rigidez que impide que el cuerpo trabaje en conjunto e interrumpe nuestro rango natural de movimiento. Sentarse es particularmente perturbador: la cantidad de tiempo que pasamos sentados aumenta en cada grupo de edad y se ha identificado como un «factor de riesgo independiente para la salud» por el proyecto de longevidad Sightlines de Harvard.

Para mantener la fascia flexible, resiliente y elástica, prueba el yoga, el taichi o el qigong. Se recomiendan movimientos de cuerpo entero en lugar de acciones repetitivas centradas en un punto con una máquina de pesas o clases (aunque estas son buenas para el entrenamiento aeróbico y de resistencia, véase la página 55). El ejercicio más eficaz para mantener la fascia flexible reproduce los movimientos cotidianos, aumentando la sorpresa y la variación que no se logra al practicar series de repeticiones.

Otras terapias de movimiento basadas en la integración estructural, como el método Feldenkrais, son eficaces para promover la función natural en toda la estructura. Alivian las lesiones y evitan las pequeñas punzadas que conducen a problemas más debilitantes.

EL MÉTODO FELDENKRAIS

Este método enseña cómo interpretar la información de los sentidos para refinar el movimiento y deshacer patrones perjudiciales adquiridos por el hábito o las lesiones, mejorando así la movilidad y desarrollando el equilibrio y la destreza. Al sintonizarnos, aumenta la sensibilidad y encontramos formas de movernos más naturales. Cuando no estás en modo automático, te das cuenta de cómo sientes tu cuerpo.

DERECHA: Las sesiones de Feldenkrais se concentran en secuencias de movimientos lentos repetitivos dirigidos por un instructor que permiten explorar en profundidad cómo funciona el cuerpo

Sintonízate con tu cuerpo en movimiento

Este ejercicio adaptado del método Feldenkrais desarrolla la conciencia de dónde se siente a gusto tu cuerpo y de dónde el movimiento te exige más esfuerzo.

1. Empieza acostándote boca arriba con las rodillas flexionadas y los pies planos sobre el suelo, separados a la anchura de las caderas. Extiende los brazos a los lados. Nota la respiración en tu cuerpo y siente la pelvis, los hombros y la cabeza sobre el suelo y en relación entre ellos. Pasa así algún tiempo.

2. Rueda sobre un lado para que las caderas, las rodillas, los hombros y los brazos queden unos encima de otros, con las palmas juntas. Mira hacia las palmas con el lado de la cabeza apoyado en el suelo (o en una manta doblada para estar más cómodo).

3. Desliza lentamente la mano de encima hacia el suelo, luego vuelve sobre la palma de la mano de tu brazo inferior. Repite esto algunas veces. Nota cómo se mueven tus rodillas y cómo esto afecta a tu cabeza, que puede rodar.

4. Muy suavemente, desliza el brazo superior hacia delante y luego alrededor de tu cabeza dibujando un arco. Si las puntas de los dedos llegan al suelo, deja que se arrastren. Permite que la cabeza siga el movimiento. Ahora, deja que el brazo inferior siga el arco alrededor de tu cabeza, y las rodillas rueden,

de modo que acabes mirando hacia la otra dirección, con las palmas de las manos, las rodillas y las caderas juntas.

5. Repítelo hacia el otro lado. Desliza el brazo superior hacia delante y hacia atrás, luego hacia arriba y alrededor de tu cabeza, permitiendo de nuevo que el brazo inferior y las caderas sigan un movimiento delicado y suave. Presta atención a cualquier zona que notes rígida y que se mueva más lentamente. Nota qué partes de tu cuerpo contribuyen a la acción y cuáles la obstaculizan. ¿Cómo podrías aliviar el movimiento? Repítelo cuatro o cinco veces en cada dirección, centrándote en la calidad del movimiento.

6. Acaba de nuevo sobre la espalda, con las rodillas flexionadas, los pies separados a la anchura de las caderas y los brazos extendidos a los lados. Presta atención a tu respiración: ¿la notas más fácil o profunda? ¿Ha cambiado la forma en que la pelvis, los hombros y la cabeza descansan en el suelo? Atiende a tu cuerpo antes de rodar hacia un lado y empujar hacia arriba hasta quedarte sentado.

Actividades para lograr un cuerpo resistente en el futuro

El ejercicio reduce nuestra edad biológica. Las personas activas viven más y mantienen su función física más tiempo, pero los estudios muestran que cuanto más envejecemos, menos posibilidades tenemos de hacer las tres sesiones de 30 minutos de ejercicio de intensidad moderada recomendadas cada semana. Y las cifras son peores para las mujeres que para los hombres.

Los efectos de una vida sedentaria son tan grandes en términos de pérdidas de la capacidad funcional como los efectos del envejecimiento. Al hacer ejercicio retrocedemos en el tiempo. ¿Qué tipo de ejercicio es el mejor? Diferentes estudios dicen que el ciclismo, el entrenamiento a intervalos de alta intensidad (HIIT) y correr ofrecen beneficios impresionantes para optimizar la salud a medida que envejecemos. El yoga y el taichi también tienen una excelente calificación.

LO BÁSICO

Al envejecer necesitamos la misma cantidad de ejercicio que cuando somos más jóvenes. Para mejorar la salud del corazón y los pulmones, la fuerza muscular y la densidad ósea, se recomienda una combinación de entrenamientos de cardio, con pesas y estiramientos, como sigue:

Fórmula semanal para la longevidad

- **Entrenamiento aeróbico y de la resistencia:** al menos 150 minutos de actividad de intensidad moderada (30 minutos x 5) o 75 minutos de actividad enérgica, o combinar las dos.

- **Entrenamiento de fuerza y resistencia:** dos o más sesiones trabajando los músculos largos de las piernas, caderas, espalda, abdomen, tórax, hombros y brazos.

- **Entrenamiento de la flexibilidad y el equilibrio:** utilizar como calentamiento y enfriamiento en cada sesión de ejercicio para promover la conciencia y la coordinación del cuerpo y reducir el riesgo de lesiones.

EMPEZAR A HACER EJERCICIO

Si estás débil o acabas de empezar a hacer ejercicio, haz minisesiones de diez minutos hasta llegar a 150 minutos de ejercicio aeróbico semanal. Comienza poco a poco con actividades de intensidad moderada (caminar o pedalear sobre plano) y sube la intensidad durante varias semanas, a medida que aumente tu resistencia. Si te mareas, tienes calambres o te duelen las articulaciones o el pecho, los hombros o los brazos, baja la velocidad y deja de hacer ejercicio.

Si tienes un problema de salud, pregúntale a tu médico qué actividades se adaptan mejor a ti antes de comenzar a hacer ejercicio.

HACER EJERCICIO CON SEGURIDAD

- Haz un calentamiento de 5 a 10 minutos, aumentando gradualmente el ritmo y el recorrido de tus movimientos.
- Enfría de 5 a 10 minutos después de hacer ejercicio, reduciendo la velocidad tan gradualmente como cuando calentaste. Luego estira los músculos largos de las piernas y los brazos.
- Cambia de ejercicio para evitar el riesgo de estrés en las articulaciones y los músculos.
- Si corres, ve cambiando de terreno, alternando el parque con pistas y pavimentos duros.
- La buena forma es más importante que el número de repeticiones, la distancia recorrida o las *vinyasas* (secuencias fluidas de posturas de yoga) completadas. Si notas pasos en falso en tu postura o respiración o tu mandíbula contraída, reduce la velocidad y trata de ser más consciente de tus movimientos.

Entrenamiento aeróbico y de resistencia

Un buen entrenamiento aeróbico (ciclismo, marcha, correr, natación, deportes de raqueta) es cualquier actividad que haga que los músculos largos se muevan rítmicamente durante un período sostenido, aumentando el pulso y la frecuencia respiratoria. Todas desarrollan la capacidad del cuerpo de suministrar oxígeno y nutrientes y de eliminar los desechos, y después de unas semanas aumentan la resistencia. Esta es la mejor manera de mejorar la función cardiovascular (reducir el ritmo cardíaco en reposo y la presión arterial) y puede ayudar a contrarrestar la pérdida de densidad ósea en mujeres posmenopáusicas. Nos hace más sensibles a la insulina (reduciendo el riesgo de diabetes), aumenta el colesterol bueno y mejora el estado de ánimo, la calidad del sueño y la memoria.

Entrenar tres veces a la semana mejora tu capacidad funcional. Cuanto más tiempo lo hagas (más de 20 semanas), mayores serán las mejoras.

El entrenamiento debe ser de intensidad moderada, de modo que sientas calor y te falte el aliento, pero puedas mantener una conversación. Añade alguna actividad vigorosa cuando puedas, de modo que notes más calor y no puedas hablar. Las ráfagas de actividad cortas y bruscas aportan beneficios adicionales a la salud del corazón y ayudan a que el tiempo de recuperación sea más rápido.

Una buena elección: pedalear

Pedalear 48 km (30 millas) a la semana reduce el riesgo de muerte prematura en un

41%, según descubrió un gran estudio realizado durante 5 años por la Universidad de Glasgow. Eso son 9,8 km (6 millas) cada día, cinco días a la semana (¿quizás la distancia de tu casa al trabajo?). El estudio sugiere que desplazarse al trabajo en bicicleta reduce

DERECHA: Correr es una forma ideal de mantener la densidad de los huesos en las piernas y las caderas. Combínalo con entrenamiento de fuerza y flexibilidad para prevenir lesiones.

el riesgo de desarrollar enfermedad cardiovascular un 46% y de cáncer un 45%.

Se descubrió que el ciclismo era más efectivo que caminar, probablemente porque se recorren distancias más largas y por la intensidad que implica pedalear por pendientes y correr en las intersecciones. Otro estudio realizado por el King's College de Londres observó que los ciclistas de entre 55 y 79 años eran físicamente más jóvenes que sus iguales.

A muchos de nosotros nos preocupa el riesgo de la contaminación del aire para la salud cuando pedaleamos, y los accidentes de tráfico también parecen ser un factor importante que disuade a las personas de subirse a sus bicicletas. Pero las estadísticas muestran que las enfermedades asociadas con el envejecimiento (cardiopatías, derrames cerebrales, obesidad) son mucho más arriesgadas para nuestra salud que los accidentes en bicicleta. Y aunque el ciclismo en entornos urbanos llenos de tráfico nos expone a contaminantes como el dióxido de nitrógeno y el monóxido de carbono, una investigación epidemiológica realizada por la Universidad de Cambridge sugiere que los beneficios del ciclismo para la salud superan con creces a los peligros de la contaminación. Tendrías que pedalear en Londres durante 10 horas para que los perjuicios de los contaminantes superaran a los beneficios de la actividad física. A menos que seas un mensajero ciclista en Delhi, la ciudad más contaminada según la OMS, el ciclismo urbano es mucho más beneficioso para la salud que no pedalear en absoluto.

Una buena elección: correr

En un estudio de análisis de datos se vio que correr es el ejercicio más efectivo para prolongar la vida. Los resultados indican que los co-

CONSEJO: Se cree que una hora corriendo alarga la vida 7 horas. Este beneficio se estabiliza después de unas 4 horas semanales de ejercicio. El aumento en tiempo de vida obtenida al correr tiene un límite de unos 3 años.

rredores tienden a vivir 3 años más que quienes no corren, incluso si fuman, beben, tienen sobrepeso o la presión arterial alta, y reducen el riesgo de muerte prematura entre el 25% y el 40%. Correr lentamente también funcionó, e incluso 5 minutos marcaron una diferencia.

Una buena elección: marcha deportiva

La forma más accesible y tal vez la más segura de comenzar a hacer ejercicio es caminando. Solo 25 minutos al día de caminata vigorosa pueden alargar la vida hasta 7 años. En un estudio a gran escala y a largo plazo, las caminatas de intensidad moderada redujeron el riesgo de hipertensión arterial de

ARRIBA: La marcha nórdica es un buen entrenamiento de los brazos y la parte superior del cuerpo. Fomenta una buena postura y a la vez nos permite disfrutar de la naturaleza.

DERECHA: Atrévete con el desafío de la plancha para activar los músculos de la parte frontal del cuerpo, los que no utilizamos cuando estamos sentados.

CONSEJO: Un minuto de actividad vigorosa reporta los mismos beneficios que dos minutos de actividad moderada.

ENTRENAMIENTO A INTERVALOS DE ALTA INTENSIDAD (HIIT)

Incluir ráfagas breves de actividad muy intensa en la actividad aeróbica moderada parece más eficaz en el caso de las personas mayores. Este régimen también puede ser más beneficioso para un cuerpo que envejece que períodos más prolongados de actividad moderada, que pueden ser agotadores, difíciles de soportar para las articulaciones y que exigen tiempo de recuperación.

Otras opciones son el *spinning* o entrenamiento interválico, el montañismo y el yoga ashtanga. En los estudios, el HIIT mostró el mayor impacto en la resistencia, e incluso marcó una diferencia en poco tiempo. En un estudio realizado por la Clínica Mayo, las personas mayores parecían tener una reacción más intensa al HIIT que las más jóvenes, y corrigió las disminuciones en las mitocondrias (véase página 15) asociadas con el envejecimiento. El HIIT activó 400 genes en células musculares envejecidas en comparación con 170 en deportistas moderados y 74 en levantadores de pesas. En este estudio, las personas entrenaron tres veces por semana en bicicletas de ejercicio (4 minutos de pedaleo duro seguido de un descanso de 3 minutos, repetido cuatro veces en total).

forma similar a la de una carrera vigorosa, y cuanto más se pueda hacer cada semana, mayores serán los beneficios. Caminar ayuda a mantener la densidad ósea y la función cognitiva y alivia la depresión. Recorrer 2,5-3 km (1,5-2 millas) a la semana a un ritmo rápido también reduce el riesgo de enfermedad cardiovascular.

Entrenar la fuerza y la resistencia

Los ejercicios que hacen trabajar los músculos repetitivamente contra una fuerza o peso es la mejor forma de minimizar el deterioro muscular asociado con la edad, de conservar la densidad ósea y de fortalecer los tendones y los ligamentos. Actividades como subir escaleras, hacer sentadillas, flexiones y sentadillas combinadas con ejercicios de pesas ayudan al equilibrio y regulan la presión arterial y las concentraciones de azúcar en sangre. También parecen estimular el aumento de la hormona del crecimiento y la sensibilidad a la insulina.

Puedes empezar a entrenar a cualquier edad, y tu tejido muscular, además de tu fuerza y tu potencia, aumentarán sustancialmente: los estudios realizados en personas mayores de 70 años han demostrado que la fuerza muscular se duplica en 10 semanas.

Utiliza pesas, máquinas o simplemente tu propio peso corporal, y empieza haciendo de 8 a 12 repeticiones de un ejercicio, aumentando el peso o la cantidad de repeticiones a medida que tu fuerza se desarrolle. Si haces entrenamiento de fuerza todos los días, alterna los músculos que trabajas para darles un día de descanso.

Una buena elección: ejercicios acuáticos

La resistencia al agua ayuda a trabajar los músculos, y la flotabilidad protege las articulaciones y ayuda con el peso corporal. Es un medio seguro cuando estás recuperándote de una lesión o si tu peso te dificulta hacer ejercicio.

Una buena elección: danza

El ballet es una buena forma de desarrollar la fuerza en la parte inferior del cuerpo. En un estudio realizado en la Universidad de Sydney se vio que la danza redujo las caídas un 37%, tal vez gracias al aumento de la fuerza en las extremidades inferiores, las articulaciones y los músculos de la parte central, junto con un mayor equilibrio, flexibilidad y conciencia espacial. Los movimientos pequeños y precisos de los pies, las piernas y las caderas causan menos estrés que el entrenamiento de alto impacto, y enseñan a alinear las articulaciones (la cabeza sobre los hombros, sobre las caderas, sobre las rodillas) para hacer todo tipo de entrenamiento con pesas. Una clase en la barra aumenta la fuerza de manera uniforme según cambias de lado para repetir ejercicios, dirigiéndolos con las extremidades izquierda y derecha.

Entrenamiento de la flexibilidad y el equilibrio

Los ejercicios de estiramiento y conciencia de la postura ayudan a mantener y aumentar el rango de movimiento. Trabajan la fascia, por lo que también influyen en el cambio de forma del cuerpo. Estas formas de ejercicio, como el yoga, el taichi y el qigong, también promueven el equilibrio: las caídas son la mayor causa prevenible de muerte y lesiones en los mayores de 65 años. Memorizar las secuencias de estiramiento y activar el enfoque mente-cuerpo requerido para autocorregirse mientras practicas promueve la agilidad mental y la capacidad de hacer dos cosas a la vez.

Estira los hombros y la parte superior de los brazos, las pantorrillas y los muslos para calentar antes de hacer ejercicio y como enfriamiento después. Esto te permite usar los músculos de manera más eficiente y efectiva mientras entrenas y reducir el riesgo de lesiones.

Una buena elección: taichi y qigong

Los movimientos lentos y continuos de baja intensidad del arte marcial del taichi y la práctica de bienestar tradicional china del qigong son conocidos por su eficacia para prevenir y tratar los síntomas de numerosas afecciones asociadas con el envejecimiento, desde dolor artrítico hasta presión arterial alta. Son una manera brillante de rehabilitar el cuerpo después de una lesión, en especial si te preocupa que el ejercicio exacerbe el dolor.

ARRIBA: El qigong es el ejercicio perfecto para quien disfruta equilibrando la energía del cuerpo con la del mundo que le rodea.

Los suaves movimientos meditativos de la forma, la suavidad de los músculos y la falta de extensión en las articulaciones parecen útiles para el tejido conectivo. Cambiar el peso corporal adoptando distintas posiciones activa los receptores de los músculos y ligamentos para mantener el cuerpo equilibrado. Se ha demostrado que esto ayuda a reducir el miedo a las caídas. Los estudios sugieren que aunque el taichi y el qigong no trabajan con pesas o resistencia, aumentan la formación de hueso, en especial en las mujeres posmenopáusicas. Las posiciones «sostenidas» de las extremidades y la postura también parecen desarrollar fuerza muscular en la parte superior e inferior del cuerpo, y en la parte central.

Una buena elección: yoga

Quizás los beneficios más obvios de practicar las asanas o posturas de yoga es desarrollar la flexibilidad y el equilibrio, la coordinación y la conciencia corporal. Su práctica realinea la postura y la marcha, y libera las áreas de rigidez, ampliando el rango de movimiento. El foco en la respiración y el movimiento consciente ha demostrado ser útil para muchas afecciones asociadas con el envejecimiento, como las enfermedades cardíacas y la hipertensión. Las técnicas de relajación pueden aliviar el dolor crónico de la artritis y los problemas lumbares y reducir los medicamentos necesarios para tratar ciertas afecciones, entre ellas la diabetes tipo 2. También se asocia con la reducción de la depresión, el estrés y el insomnio, y desarrolla la claridad mental y la concentración.

ESTÍRATE PARA REJUVENECERTE

Un cuerpo flexible y tonificado se mantiene joven, pero ¿puede ser también más joven biológicamente? Un estudio de 2017 sugiere que el yoga puede reducir significativamente la velocidad de envejecimiento celular en las personas sanas. El estudio observó los principales marcadores del envejecimiento celular (lesiones en el ADN, estrés oxidativo, telómeros más cortos), que parecían estabilizarse después de un curso de yoga y meditación de 12 semanas.

Una investigación india mostró que una práctica de yoga intensiva de 12 semanas que incluyó saludos al sol (véase la pág. 64) aumentó las concentraciones de hormona del crecimiento y de dehidroepiandrosterona (DHEA, la hormona de la juventud, véase la pag. 35) en las personas de 35 a 55 años, ambas asociadas a la longevidad. Los investigadores sugieren que la secuencia del saludo al sol estimula la glándula pituitaria y la suprarrenal, y creen que la naturaleza mente-cuerpo de los ejercicios es la clave de su eficacia.

Desarrolla la fuerza y el tono muscular, fortalece los tobillos y las rodillas, rehabilita el cartílago de las articulaciones y aumenta la densidad ósea. Tiene algunos beneficios del entrenamiento aeróbico y de resistencia, como ralentizar la frecuencia cardíaca, mejorar la función pulmonar y el consumo de oxígeno durante el ejercicio. Se cree que reduce el azúcar en sangre y el colesterol malo.

CUERPO LONGEVO

Saludo al sol sencillo

Esta práctica es una parte integral de la mayoría de las tradiciones de yoga. Es un entrenamiento completo para el cuerpo: nos flexionamos adelante y atrás, la cadera se abre y se estimula el sistema digestivo. Son posturas que revierten los efectos de la gravedad, estimulan la circulación y actúan sobre el sistema nervioso, a la vez que te permiten percibir la respiración mientras te mueves.

1. De pie, con los pies juntos o separados a la altura de las caderas, junta las palmas contra el pecho. Siente tu peso equilibrado entre el frente, la espalda y los lados de los pies. Siente la estabilidad de tus pies, piernas y caderas y tu columna vertebral saliendo de tu pelvis, levantando la parte superior de tu cuerpo.

2. A medida que inspires, extiende los brazos hacia arriba, levantando la cabeza si te resulta cómodo. Siente el estiramiento en los lados de la cintura y el pecho.

3. Respira e inclínate hacia adelante desde las caderas; pon las manos en el suelo. Flexiona las rodillas si no puedes extender las piernas con facilidad. Deja la cabeza y el cuello colgando hacia las piernas.

4. Levanta el pecho y la cabeza mientras inhalas; da una zancada hacia atrás con la pierna derecha. Siente un agradable estiramiento en la pierna extendida y mira hacia adelante.

5. Al exhalar, junta la pierna izquierda con la derecha, con los pies separados a la altura de las caderas, y luego baja la cabeza. Empuja con las manos para orientar el pecho hacia las piernas, flexionando las rodillas si es necesario. Esta es la postura del perro mirando abajo (*adhomukha svanasana*).

6. Al inhalar pon las rodillas en el suelo. Luego exhala y deja caer las caderas sobre los talones con los pies juntos y las rodillas separadas. Tu pecho quedará entre las rodillas, con los brazos extendidos sin esfuerzo frente a ti sobre el suelo. Descansa aquí en la postura del niño (*balasana*) y haz una respiración completa (una inhalación y una exhalación).

7. Mira hacia delante y desliza el pecho entre las manos. Mientras inhalas empuja hacia arriba y adopta la postura de la cobra (*bhujangasana*). Si tu espalda no está acostumbrada, puedes hacer la postura de la media cobra, levantando solo el pecho todo lo que puedas, ayudándote con las manos. Así fortaleces los músculos de la espalda.

8. Al exhalar empuja con las manos y levanta las caderas para volver a la postura del perro mirando abajo, manteniendo las rodillas flexionadas si lo necesitas. Aguanta durante tres inhalaciones y exhalaciones lentas. Empuja las caderas hacia el techo y apoya las manos en el suelo, haciendo presión en la base de los dedos índice y pulgar.

9. Al inhalar, mira hacia adelante y da un paso con el pie izquierdo hasta que quede entre las manos (tal vez debas saltar o estirar el pie los últimos centímetros). Nota un agradable estiramiento en la pierna de atrás.

10. Junta el pie derecho con el izquierdo. Mientras exhalas, inclínate hacia adelante para llevar el pecho y la cabeza hacia las piernas, doblando las rodillas si es necesario.

11. Al inhalar contrae los músculos centrales y extiende los brazos hacia arriba mientras te yergues (flexiona las rodillas si notas que tu espalda necesita más apoyo).

12. Exhala al bajar los brazos, juntando las palmas en el pecho. Haz una pausa. Cuando te sientas listo, inhala y extiende los brazos sobre la cabeza para repetir la secuencia con el otro lado del cuerpo, esta vez dando un paso atrás y adelante con la pierna derecha. Haz hasta tres o cuatro rondas de cada lado.

Entrenar la respiración

Aprender a regular la respiración, alargando las inhalaciones y las exhalaciones, es útil para nutrir tu cuerpo y que resista los períodos de esfuerzo. La respiración *ujjayi*, que se utiliza en muchas de las modalidades de yoga más rápidas, puede aliviar la intensidad de la actividad y ayudarte a aprovechar tus reservas de energía. Se traduce como aliento «victorioso», que te ayuda a llegar a la meta. También se dice que reduce la presión arterial elevada. Aprende la técnica sentado, luego, una vez que te sientas cómodo, aplícala cuando realices secuencias de yoga, subas pendientes o casi al final de un grupo de repeticiones.

• Para aprender la técnica, empieza por prestar atención al flujo regular de inspiraciones y espiraciones. Luego haz una inspiración por la nariz mientras cuentas hasta cuatro. Abre un poco la boca y espira contando hasta cuatro de nuevo, cerrando la garganta y «resoplando» al espirar como si empañaras un espejo. Sabrás que lo estás haciendo bien porque escucharás un sonido continuo como el del mar golpeando y retirándose de una playa rocosa.

• Practica la respiración *ujjayi* correctamente respirando por la nariz y repite la espiración sonora, esta vez con la boca cerrada. Puede ser útil imaginar que espiras a través de un orificio delante del cuello. Mantén la garganta firme para escuchar el ruido sibilante durante las inspiraciones y las espiraciones, e intenta igualarlas para que duren lo mismo.

«El hombre que desee
vivir durante cien años
solo lo logrará mediante
la acción».

ISHA UPANISHAD,
**ANTIGUO TEXTO FILOSÓFICO
VÉDICO**

Cuida tu postura

Un buen movimiento empieza por una buena postura. Si las articulaciones están alineadas cuando estás de pie y sentado, con una línea que pasa por los hombros, las caderas, las rodillas y los tobillos, los huesos del cuerpo estarán alineados correctamente, incluidas las vértebras de la columna.

Una buena postura crea espacio alrededor de la caja torácica y el diafragma, facilita la respiración profunda y protege las curvas naturales de la columna vertebral en la zona lumbar, media y cervical, de modo que se previenen el dolor de espalda y de cuello. Al equilibrar las caderas y los hombros se alivian la rigidez y el dolor en esas articulaciones tan importantes.

Un estudio de la postura de mujeres mayores de 60 años identificó cambios posturales frecuentes que contribuyen a una postura encorvada y a la joroba, incluyendo omóplatos asimétricos, una curva exterior excesiva en la espina dorsal superior y media, y una curva excesiva hacia adentro en la parte inferior de la espalda. El tiempo que pasamos con el centro de gravedad y la cabeza desplazados hacia adelante aumenta los problemas de estabilidad, lo que incrementa la probabilidad de caídas, así como el dolor y la degeneración en las articulaciones de la cadera.

Si le pides a un actor que interprete a un personaje anciano, se inclinará, cerrará el tórax y ralentizará sus movimientos al caminar doblando las rodillas. En cambio, lo contrario (adoptar una postura juvenil con la cabeza alta y el pecho expandido) hace que parezcamos y nos sintamos más jóvenes, y nos hace más relajados, confiados y enfocados. Se ha demostrado que la actitud de ensanchar el pecho y liberar la caja torácica mejora el estado de ánimo. En los estudios, funcionó especialmente bien en el caso de los hombres, haciéndoles sentir más dominantes y eficaces, y por lo tanto, más capaces de resolver problemas. Adoptar una «pose de poder» (una en la que proyectas confianza) aumenta los niveles de testosterona y reduce los de cortisol, la hormona del estrés.

EL PSOAS

Es uno de los músculos del cuerpo de acceso más difícil, tal vez porque cuesta sentirlo o visualizarlo. El psoas es vital para nuestra postura, equilibrio y capacidad de relajación. Conecta los huesos del fémur en la parte superior de las piernas a la parte inferior de la espalda, pasando por la parte delantera de la pelvis y envolviendo las caderas en el interior para unirse a los lados de las vértebras lumbares.

El psoas estabiliza la columna vertebral y es fundamental para nuestra capacidad de caminar y movernos con eficacia de forma continuada, pero su volumen se reduce a medida que envejecemos. En cambio, en la veintena es cuando está más saludable. Después de los 60 años se reduce drásticamente, lo que contribuye a problemas con la espalda y al caminar.

Los músculos del psoas están contraídos, excepto cuando nos acostamos, pero se tensan y se acortan si pasamos largos períodos sentados. Para relajar y liberar el psoas con el fin de conseguir una curva lumbar más natural y libertad de movimiento, prueba el ejercicio

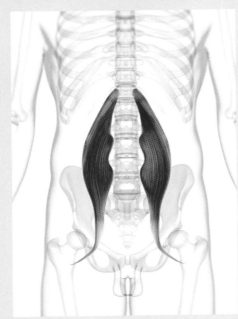

«Encuentra tu centro» (véase la pág. 92) y luego relájate durante 10 minutos con las piernas elevadas, apoyadas en el asiento de una silla, liberando de forma consciente la tensión alrededor de la pelvis y las caderas. Para estirar el psoas y enderezar la columna vertebral, practica la postura de la montaña (véase la pág. 74).

IZQUIERDA: El psoas es uno de los músculos de más difícil acceso. Se encuentra en lo más profundo de nuestro centro y responde bien al yoga y otras terapias «somáticas» de movimiento.

Sentarte bien

La postura es importante, sobre todo al sentarnos, porque a medida que nos hacemos mayores tendemos a sentarnos más veces y durante más tiempo. Los siguientes cambios mejorarán tu postura al sentarte, pero es importante que te levantes cada 45 minutos y que pases unos 15 minutos en movimiento.

1. Siéntate en un asiento ante un escritorio o una mesa, con la parte posterior de los muslos apoyados y la parte posterior de la pelvis tocando el respaldo de la silla. Regula la altura del asiento (o utiliza un reposapiés, bloques de yoga o libros) para que los pies te queden apoyados en el suelo, separados a la altura de las caderas, y colocados debajo de las rodillas, con las rodillas hacia adelante. Las caderas y las rodillas deben formar un ángulo de 90 grados. La parte posterior de la silla sirve para apoyar la parte superior de la espalda y para que haya una buena curva en la parte inferior de la columna, la parte media de la espalda y la parte trasera del cuello. Siéntate de modo que tus orejas queden encima de tus hombros, que a la vez quedan sobre tus caderas. Para comprobar que los hombros están igualados, muévelos hacia arriba, hacia atrás y hacia abajo.

2. Imagínate que hay un globo atado a la coronilla de tu cabeza y que te levanta la parte posterior del cuello. Visualiza otro globo que levanta tu pecho desde el esternón, que a su vez te alza un poco la barbilla.

• Para trabajar con tu ordenador, coloca la pantalla de modo que los antebrazos te queden paralelos al suelo y mirando hacia adelante. Si trabajas con un portátil, puede que necesites un monitor externo. Utiliza libros para elevarlo a la altura adecuada. Visualiza los músculos de tu estómago tirando hacia atrás, hacia tu columna vertebral, para apoyar la parte superior de tu cuerpo. La fuerza de la parte central es esencial para una buena postura. Si es la primera vez que haces esto, no lo prolongues más de diez minutos.

CONSEJO: Siéntate sobre un balón de ejercicio para ver la televisión. Los micromovimientos involuntarios necesarios para mantener el equilibrio ejercitan los músculos de la parte central que nos mantienen erguidos y los músculos que estabilizan la columna vertebral.

CONSEJO: Evita sentarte mucho tiempo. Es fatal para la salud, no importa la frecuencia con que hagas ejercicio. Se asocia a muerte prematura, cáncer, obesidad y diabetes tipo 2. Los mayores son el grupo de edad más sedentario. Sesenta minutos diarios de actividad compensan sus efectos negativos.

Estar de pie con dignidad

La postura de la montaña (*tadasana*) es el punto de inicio y recolocación en las posturas de yoga de pie. Activa la parte inferior del cuerpo para sostener toda tu estructura. También es una buena práctica cuando te sientes un poco triste, porque sentirte más alineado promueve una sensación de positividad, calma y confianza.

1. Ponte de pie con los pies separados a la anchura de los hombros, los bordes exteriores paralelos entre sí (puedes tener un poco de aspecto de paloma). Con los brazos y las palmas de las manos a los lados, presiona con fuerza para llevar todo el cuerpo hacia la línea central que va desde la parte superior de la cabeza hasta el hueso de la pelvis. Aguanta y luego relájate dejando caer los hombros.

2. Balancéate hacia adelante y atrás sobre los pies, y luego de lado hasta que encuentres tu centro. Levanta los dedos de los pies, extiéndelos bien, mantén la base de los dedos gordos firmemente anclada, luego vuelve a colocar cada dedo en el suelo. Intenta hacerlo con un dedo cada vez, dejando espacio entre ellos (también ayuda a separarlos). Afirma tu base en diagonal, estirando desde los dedos gordos hasta la parte exterior de los talones, y los dedos pequeños hasta el interior de los talones.

3. Activa los puentes de los pies y levántalos desde allí con la parte inferior de las piernas. Levanta los muslos para elevar las rótulas, permitiendo que la cara interna de los muslos se mueva hacia adentro. Deja caer el coxis, como si tuvieras una cola de canguro que te pesara. Mientras exhalas, levanta el suelo pélvico y los músculos abdominales hacia la columna vertebral. Siente el espacio que has creado para los órganos del abdomen y observa lo seguros que se notan.

4. Eleva los lados del torso, deja caer los hombros (visualiza cómo bajan los omóplatos) y extiende la parte posterior del cuello. Siente cómo tu columna se extiende hacia arriba y hacia fuera de la cavidad pélvica. Separa las clavículas y visualiza tu pecho abriéndose desde el esternón, como las páginas de un libro. Mira hacia adelante e imagina que un hilo te levanta desde la coronilla. Relaja la mandíbula.

5. Mantén la postura durante unos minutos. Al exhalar, nota la parte inferior del cuerpo descender por la pelvis, las piernas, los pies y el suelo. Mientras inhalas, mantén esa sensación de estar en contacto con la parte inferior del cuerpo a la vez que disfrutas de la elevación hacia arriba en tu pecho y columna vertebral.

TU AMIGA LA PARED

La pared y el suelo están ahí para ayudarte a adoptar una buena postura. Un dicho del yoga afirma que la pared es tu mejor maestra.
Así que utilízala tanto al hacer ejercicio como al revisar tu postura después de estar sentado. Nota la estabilidad del suelo apoyándote en una posición perfectamente recta cuando te recuestes sobre tu espalda, y practica de pie con los talones, la parte posterior de la pelvis y la cabeza en contacto con una pared para experimentar la sensación de estar perfectamente recto.

La sabiduría de la montaña

En gran parte de la mitología universal, lo viejo equivale a lo fuerte, lo estable y lo sabio. Table Mountain, en Ciudad del Cabo (Sudáfrica), en el punto más austral del continente africano, se ha considerado mucho tiempo la manifestación del dios romano Jano. Jano es una deidad solar que se representa con dos caras que miran en direcciones opuestas. Se le asocia con tiempos de cambio y nuevos comienzos, por ejemplo, con las festividades de año nuevo, y puede verse esculpido en puertas y portones, representado a menudo como un hombre mayor con barba. Vigilante, capaz de mirar a derecha e izquierda y dentro y fuera, y de proteger los lugares de llegada y salida, es un buen arquetipo en el que fijarse cuando llegamos al final de una década y comenzamos otra. También se le suele representar en monedas, encarnando la comunicación, la iniciativa y los esfuerzos que pasan de la mano de una generación a la de otra.

Cuando estamos orgullosos de nuestra edad, nos sentimos más capaces de mirar en todas direcciones y beneficiarnos de la perspectiva. Somos capaces de mirar las décadas pasadas y avanzar hacia las venideras con equilibrio y ecuanimidad, tomamos mejores decisiones, permitiendo que solo las cosas útiles viajen con nosotros, y estamos atentos para prescindir de la información menos útil. Las insignias de Jano son la llave que abre y el cetro que supera la confusión y el caos.

DERECHA: Aspecto de la cabeza de Jano esculpida sobre las entradas, los accesos y otros espacios de transición en los que los mundos se encuentran y las posibilidades se bifurcan.

JANUS.

De la cabeza a los pies

Mantener una buena postura es más sencillo si los pies están ágiles y responden a los estímulos. Su sensibilidad se reduce con la edad: un tercio de los mayores de 65 años nota dolor o rigidez. Por eso les cuesta más estar activos, moverse rápido y mantener el cuerpo y la marcha equilibrados. También causan la llamada «postura del anciano».

Si consideramos el impacto del peso corporal que deben absorber con cada paso, los pies son pequeños. Con las décadas aumentamos de peso y esa carga se incrementa. El tejido muscular en los pies se afina con la edad, los tendones y los ligamentos se desequilibran y se reduce la amortiguación natural de la grasa bajo el talón y los dedos del pie. Los nervios de la periferia no envían mensajes al cerebro con la misma eficacia, y eso hace que perdamos sensibilidad, y la sangre se acumula en las extremidades inferiores, causando hinchazón. Las articulaciones se vuelven rígidas si no mantenemos los pies en un buen rango de movimiento todos los días, y los puentes se aplanan, alargando los pies. Los juanetes, los dedos en martillo (rígidos y flexionados) y otras desalineaciones óseas hacen que se deformen, lo que quiere decir que los zapatos ya no ajustan bien (usar zapatos mal ajustados probablemente es el origen del problema).

Una de las cosas más útiles que podemos hacer para mantenernos móviles es medirnos los pies para calzar zapatos cómodos y bien ajustados: tres de cada cuatro personas mayores de 65 años usan zapatos demasiado pequeños y los diabéticos son más propensos a comprar zapatos al menos media talla más pequeños. En una tienda de *running* es fácil medirlos y evaluarlos, y es importante usar el calzado adecuado para el tipo de ejercicio que practiques. Por ejemplo, las zapatillas para deportes de raqueta están diseñadas para apoyar el pie mientras se mueve hacia los lados y en los movimientos de parada y arranque, mientras que el calzado para correr es más flexible, y el de entrenamiento aeróbico incorpora una amortiguación que absorbe el impacto.

> **CONSEJO:** Si te da miedo caerte, lleva zapatos en casa. Según un estudio, se reduce la probabilidad de caídas.

Visualización de enraizamiento

1. Quédate de pie descalzo y siente las cuatro «esquinas» de cada pie ancladas al suelo: la base de tus dedos gordo y pequeño, y los dos lados de tus talones.

2. Cuando inhales, visualiza cómo la respiración empieza aproximadamente a un metro del suelo y que con cada exhalación descargas en ella cualquier tensión y energía nerviosa de forma segura.

3. Para comprobar la solidez de tu postura, oscila hacia adelante y atrás y de un lado a otro hasta que encuentres un punto justo en el que sientas que te elevas sin esfuerzo, por delante de los talones.

Hacer rodar pelotas para perros

Las pelotas de ejercicio que usan los quiroprácticos y los profesionales del trabajo corporal son caras. En cambio, las pelotas para perros son baratas e igual de útiles: son pequeñas y duras por dentro pero flexibles por fuera, lo que las hace cómodas y eficaces.

1. Ponte de pie. Carga el peso de tu cuerpo sobre un pie y coloca la pelota debajo del otro. Haz rodar la pelota bajo la planta, al principio muy suavemente. Empieza con cuidado, notando dónde responde el pie a la presión y dónde necesita relajarse. Trabaja con la zona de debajo de los dedos y con el puente, y no te olvides de los bordes interno y externo y del talón.

2. A medida que ganes confianza, presiona un poco más fuerte pero con cuidado, porque resulta tan agradable que es fácil excederse. Detente cuando no puedas mantener la presión sobre la pierna de apoyo (este también es un excelente ejercicio de equilibrio). Repítelo con el otro pie.

3. Intenta levantar la pelota agarrándola entre los dedos y la planta del pie. Será casi imposible, pero así ejercitas los músculos que con la edad hacen que los dedos se curven. Repite lo anterior varias veces con cada pie.

Secuencia de movilidad del tobillo y el pie

Esta secuencia de qigong fortalece y moviliza los tobillos, a la vez que aumenta la circulación a los pies.

1. Yérguete con los pies separados a la anchura de las caderas y las manos apoyadas en ellas. Da un paso atrás con el pie derecho y apoya tu peso en el pie izquierdo, manteniendo la rodilla flexionada. Dibuja un círculo con el pie derecho, manteniendo los dedos de los pies en el suelo, tres veces en una dirección y tres en la otra. Siente cómo el movimiento se extiende hacia tus caderas. Repite esto con la otra pierna.

2. Vuelve a la posición inicial. Luego balancéate hacia atrás sobre los dedos de los pies y vuelve sobre tus talones. Repítelo tres veces. Luego balancéate a los lados tres veces. Observa si te resulta más fácil moverte hacia un lado del pie. Después balancéate hacia los bordes exteriores de los pies y luego hacia los internos tres veces, juntando las rodillas.

3. Regresa a la posición inicial, separando las manos de las caderas y concentrándote en el pecho. Imagina que hay un punto debajo de cada seno y otro sobre tu hueso púbico, creando un triángulo. Poniéndote de puntillas, imagínate que presionas los dos puntos superiores para encontrar el punto inferior: este truco de ballet ayuda a que tus músculos centrales te mantengan en equilibrio. Aguanta en equilibrio sobre las puntas de los pies todo el tiempo que puedas. Luego baja los talones al suelo: si te apetece puedes usar la gravedad para crear una vibración en el cuerpo al aterrizar (evítalo si tienes problemas en los pies).

MASAJE Y ACUPRESIÓN DEL PIE

El punto de acupresión *yong quan* (manantial burbujeante), en el medio de la planta del pie, en la medicina tradicional china se asocia con la salud y el crecimiento de los huesos, y se considera el manantial de la vida. También conocido como K1, es el primer punto en el meridiano del riñón y el más bajo, y se encuentra en la parte del pie que permanece en contacto con el suelo durante las posiciones de pie de qigong, taichi y yoga. Cuando camines o hagas una práctica de meditación en movimiento (consulta la página 324), pon tu atención aquí para conectarte con la energía de la tierra.

El masaje estimula los nervios, aumenta la sensibilidad de los pies y activa la circulación sanguínea, algo que resulta útil para las extremidades a medida que envejecemos. Es un buen calentamiento antes del ejercicio para aliviar la rigidez: frotar la piel activa la fascia y ayuda a equilibrarla (consulta la página 82).

Automasaje de pies

Esta técnica de masaje de qigong te conecta con la energía de la tierra y calma el sistema nervioso, ya que estimula el primer punto de acupresión en el meridiano del riñón.

1. Siéntate cómodamente en el suelo o en una silla y apoya el pie derecho sobre el muslo izquierdo, con la planta del pie hacia arriba. Recuesta la parte superior del pie en la mano izquierda.

2. Con la base del pulgar de la mano izquierda, haz círculos en sentido de las agujas del reloj sobre el pie, desde el talón hasta la base de los dedos.

3. Ahora encuentra el punto del manantial burbujeante en el centro de la planta del pie. Está en la base de los dedos, entre las almohadillas: estira los dedos y verás una hendidura donde está el punto. Haz círculos alrededor del punto treinta y seis veces. Mientras, imagina la energía de la tierra activándote en este punto y subiéndote por las piernas, hacia la parte inferior del abdomen, donde hay un centro de energía que almacena la fuerza vital, el *dantien* (véase la página 90).

4. Cambia de posición para masajear el pie izquierdo con la base del pulgar de la mano derecha. Si quieres estimular aún más el meridiano del riñón, recorre una línea desde el interior del tobillo hasta el interior de la rodilla, subiendo por la cara interna del muslo, luego sobre la parte superior de la pierna y alrededor de las caderas, para terminar en los riñones. Repítelo en la otra pierna.

LAS ALAS DEL VIENTRE

La antigua práctica de salud y longevidad de la India llamada ayurveda conecta los pies con el útero, ya que muchas terminaciones nerviosas de los pies se canalizan a la pelvis. Esto hace que, en los años perimenopáusicos, el ejercicio del pie sea útil para fortalecer la energía en la región pélvica y aumentar la confianza en tu feminidad. Siéntate con las rodillas flexionadas abiertas y las plantas de los pies tocándose (en yoga esta es la postura del zapatero, *baddhakonasana*). Aprieta fuerte las plantas de los pies, luego prueba si puedes despegarlas como si abrieras un libro. Después, aguantándote los tobillos o las rodillas, haz círculos lentamente con la parte superior del cuerpo. Empieza poco a poco, moviéndote acompasadamente con la respiración y aumentando la rotación a medida que te calientes. Siente el útero en el centro de tu círculo. Repite el ejercicio en la otra dirección. Si te resulta difícil sentarte con los pies juntos, crúzalos en una posición que te resulte cómoda.

«Todas las cosas dejan escrita su historia… Ningún pie camina sobre la nieve o la tierra sin dejar su huella impresa en caracteres más o menos duraderos, un mapa de su marcha. La tierra está llena de anotaciones y firmas…».

RALPH WALDO EMERSON

Mejora tu equilibrio

Desde los 65 años tienes más riesgo de caerte. Según la OMS, las caídas causan más de la mitad de los ingresos por lesiones en los mayores de 65 años y el 40% de las muertes, que aumentan exponencialmente con la edad. Por eso, protegerte de las caídas con un mejor equilibrio es una de las cosas más útiles que puedes hacer para vivir más y bien a medida que envejeces.

Las caídas tienen consecuencias debilitantes que afectan a la calidad de vida y que se traducen no solo en dolor y sufrimiento, sino que además pueden llevar a perder independencia y confianza. Esto puede impedirnos movernos y salir. Se ha demostrado que el miedo a caerse lleva a caerse.

Ejercitar el equilibrio o sistema vestibular es clave para mantener una distribución uniforme del peso corporal, necesaria para mantenernos firmes y en pie. La propiocepción es la conciencia de dónde están las distintas partes del cuerpo en el espacio. La interocepción es la forma en que percibimos el cuerpo desde el interior, un mapa interno. Ambas nos ayudan a mantener el equilibrio y cambian a medida que nuestro cuerpo cambia con las décadas. Las lesiones y enfermedades,

los embarazos y el aumento y la pérdida de peso influyen en ello. Las actividades como el yoga, el taichi y el qigong mejoran nuestra conciencia de dónde estamos en el espacio y nos hacen más sensibles a los estímulos. Con la práctica, aprendemos a realizar microajustes que nos devuelven el equilibrio y la comodidad. Como la fascia que rodea cada parte del cuerpo contiene grupos de receptores sensoriales, entrenarlos de esta manera puede ser tan efectivo para mantenerse en forma como desarrollar músculos y huesos, ya que prepara al cuerpo para regular el movimiento.

Las personas con mayor sensibilidad a las señales sensoriales del cuerpo (desde dentro y desde fuera) parecen ser capaces de emplear estas sensaciones viscerales («información viscerosensorial») para guiar sus movimientos y su conducta, y para tomar decisiones más eficaces, en particular en situaciones que implican asumir riesgos. Una vez que nos hacemos más conscientes de nuestra brújula interna podemos usarla para orientarnos, tanto en el espacio como dentro del cuerpo.

IZQUIERDA: Sentirte con ánimo de poner a prueba tu equilibrio con confianza es emocionante y mantiene el cerebro juvenil.

CONSEJO: Si te cuesta mantener el equilibrio, revísate la vista.

Pon a prueba tu autoconciencia

Este ejercicio de interocepción te dice lo enfocadas que están tu autopercepción y tu conciencia sensorial en este momento. Intenta repetirlo antes y después de hacer ejercicio para ver cómo la actividad conecta distintas partes de tu cuerpo. A medida que te acostumbres a la práctica, sintoniza el interior con tu cotidianidad e intenta detectar tus sensaciones internas en medio de las distracciones del mundo exterior. ¿Cómo varían las señales cuando te sientes molesto o inestable y cuando te sientes seguro y sabiendo el terreno que pisas?

1. Ponte de pie con los pies separados a la anchura de las caderas y cierra los ojos. «Mira» dentro de tu cuerpo. ¿A qué distancia tienes los pies de la cabeza? ¿Son tus pies del mismo tamaño o uno parece más grande que el otro? ¿Y tus manos? Tal vez tengas unas palmas enormes que parecen pegarse a tus hombros. Piensa en tu cabeza. ¿Dónde crees que está en relación con tu columna vertebral o tus hombros?

2. Ahora fija tu atención en lo que no puedes sentir: las ausencias de percepción. ¿Puedes sentir una cadera pero no la otra? ¿Solo una mano? Tal vez no tengas cuello. ¿Dónde están las lagunas? ¿Qué dice eso sobre tu cuerpo y tus hábitos de movimiento y descanso?

3. ¿Dónde está la tensión en tu cuerpo? ¿Cómo la visualizas? ¿En qué lugar interior te sientes más cómodo? ¿En qué partes de tu cuerpo confías? ¿Qué partes notas seguras y cuáles notas firmes?

4. Antes de terminar, escanea tu cuerpo de nuevo y observa qué ha cambiado desde que empezaste el ejercicio.

«Hay quietud incluso cuando hay movimiento. Cuando hay movimiento hay quietud».

CANCIÓN DE LAS TRECE POSTURAS, TEXTO CLÁSICO DEL TAICHI

Entrenamiento taichi del equilibrio

Conocida como *wu chi*, esta posición de conciencia permanente es una preparación para practicar la secuencia de taichi. Desarrolla una mayor conciencia del cuerpo en el espacio y favorece el equilibrio puesto que te ayuda a iniciar y sentir las sensaciones de estabilidad antes de comenzar a moverte.

1. Mantente erguido con los pies separados a la anchura de los hombros y un poco hacia afuera. Deja los brazos relajados a los lados. Luego flexiona las manos para que las palmas queden hacia abajo, sin estar rígidas. Mira hacia adelante y relaja los ojos cerrándolos un poco; imagínate que miras a través de las sienes. Relaja la mandíbula.

2. Ahora cierra los ojos. Concéntrate en tus pies plantados firmemente en el suelo y en la columna vertebral que se extiende hacia arriba. Siente cómo es estar inmóvil y receptivo a la vez, listo para moverte. Sé consciente de que, incluso cuando estás quieto, la sangre circula por el cuerpo, y la respiración se mueve suavemente dentro y fuera. Esta estabilidad es el comienzo y el final de todo movimiento.

MIRAR A UN PUNTO

Los bailarines mantienen el equilibrio y la estabilidad mientras giran gracias a que se enfocan en un único punto fijo. Durante la práctica del yoga llevamos la mirada o *drishti* a un lugar fijo para concentrar el foco e intensificar la práctica. Pruébalo mientras realizas la secuencia del saludo al sol (véase la página 64). Al levantar los brazos, mira tus pulgares. Cuando te inclines hacia adelante, concéntrate más allá de la punta de tu nariz; al mirar hacia arriba, mira hacia tu tercer ojo, en el centro de la frente (véase la página 339). Durante la postura del perro mirando abajo, trata de dirigir tu mirada hacia el ombligo. Siente cómo esto le da a la práctica más intención y equilibrio, aumenta tu conciencia de los movimientos desde adentro y te desconecta de las distracciones externas. Aunque fijar la mirada en un punto concreto en el exterior del cuerpo aumenta la estabilidad, fijarlo en el propio cuerpo despierta un foco hacia adentro que se percibe aún más centrado.

Regreso al centro

El yoga, el taichi y otras terapias del movimiento consciente, como el método Feldenkrais (véase la página 50), se centran en la línea media del cuerpo. Basta hacerte consciente de ella y observarla para que te resulte más fácil equilibrarte y llevar al equilibrio las distintas partes del cuerpo.

Imagínate una plomada que cae desde la mitad de la parte superior de tu cabeza por la nariz, la barbilla, el esternón y la columna vertebral. Sigue descendiendo por el hueso púbico hasta el interior de las rodillas y el extremo cae donde se juntan los talones, una línea media que dibujamos y que se extiende con cada respiración y cada vez que nos movemos. El cuerpo es simétrico y para adoptar una alineación ideal debemos distribuir nuestro peso por igual a los dos lados de la línea.

La línea media es la primera función que se desarrolla cuando solo somos un grupo de células. Al principio de la tercera semana después de la concepción, las células comienzan a migrar hacia el centro del haz, formando una cresta más gruesa a los lados de la llamada «línea primitiva», alrededor de la que se forma el embrión. Luego las células se organizan al-

DERECHA: Visualiza una línea que discurre desde encima de tu cráneo y pasa por el hueso púbico y el medio de tus pies, dándole a tu cuerpo equilibrio y simetría.

rededor de este eje de la línea media, incluidos los orígenes del sistema nervioso central, el esqueleto y los músculos asociados. Los practicantes de la terapia craneosacral creen que mantener una conciencia clara de esta línea media es un indicio de buena salud.

Con la práctica del yoga, el taichi o el qigong aprendemos a alinearnos con esta línea central de forma consciente. El yoga y la anatomía tradicional china identifican distintos puntos clave de energía en el cuerpo a lo largo de una línea central alineada con la columna vertebral, incluidos un punto entre los ojos, alrededor del corazón y en el plexo solar. Se cree que mantener estas tres áreas alineadas a medida que contraemos y expandimos el cuerpo en movimiento permite que los impulsos energéticos circulen libremente por el canal de energía, lo que en medicina convencional corresponde al posicionamiento del sistema nervioso central.

En la medicina tradicional china, el centro de equilibrio más importante a lo largo de esta línea es el *dantien*, que se encuentra en la pelvis (véase la página 90). La pelvis es el centro físico de gravedad del cuerpo cuando estamos de pie. Es el eje de la parte superior e inferior del cuerpo, y el punto de apoyo que nos sirve para girar y oscilar. Cuando esta área está estable y equilibrada, la columna verte-

bral puede moverse con libertad y la coordinación entre las piernas y la parte superior del cuerpo se realiza libremente.

En el taichi se valora adoptar una postura centrada alrededor de la pelvis porque se suelta la rigidez y la tensión en las extremidades. Además se proporciona alivio al cuerpo, lo que nos permite coordinar movimientos y entrar en un estado de estimulación relajado. En esta posición, como la del guerrero centrado (véase la página 40), preparamos el cuerpo y la mente para afrontar los ataques desde cualquier dirección. En la vida cotidiana, en lugar de un ninja con espada eso podría ser un pavimento desigual o el impacto de una noticia inesperada.

La conciencia de la línea media puede ser muy útil para centrarse emocionalmente. A veces, cuando te sientes disperso o desorientado, ponerte de pie o acostado y visualizar una línea que atraviesa el cuerpo puede despertar una sensación de orden en mitad del caos vital. Es una sensación similar a abrazar tus músculos hacia la línea media en las posturas del yoga. La sensación de estabilidad y apoyo que proporciona una postura es un recordatorio reconfortante a medida que envejecemos de lo bueno que es regresar y orientarnos en torno a los principios que nos definen.

EL PODER DEL *DANTIEN*

El centro energético más importante de la medicina tradicional china se encuentra en el centro de la línea media, a unos dos dedos por debajo del ombligo y justo en el centro de la masa corporal. Se le llama *dantien* y es el punto en el que todo entra en equilibrio y donde se genera y se almacena la energía. No es casualidad que guarde relación con la importancia revitalizadora del ombligo. En el sistema del yoga, esta área corresponde al chakra *manipura*, asociado con la autoestima y la confianza en ti mismo como individuo único.

En las artes marciales esta zona se usa como un punto de enfoque y equilibrio, pero en cualquier forma de ejercicio, sintonizarse con ella puede dar lugar a poderosos sentimientos de fuerza, estabilidad y capacidad de resistencia. Por ejemplo, cuando las fuerzas te fallan en mitad de una carrera o tienes que subir una pendiente ascendente, puede ser útil visualizar que cada respiración se origina en este punto.

Respiración hacia la línea media

En este ejercicio visualizarás el movimiento ondulatorio de la respiración cuando tu caja torácica se expande hacia afuera con la espiración y se contrae hacia la línea media al inhalar. Con ello conseguirás la sensación de enraizamiento.

1. Comienza este sencillo ejercicio de respiración tumbándote boca arriba con las piernas extendidas, o bien con las rodillas flexionadas y las plantas de los pies sobre el suelo. Asegúrate de mantenerte caliente. Es muy reconfortante taparse con una manta de abrigo.

2. Cierra los ojos y lleva la atención a tu línea media. Recórrela desde la parte superior de la cabeza hacia abajo, pasando entre las piernas y acabando entre los pies.

3. A medida que respires imagínate que te expandes desde esa línea: siente cómo tu tórax se ensancha por igual a los dos lados de tu pecho. Visualiza cómo se separan tus hombros y tu frente se aplana. Imagínate cómo tus zonas periféricas reciben la sangre recién oxigenada.

4. Al exhalar, imagínate que todo vuelve hacia la línea media, sintiendo que tu energía regresa al centro. Siente un dibujo alrededor de tu ombligo y un foco de atención alrededor del área de tu tercer ojo en el centro de la frente (véase la página 339).

5. Repítelo durante 5 minutos, disfrutando de la expansión durante la inspiración y la sensación de estar de regreso al centro durante la exhalación. Regresa a tu ritmo natural de respiración antes de darte la vuelta y levantarte lentamente.

Encuentra tu centro

Este ejercicio desarrolla la conciencia de la pelvis como punto de apoyo. Es más fácil sentirla cuando está en contacto con el suelo. Cuando hayas aprendido los conceptos básicos del movimiento con la ayuda del suelo, comienza a observar la posición de la pelvis cuando estés de pie, agachándote, levantándote y con carga. Esto ayuda a sostener la columna vertebral y los órganos internos. En este ejercicio, los movimientos deben ser lentos y suaves, y la mandíbula y la frente deben estar relajadas.

1. Acuéstate de espaldas con las rodillas flexionadas y los pies apoyados en el suelo, separados a la anchura de las caderas. Los bordes exteriores de los pies deben estar paralelos entre sí. Tal vez debas mover los talones un poco. Relaja la cabeza y los hombros cómodamente y deja que las manos descansen sobre el vientre o los costados con las palmas hacia arriba. Observa qué partes de tu espalda están en contacto con el suelo y cuáles están tensas y relajadas.

2. Al exhalar presiona las lumbares contra el suelo. Al inhalar, deja que se eleven. Repite esto varias veces: al exhalar, observa cómo se contraen los músculos de tu estómago y cómo tu ombligo se acerca a la columna vertebral cuando la pelvis se inclina hacia arriba y las lumbares se aplastan contra el suelo.

3. Al inhalar, observa cómo la parte superior de los muslos cae hacia el suelo y se levanta la parte baja de la espalda. Repite esta

acción de presionar e inclinar, coordinándola con tus inhalaciones y exhalaciones. Fíjate en cómo la cabeza y los hombros se unen al movimiento con bastante naturalidad.

4. Exhalando, levanta un poco la cadera derecha presionando el suelo con el pie derecho. Nota cómo tus músculos abdominales se contraen en ese lado. Inhala y relaja la parte posterior de la pelvis en el suelo. Exhalando de nuevo, repite los pasos con la cadera izquierda. Inicia un balanceo lento de un lado a otro.

5. Imagínate que tu pelvis es un reloj: las seis en punto están en el coxis y las doce, en la zona lumbar; las tres en punto, en tu cadera izquierda, y las nueve, en la derecha. Encuentra el centro del reloj. Mueve la pelvis hasta las doce en punto mientras exhalas, e inhala de nuevo hasta las seis. Repite esto sintiendo la presión de la pelvis sobre el suelo, como si estuvieses presionando un sello entintado. Mantén la presión uniformemente como si presionaras el sello para imprimir una imagen uniforme. Ahora balancea hacia los lados de tres a nueve en punto, de nuevo manteniendo la presión incluso a través de tu sacro.

6. Para acabar, haz círculos alrededor del reloj cinco veces en una dirección y cinco en la otra. Concéntrate en las zonas donde te cuesta mantener la presión uniformemente. Regresa al centro y descansa. ¿Notas la espalda diferente que cuando empezaste el ejercicio? Tal vez los movimientos han liberado la tensión en los hombros o las caderas. Rueda hacia un lado y siéntate con la ayuda de las manos.

Abrazarte a la línea media

Esta acción muscular que se enseña en el yoga anusara te ayuda a utilizar tus músculos centrales para moverte con seguridad y confianza. Los músculos centrales son todos los que soportan la estructura del cuerpo, no solo los que rodean el abdomen.

1. Empieza de pie. Para iniciar la acción, estira los brazos hacia el exterior, desde los hombros, con las palmas hacia adelante, con el lado del dedo meñique paralelo al suelo. Estíralos tan lejos como puedas llegar con los dedos. Siente cómo los omóplatos se separan.

2. Mantén el estiramiento y desliza los huesos del brazo hacia atrás, sintiendo que los omóplatos se unen y la cabeza de los huesos del brazo encaja en las articulaciones. Nota lo estables y protegidos que están tus brazos ahora. Esta es la sensación que hay que conseguir al hacer ejercicio: al estirar los brazos y las piernas (y la cabeza) hacia los músculos internos del torso, se apoyan las partes periféricas del cuerpo, las más propensas a las lesiones.

3. Ahora abraza tus espinillas y tus muslos, tira de los lados de tu cuerpo para apoyar las caderas, desliza un omóplato hacia el otro y hacia la parte inferior de la espalda, y lleva la parte inferior de la caja torácica hacia la columna vertebral. Imagínate que dibujas la piel en el músculo y el músculo en el hueso. Esta integración física, llevando lo externo a lo interno, tiene un efecto estabilizador y calmante en la mente, haciéndonos sentir más concentrados, contenidos y seguros, tanto cuando estamos inmóviles como moviéndonos. ¡Un abrazo siempre nos reconforta!

Postura del árbol del yoga

En la práctica del yoga es fácil acabar esforzándote demasiado para evitar tambalearte o caerte cuando tratas de estar en equilibrio. La verdad es que puede ser más efectivo moverte con suavidad, especialmente para equilibrar una postura. Esta versión en movimiento de la postura del árbol (*vrksasana*) nos ayuda a confiar en el apoyo interno de la parte central. Usar la fuerza interna es más efectivo para mantener el equilibrio que extender las extremidades hacia la periferia.

1. Ponte de pie con los pies separados a la anchura de las caderas y cierra los ojos. Siente los pies y la estabilidad de los cuatro bordes de las plantas: la base del primer dedo y de los dedos pequeños, y los bordes interno y externo de los talones. Nota la pelvis alineada con los pies y los hombros sobre tus caderas.

2. Abre los ojos y descansa todo el peso sobre el pie derecho. Levanta el otro pie del suelo y apóyalo en el tobillo o la rodilla. Si tu flexibilidad te lo permite, colócalo

en la parte superior de tu pierna: hay un pequeño apoyo en la parte superior del muslo. Presiona la planta del pie levantado sobre la pierna y, empujando, nota la resistencia. Imagínate que has apretado unas tuercas a cada lado de tus caderas para mantenerlas pegadas. Si necesitas ayuda para mantener el equilibrio, apóyate con la mano en la pared. Extiende los brazos hacia un lado con los codos flexionados y tócate los dedos índice con los pulgares para aumentar tu sensación de seguridad. Fíjate en cómo eso te ayuda a juntar los omóplatos.

3. Ahora juega con la postura. ¿Cuánto puedes inclinar el torso hacia la izquierda, llevando el codo izquierdo hacia la rodilla levantada? Relaja la mandíbula y extiende más los brazos si esto te ayuda. Intenta centrarte en un lugar fijo frente a ti, pero no tengas miedo de caerte: prueba hasta dónde puedes llegar. Luego, cúrvate en la otra dirección.

4. Vuelve al centro. Inhala para estirarte y exhala para girar el

torso a la derecha, lejos de la rodilla flexionada. Comienza el giro en la parte inferior del abdomen. ¿Notas cómo se relaciona esto con los músculos centrales? De nuevo, no tengas miedo de caerte. Vuelve al centro y gira hacia la izquierda mientras exhalas. Haz algunas inhalaciones y exhalaciones tranquilas y luego regresa al centro.

5. Coloca el pie levantado en el suelo, cierra los ojos y nota las dos mitades de tu cuerpo. ¿Las notas diferentes? ¿Puedes decir por qué? Una vez que te sientas centrado, repite el ejercicio hacia el otro lado.

Deidades del equilibrio

A medida que nuestras hormonas sufren cambios, por ejemplo en mitad de la vida, también cambia lo que define nuestros cuerpos como masculinos o femeninos. En términos de autoconciencia y confianza en el propio cuerpo, esto puede traicionar nuestras expectativas. Sin embargo, también tiene un aspecto útil porque nos hace reconsiderar cómo nos relacionamos con nuestros cuerpos, su forma física y su funcionamiento. Plantea preguntas fascinantes: ¿Qué nos convierte en hombres o en mujeres? ¿Seguimos siendo mujeres si producimos menos hormonas femeninas? ¿Somos mujeres si no tenemos útero? ¿Cómo podemos mantener la confianza para hacer un recorrido corporal en una clase de meditación o de yoga si nuestros cuerpos ya no se ajustan a los patrones en los que nos hemos apoyado durante décadas? Es probable que desde la pubertad o el embarazo no hayamos tenido que pensar tanto sobre nosotros mismos y sobre nuestra forma corporal cambiante.

En este momento, los arquetipos pueden ayudarnos a reflexionar sobre el cuerpo y a explorar sentimientos que nos cuesta poner en palabras o para los que las expresiones habituales nos resultan inútiles. Nuestra fisiología cambiante tiene un poderoso efecto en nuestras emociones y nuestro bienestar mental. Y las nuevas formas de pensar pueden ayudarnos a controlar esa incomodidad incontrolable que nos causa el desajuste entre cómo nos vimos a nosotros mismos y cómo somos ahora.

La deidad Ardhanarisvara procede del panteón hindú. Simboliza a la divinidad en sus formas masculina y femenina, unidas en un único cuerpo. Se la representa con la mitad derecha del cuerpo masculina (Shiva) y la mitad izquierda femenina (Shakti, en forma de la consorte de Shiva, Parvati). La divinidad se manifiesta y honra a las energías femenina y masculina por igual. Al reconocer la cualidad divina del equilibrio de las características sexuales tradicionales podemos empezar a considerar su positividad y el potencial que ofrecen la no dualidad y el equilibrio dinámico.

Los cambios hormonales dan lugar a nuevas formas de ser, quizás más dichosas.

DERECHA: Ardhanarisvara (en sánscrito, *ardha* significa «mitad») representa las energías masculina y femenina que se encuentran en el centro del cuerpo en un equilibrio perfecto.

«Unificado estoy, completamente indiviso. Unificada está mi alma, unificado mi ojo, unificado mi oído, unificada mi respiración, dentro y fuera; indivisa está mi respiración separada. Unificado, completamente indiviso estoy, todo yo».

ATHARVA VEDA, **TEXTO VÉDICO DE MÉTODOS PARA LA VIDA DIARIA**

Temperatura equilibrada

Los sofocos repentinos son el síntoma más frecuente de la menopausia: tres de cada cuatro mujeres los sufren. Pueden seguir apareciendo intermitentemente durante años, incluso décadas. Las causas exactas se desconocen, pero la razón más probable es el desequilibrio hormonal.

El exceso de calor es uno de los signos más obvios de que un sistema está desequilibrado. Las molestias que causan los sofocos hacen que no podamos ignorarlos. Esto es útil porque nos obliga a prestar atención a nuestro estado, a buscar formas de cuidar el cuerpo y a cambiar nuestro estilo de vida para poder descansar y reducir el estrés, y esto puede ayudar a aliviarlos.

Algunas preparaciones a base de hierbas ayudan a controlarlos (véase la pág. 240). También es útil reducir el consumo de los alimentos y las bebidas que los provocan. Se cree que el alcohol es uno de ellos, porque al dilatar los vasos sanguíneos estimula la circulación de la sangre hacia la superficie de la piel y la calienta. La cafeína tiene un efecto similar, porque aumenta significativamente el flujo sanguíneo.

Algunas formas obvias de enfriar el cuerpo rápidamente, como las duchas frías, las bolsas de gel frío y los aerosoles, son estrategias útiles para conseguir un alivio inmediato. Pero para un remedio más a largo plazo, el ayurveda recomienda medidas de reducción de *pitta*, la energía sutil que gobierna el fuego interno del cuerpo y la digestión, el metabolismo y la producción de energía (véase la pág. 17). Las medidas para reducir *pitta* incluyen tomar alimentos refrescantes (véase la pág. 259), la técnica de respiración refrescante para reducir la temperatura corporal y la ira difusa (véase la pág. 102) y la respiración alterna (*nadi shodhana pranayama*) para desarrollar el equilibrio (véase la pág. 344). A muchas mujeres les resultan útiles los efectos refrescantes de las posturas del yoga restaurador, que despiertan una profunda sensación de calma y bienestar, entre ellas la postura del cadáver (*savasana*, véase la pág. 385) y el yoga nidra (véase la pág. 154).

Por el contrario, para algunas mujeres una práctica vigorosa de yoga (como el *ashtanga* o yoga caliente) es extraordinariamente útil para eliminar el exceso de calor, porque parece regular el sistema durante unos días. Por ejemplo, cuando se practica los fines de semana, puede evitar los síntomas durante los días de trabajo. Un estudio de la Universidad de Granada realizado en 200 mujeres posmenopáusicas que antes del estudio eran sedentarias descubrió que el ejercicio las ayudó a controlar los sofocos y mejoró su estado físico, su salud cardiovascular y su bienestar general.

Energéticamente, el calor comparte las cualidades positivas y negativas del fuego, como transformarse a medida que se consume, lo

ARRIBA: La respiración profunda y otras técnicas autoadministradas de reducción del estrés pueden ayudar a aliviar la incomodidad de los síntomas.

que nos aporta una mayor claridad y la oportunidad de empezar de nuevo. Si atravesamos el fuego interno y sobrevivimos a él, recibiéndolo como una oportunidad para quemar todo lo que ya no es útil, podemos salir de esa transformación con una nueva visión e intenciones.

Respiración refrescante (*sitali pranayama*)

1. Siéntate en una posición erguida cómoda y tómate unos minutos para conectar con tu respiración. Observa cómo entra y sale de tu cuerpo. Luego saca la lengua e intenta juntar los lados para hacer un pequeño tubo. (No te preocupes si no sabes hacerlo; por un condicionamiento genético, algunos no podemos. En ese caso, abre un poco la boca y apoya la punta de la lengua en la parte trasera de los dientes superiores).

2. Inhala muy lentamente a través de la «pajita» que has formado con la lengua enrollada (o abre la boca) y escucha el suave silbido que se produce. Practica la respiración refrescante mientras te sientas cómoda. Luego exhala por la nariz, relajando la lengua y la boca. Repítelo de tres a cinco veces y luego relájate.

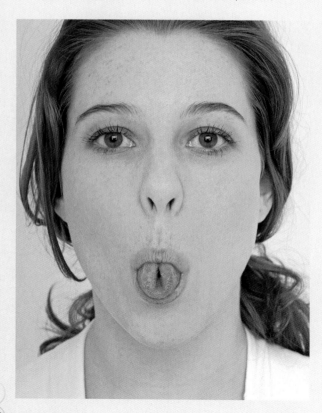

Postura del zapatero acostado (*supta baddhakonasana*)

Esta postura del yoga restaurador estimula el flujo de sangre a la región pélvica. Se recomienda para aliviar los síntomas de la menopausia, incluido el calor. Para llevar un foco nutritivo al útero y los ovarios, puedes colocar las manos en la parte inferior del abdomen en *yoni mudra*, con los dedos índice juntos y las puntas del pulgar tocándose para crear una forma triangular. Apoya las puntas de los dedos índice sobre tu hueso púbico y los pulgares sobre el vientre. Necesitarás dos cojines de yoga, una manta y una almohadilla para los ojos.

1. Coloca un cojín horizontalmente y el otro en vertical formando una «T». Enrolla la manta en forma de salchicha. Siéntate con las nalgas sobre el cojín en perpendicular e inclínate hacia atrás, de modo que la cabeza descanse en el punto más alto y el sacro se apoye en el extremo del cojín.

2. Siéntate y junta las plantas de los pies. Envuélvete los pies con la mitad de la manta, pasándola por debajo de los tobillos y luego pasando los extremos por detrás de las rodillas y la parte exterior de los muslos, juntándolos para que aguanten el peso de tus piernas.

3. Acuéstate sobre la almohada y nota la espalda y la cabeza bien apoyadas. Ponte la almohadilla con suavidad sobre los ojos. Relaja los brazos a los lados, con las palmas de las manos hacia arriba. Una vez estés cómoda del todo, quédate en esta postura entre 5 y 10 minutos. Si tienes frío, tápate con una manta. Si notas estrés, deshaz la postura o prueba a mover los cojines.

4. Retírate la almohadilla de los ojos, empuja hacia abajo con las manos y trata de sentarte, apoyándote con el pecho. Junta tus rodillas suavemente ayudándote de las manos.

Hidroterapia

Los hidroterapeutas defienden los poderes medicinales del agua para equilibrar el calor interno en el cuerpo. La hidroterapia actúa sobre la temperatura corporal, trabajando con la constricción y la dilatación de los vasos sanguíneos (como hacen los sofocos). Ideado por el padre Sebastian Kneipp a finales del siglo XIX, el sistema se basa en técnicas de autocuidado que usan la aplicación de agua para restablecer el equilibrio de los sistemas corporales. Kneipp recomendó la hidroterapia específicamente para contrarrestar los efectos del envejecimiento.

En un estudio realizado por la Universidad Baylor, las mujeres que visualizaron una imagen asociada con el frescor durante una sesión de relajación (generalmente una cascada o un chaparrón) dijeron que sus sofocos habían disminuido espectacularmente.

¿Como funciona? Un baño caliente dilata los vasos sanguíneos, aumentando el flujo sanguíneo desde los órganos internos hacia la superficie de la piel. La circulación estimulada beneficia a los tejidos (el oxígeno y los nutrientes se distribuyen mejor) y se estimulan los sistemas inmunitario y de eliminación de desechos, y a la vez el calor del agua relaja los músculos.

Cuando la piel se expone al agua fría, los vasos sanguíneos se estrechan, dirigiendo la sangre lejos de la superficie para proteger a los órganos internos, lo que tiene un efecto estimulante. Los terapeutas deportivos conocen el valor de la crioterapia o baños de hielo tras un entrenamiento para reducir la hinchazón y la acumulación de líquido, aliviar el dolor de forma instantánea al adormecer las terminaciones nerviosas y drenar el ácido láctico de los músculos con exceso de trabajo para aliviar el dolor. El agua fría también parece activar el sistema inmunitario, aumentando la cantidad de glóbulos blancos que combaten las enfermedades. Cambiar entre agua fría y caliente estimula la producción de endorfinas, los opiáceos naturales del cuerpo, y cuanto mayor es la variación de la temperatura, más vigorizante es el efecto, de ahí la euforia que nos provoca una carrera desde la sauna hasta un lago de agua helada o la nieve.

BÁLSAMO PARA LOS SOFOCOS

Los baños de asiento fríos dos veces por semana alivian los sofocos (un baño de asiento es un baño de cadera). Siéntate en un recipiente de plástico lleno de agua tibia de 30 segundos a 3 minutos. Idealmente el agua debe llegar desde la parte superior del muslo hasta la mitad del abdomen. Kneipp recomienda esto antes de acostarse para aliviar el insomnio causado por el calor, o por la mañana si te despiertas empapada tras una noche de sudores, cansada porque el sueño no ha sido reparador.

Tanto el agua fría como la caliente pueden ser útiles para los sofocos. El agua fría parece ser la forma más obvia de reducir la temperatura corporal: poner las muñecas bajo un chorro de agua fría o rociar el rostro con agua fría de la nevera refresca al momento. Para una ducha refrescante más efectiva, comienza con agua tibia y gradualmente pasa a fría, a medida que te rocías la cara y luego las extremidades con agua fría, bajando por el cuerpo durante 30 segundos. Un corto baño de unos pocos segundos a 2 minutos también es útil: los hidroterapeutas recomiendan una temperatura de 10-24 °C (50-75 °F). Frótate y sécate vigorosamente o ponte ropa seca (el lino es mejor) sobre la piel húmeda y camina o haz ejercicio durante unos 15 minutos, hasta que recuperes la temperatura corporal normal.

REVITALIZA TUS PIES

Un baño frío de pies a primera hora de la mañana y antes de acostarte (llena un cubo hasta los gemelos y pisa el agua durante 1 a 3 minutos) tiene el poder de extraer el calor de la cabeza y la parte superior del cuerpo causado por la fatiga de un día de trabajo en condiciones de calor. También

puedes ponerte un par de calcetines de algodón húmedos, luego cúbrelos con unos calcetines de lana secos y déjatelos durante media hora.

Si tienes cerca un arroyo, un estanque o el mar, lo mejor es caminar en el agua hasta las pantorrillas. Kneipp también recomienda caminar descalzo sobre hierba empapada en rocío, sobre

Ten en cuenta que las terapias de agua fría pueden hacer aumentar tu temperatura: la explosión inicial de frío dirige la circulación lejos de la piel, pero cuando la sangre se detiene, se dirige a las periferias y puede causar un calentamiento. Un baño caliente más largo (30-35 °C / 85-95 °F) puede ser más útil porque relaja los músculos y reduce la respuesta al estrés, mejorando la circulación sanguínea. Esto se recomienda antes de acostarse.

«Todos desean estar sanos y vivir mucho, pero pocos hacen algo para conseguirlo».

PADRE SEBASTIAN KNEIPP

ARRIBA: Caminar descalzos por la orilla del mar con una persona querida es balsámico para el corazón y la mente, además de rejuvenecedor para los pies.

piedras mojadas o incluso nieve recién caída, para endurecer y reforzar el sistema. ¡Solo para valientes!

HIDROTERAPIA CON AGUA FRÍA

En un estudio, 59 de las 60 mujeres que completaron el primer ensayo con hidroterapia Kneipp para síntomas menopáusicos (dos sesiones de autocuidado diarias con agua fría) mostraron mucho interés en continuar usando estos estímulos fríos después del estudio.

El agua de la vida eterna

En muchas tradiciones, las masas de agua se asocian con el rejuvenecimiento y el alargamiento de la vida, concretamente con la promesa de la vida eterna del sagrado sacramento cristiano del bautismo. Esta tradición suele ser femenina. En China, el pozo se relaciona con las propiedades fértiles del útero, mientras que las deidades femeninas vigilan los lagos y estanques en todo el mundo, desde los de Sulis Minerva en Bath, la antigua Britania romana, hasta la *rusalka* de la leyenda eslava. Esta feroz Dama de la Suerte ofrece beneficiar a quien se lo pida a cambio de monedas y ofrendas de metales preciosos, para decidir si usa sus poderes para conceder deseos o dañar y lanzar maldiciones. La Dama del Lago ofrece la espada encantada Excalibur, pero también priva a Merlín de su magia, dejándolo impotente. ¡Es una metáfora del envejecimiento!

Tal vez el símbolo más poderoso del poder acuático femenino (renacer, maldecir, bendecir) es la caldera, un recipiente en forma de útero presidido por mujeres mayores, que cuentan con el conocimiento y la experiencia para transformar los humildes ingredientes en una fuente de inspiración y rejuvenecimiento. En la tradición galesa, el tesoro más grande del reino del rey Bran, mencionado en *El Mabinogion*, es la Caldera del Renacimiento, que tiene el poder de regenerar y restaurar la fuerza. Por esta razón, se asocia con una gran sabiduría, que incluye el conocimiento secreto de mundos que están más allá del nuestro. Cuenta el bardo Taliesin que la hechicera Ceridwen elabora en su propia caldera un brebaje que confiere a quien lo beba los misterios del conocimiento y la inspiración. Solo tres gotas de este «licor encantado» otorgan el don de la predicción y el poder de cambiar de forma a voluntad.

IZQUIERDA: La Dama del Lago se aparece ante el rey Arturo con la espada mágica Excalibur, que procede de un reino al que debe regresar después de que Arturo muera.

Fuentes termales, larga vida

En muchas partes del mundo en las que las aguas manan calientes de la tierra volcánica (Japón, Islandia, Francia, Italia) se ha atribuido la longevidad al hábito de bañarse regularmente en esas aguas. Según la leyenda, las gentes se dieron cuenta de los poderes curativos de las aguas al ver cómo los animales heridos se acercaban a los manantiales para sanarse. En particular, los manantiales de azufre se asocian a la longevidad, y como ocurría en siglos anteriores, personas de todo el mundo se desplazan hasta ellos para sanar las afecciones de la piel y los trastornos respiratorios, aliviar el dolor articular, los problemas del hígado y del sistema digestivo, tanto bañándose en el agua o el lodo rico en azufre como haciendo inhalaciones de vapor. Nuestros cuerpos necesitan azufre para cumplir las funciones cardíacas y del metabolismo, mantener unas articulaciones flexibles y los cartílagos y la piel sanos, y lo cierto es que los lugares donde el azufre abunda en el suelo y las aguas continentales (Islandia y Japón) tienden a asociarse con una vida larga, aunque no hay evidencias fiables que expliquen cómo funciona.

Dicho eso, la balneoterapia o uso medicinal de aguas termales ricas en minerales es una forma de terapia muy antigua que sigue muy viva. Los hallazgos mesolíticos nos muestran que los manantiales naturales han sido lugares de peregrinación en Europa desde el 5000 a. C. Sus poderes curativos se mencionan en la Biblia y en textos egipcios, y los soldados romanos usaban *salus per aquam* (o spa, «salud a través del agua») como restaurador después de luchar en la batalla, igual que hizo Moctezuma siglos después en otro continente.

Hoy en día, en el sistema médico francés y alemán, cientos de balnearios de aguas termales tienen licencia para uso curativo, y la industria del spa de bienestar está en auge. Lo que podemos probar, sin duda, es la longevidad de esta agua, que se cree que cayó hace unos cinco mil a diez mil años, una época en que la tierra estaba cubierta de bosques y acabábamos de empezar a cultivar los campos y a formar asentamientos. Durante esos miles de años, esas lluvias gotearon cientos de metros a través de las rocas bajo nosotros. Allí fueron calentadas por la corteza terrestre antes de volver a brotar burbujeando a la superficie a través de una grieta o fisura. Y comenzaba de nuevo el ciclo del agua.

DERECHA: Siempre hemos buscado la purificación, la curación y el consuelo en las aguas calientes que manan del núcleo de la tierra.

Apoyo desde el interior

A medida que envejecemos, podemos notar que «todo cae» y que la gravedad empieza a afectarnos, no solo en la cara y en la piel, también en los órganos internos. Esto afecta en especial a las mujeres en la zona genital y el tracto urinario.

Los órganos y músculos de esta zona contienen receptores de estrógenos, que tienen un efecto estimulante. Por ello, cuando comienza a disminuir su cantidad durante el período perimenopáusico, el tejido conectivo y los músculos de la zona pélvica pueden volverse más débiles y rígidos, pierden capacidad de soporte y el umbral sensorial de la vejiga aumenta. Se cree que hasta el 40% de las mujeres posmenopáusicas sufren prolapso de órganos pélvicos o incontinencia urinaria de urgencia.

El estrés postural intensifica la sensación de caída de los órganos. En particular, el esfuerzo prolongado de estar de pie aumenta el estrés del embarazo y el parto, de la tos crónica y de llevar un peso extra, debilitando el sistema de soporte que mantiene todo en su lugar.

En la mayoría de los casos, los cambios en el estilo de vida pueden ser de verdadera ayuda: más ejercicio, mejor postura, dejar de fumar y comer muchas verduras, frutas y cereales integrales para evitar el esfuerzo que conlleva el estreñimiento.

Los ejercicios para contraer y relajar los músculos de la pared vaginal (véase la página siguiente) aumentan el tono de los músculos pélvicos, el abdomen y la parte inferior de la espalda, pero también es vital mantener una buena postura: prueba el ejercicio «Encuentra tu centro» (véase la página 92) para encontrar una posición en la que notes tus órganos pélvicos ligeros y soportados. Es probable que esto ocurra cuando la parte interior de tu espalda forme una curva hacia adentro que incline la pelvis hacia la posición de las seis en punto. Esto permite que, cuando estás de pie, los órganos pélvicos descansen y se apoyen en los huesos de la pelvis. Practica esto mientras te mueves, levantando tus músculos abdominales hacia arriba y hacia atrás al exhalar. Es especialmente importante que lo hagas cuando levantes y cargues peso.

CONSEJO: Activar los pies es muy útil para levantar la zona pélvica. Practica «Estar de pie con dignidad» (pág. 74) y fíjate cómo puedes fomentar ese levantamiento desde los arcos de los pies hasta el interior de las piernas y la parte inferior del abdomen.

Contraer y relajar el suelo pélvico

Este ejercicio de yoga aprovecha la potencia de la respiración y el levantamiento que se da de forma natural al exhalar para trabajar los músculos que soportan el torso y los órganos internos. A diferencia de los ejercicios habituales para el suelo pélvico, este pone el mismo énfasis en relajar los músculos que en contraerlos: si están duros y rígidos no funcionan tan bien como si están tonificados pero relajados. No lo hagas si estás menstruando.

1. Siéntate cómodamente en el suelo o en una silla con la columna vertebral en posición vertical y el suelo pélvico bien apoyado en el suelo o el asiento. Cierra los ojos y observa cómo tu respiración entra y sale del cuerpo varias veces. Observa lo que sucede al final de la exhalación: ¿notas una ligera elevación en los músculos de la vagina? Observa cómo se suelta hacia abajo a medida que inhalas y el suelo pélvico se nota apoyado de nuevo por el suelo o el asiento.

2. Al final de la siguiente exhalación, intenta aprovechar esa elevación natural y contrae las paredes de la vagina hacia adentro y hacia arriba. Levanta los músculos tanto como te sea cómodo. A medida que inhalas, libera la tensión, suelta los músculos y nota de nuevo el apoyo del suelo. Repítelo algunas veces, contrayendo en la exhalación y relajando durante la inhalación.

Postura del puente en movimiento

Esta es una versión dinámica de la postura del puente del yoga (*setubandha sarvangasana*). Hace trabajar los músculos pélvicos y abdominales, y muestra cómo iniciar el levantamiento pélvico desde los pies. Cuanto más lentamente lo hagas, mayor será su efecto. Puede ser útil prácticar con uno o dos bloques de yoga entre los muslos, presionándolos para mantenerlos fijos a medida que te elevas y que bajas para ayudarte a localizar el apoyo que proporciona el interior de los muslos a los órganos pélvicos. También es agradable sintonizar la respiración con los movimientos.

1. Acuéstate de espaldas con las rodillas flexionadas y los pies apoyados en el suelo, separados a la anchura de los hombros, y los lados exteriores de los pies paralelos entre sí o a los lados de una esterilla de yoga.

2. A medida que respires, levanta los brazos y presiona los pies contra el suelo para empezar a levantar la pelvis. Sigue estirando los brazos hacia atrás, por detrás de la cabeza, y ponte de puntillas si puedes. Si notas presión en las lumbares, no levantes los pies ni las caderas.

> «Nuestra mayor gloria no está en no caernos nunca, sino en levantarnos cada vez que caemos».
>
> **CONFUCIO (ATRIBUCIÓN)**

3. Libera al exhalar, llevando los brazos hacia atrás, paralelos al torso, y suelta la espalda muy lentamente desde la parte superior de la columna hacia abajo. Esconde el coxis para extender la columna vertebral mientras intentas bajar la columna vértebra a vértebra, y el coxis al final.

4. Repítelo como máximo durante 3 minutos. Nota cómo la elevación comienza en los pies y cómo al presionar en el suelo se desencadena una reacción que levanta los músculos pélvicos. Mientras practicas, piensa cómo puedes aplicar esto a las posiciones erguidas, y cómo puedes usar los talones y el dorso de los dedos de los pies para elevar los músculos pélvicos y la postura cada vez que exhalas.

Expandirse lateralmente

Después de los 30 años en los hombres y de los 40 en las mujeres, perdemos nuestro rango de movimiento en los lados del cuerpo a menos que practiquemos el estiramiento lateral, un movimiento que es poco frecuente en nuestra vida cotidiana.

El mayor estudio sobre flexibilidad, realizado en más de seis mil participantes, descubrió que el tronco y sobre todo los hombros pierden movilidad y que son las partes más afectadas por el envejecimiento. La forma en que usamos nuestros cuerpos mantiene los codos y las rodillas bastante móviles. Si no ejercitamos una parte del cuerpo en su rango completo de movimiento casi todos los días, pierde flexibilidad a un ritmo acelerado. Es lo que se llama «declive por la edad». En las mujeres, este deterioro es más lento que en los hombres, una ventaja que aumenta progresivamente con la edad. La falta de flexibilidad se ha asociado con las caídas de las personas mayores, tal vez porque nos impide recuperar el equilibrio a tiempo para no caernos.

Aun así, solo la mitad de los cambios en la flexibilidad se explican por la edad. Si adoptamos un estilo de vida activo como adultos jóvenes y prolongamos esa actividad hasta la edad madura y más allá, podremos seguir disfrutando de un rango completo de movimientos en los lados del cuerpo (y otros músculos que no usamos habitualmente). Esto no ocurre con articulaciones como las rodillas y los codos, que ya se someten a un amplio rango de movimiento la mayoría de los días.

Movimiento primario

Este es un gran método para recuperar un rango de movimiento más natural en todo el cuerpo. Consiste en una serie de movimientos basados en las observaciones de animales, y en especial de nuestros antepasados primates. Los patrones de movimiento replican el tipo de actividad que nuestros antecesores realizaban hace cuarenta generaciones: colgarse, correr, ponerse en cuclillas, gatear, rodar, girar, saltar, etcétera. Estos movimientos corporales totales desarrollan la fuerza y la capacidad corporal en lugar de los bíceps abultados promovidos por los entrenamientos con un solo foco: piensa en el corredor de distancia con las piernas bien desarrolladas pero una espalda rígida y los brazos debiluchos.

Los movimientos basados en el desarrollo infantil también pueden ser increíblemente útiles para movilizar partes del cuerpo que habitualmente no usamos (en particular unos hombros y unas caderas rígidos, y un tronco que gira con dificultad) y para la rehabilitación tras una lesión. Al igual que en el entrenamiento primario, nos devuelven los movimientos elementales del cuerpo humano, como girarnos para mirar por encima del hombro (ese gesto adorable de los bebés), que les

acaba llevando a rodar sobre sus espaldas. La rotación que se realiza al empujar desde la posición acostada sobre el frente para mirar detrás de un hombro es especialmente valiosa para realinear el tronco, estabilizar el centro y aliviar las articulaciones rígidas. Otros ejercicios útiles para el movimiento del desarrollo incluyen el «Bebé feliz» (véase la página 119) y los movimientos derivados del gateo.

ARRIBA: El estiramiento lateral desde el borde exterior del pie hasta las yemas de los dedos forma parte de la secuencia tradicional de posturas de pie del yoga.

CONSEJO: Si quieres probar el movimiento primario, busca clases de «*animal flow*» o «entrenamiento funcional».

POR QUÉ ES BUENO GATEAR

En *Cómo gustéis*, Shakespeare describe las siete edades del hombre (véase la pág. 20). El autor cree que la última etapa de la vida es «la segunda infancia», así que vamos a aprovecharla al máximo, empezando por aprender a gatear de nuevo. Esta es una acción importante para el cuerpo. Parte de las conexiones humanas que nos ayudan a desarrollar vías entre los lados derecho e izquierdo del cerebro y el cuerpo, así como a la coordinación mano-ojo. El diseño cruzado en diagonal de nuestras extremidades con sus opuestos es clave para la coordinación total del cuerpo y enseña a las caderas y los hombros a trabajar juntos de manera eficiente. Desarrolla la fuerza central que necesitamos para llevar las extremidades hacia el centro y hacia fuera de nuevo, uniendo todo. Gatear también ayuda a desarrollar la fuerza esencial o «reflexiva» que necesitamos para tener un buen equilibrio y propiocepción, la conciencia del cuerpo en el espacio. Puedes practicar arrastrándote con las rodillas sobre el suelo: la presión suave sobre las rótulas ayuda a desarrollar el cartílago y aumenta la fuerza en las muñecas, y además fortalece el centro del cuerpo y libera la tensión de las articulaciones.

IZQUIERDA:
Mantener los patrones de movimiento de un niño nos ayuda a sentirnos jóvenes: con la práctica podemos enseñar al cuerpo y al cerebro a desplazarnos de formas más sencillas.

Bebé feliz *(ananda balasana)*

Esta postura reproduce la que adoptábamos de bebés y es genial para abrir las caderas. Una vez que te hayas acostumbrado a ella, empieza a moverte tirando de cada pie para crear una acción de balanceo reconfortante. La sensación en el sacro es genial.

1. Acuéstate sobre la espalda y acércate las piernas al pecho. Alcanza el interior de cada pierna con cada brazo y agárrate los pies (por el empeine o los talones si puedes). La parte inferior de las piernas debe estar perpendicular al suelo y los pies planos, mirando al techo. Empuja las rodillas hacia las axilas.

2. Mantén la presión en los pies y relaja la cabeza y los hombros en el suelo. Si el estiramiento te resulta fácil, presiona hacia el sacro para acercar al suelo la base de tu columna. Descansa en esta postura hasta 3 minutos, siguiendo tu respiración y presionando con las rodillas hacia abajo al exhalar. Balancéate de un lado a otro si te agrada. Rueda hacia un lado y descansa allí un momento antes de empujar hacia arriba.

Estiramiento de la luna creciente

Esta postura parece fácil porque se hace acostado en el suelo, pero el estiramiento largo lateral alarga todo el costado del cuerpo desde los muslos y los músculos oblicuos abdominales hasta las axilas, lo que lo hace increíblemente eficaz para abrir los lados del cuerpo.

1. Acuéstate sobre la espalda con las piernas extendidas. Levanta la cabeza para mirar hacia abajo y verifica que todas las partes estén alineadas. Luego bájala al suelo otra vez. Inhalando, levanta los brazos por encima de la cabeza y bájalos para que descansen detrás de la cabeza, si puedes. Agárrate la muñeca izquierda con la mano derecha y cúrvate hacia la derecha. Los hombros tienen que estar pegados al suelo. Vuelve al centro si notas la postura forzada.

2. Ahora mueve los pies hacia la derecha, formando una luna creciente con tu cuerpo. Ve tan lejos como te resulte cómodo. Siente el peso de tu glúteo izquierdo sobre el suelo, y si aún te sientes confortable, apoya el tobillo izquierdo sobre el derecho.

3. Relájate durante el estiramiento hasta 5 minutos. Disfruta el alargamiento del tobillo desde el costado de tu cuerpo hasta la muñeca, y la compresión correspondiente en tu lado derecho. Respira desde tu vientre y relaja los hombros, separándolos de los oídos. Relaja la mandíbula, la frente y la mirada.

4. Cuando estés listo, descruza los tobillos y mueve los pies de vuelta al centro. Suelta la muñeca y vuelve a alinearte. Acuéstate en silencio y observa las diferencias que notas en el lado estirado. Repítelo en el lado izquierdo.

Postura del travesaño (*parighasana*)

Esta secuencia fluida facilita el estiramiento lateral al girar y movilizar el tronco. De esta forma liberamos la zona que rodea la caja del tórax, que a menudo se «atasca» a medida que envejecemos. También ayuda a facilitar la respiración profunda.

1. Arrodíllate (sobre una manta doblada si lo prefieres) y estira la pierna derecha, manteniendo el pie alineado con la rodilla izquierda. Mantenlo en el suelo o apoya el dorso de los dedos sobre un bloque de yoga si tus gemelos están rígidos. Extiende el brazo izquierdo hacia la izquierda y coloca la palma de la mano en el suelo (o sobre un bloque de yoga) alineado con la rodilla. Levanta el brazo derecho y ahueca la mano para apoyarla detrás de la cabeza.

2. Inhalando, gira el torso hacia arriba, sosteniendo el peso de la cabeza con la mano. El codo y la mirada apuntan al cielo. Exhalando, vuelve a girarte a la posición inicial. Ábrete y ciérrate algunas veces, iniciando el giro desde la parte inferior del abdomen. Siente cómo las costillas superiores giran hacia atrás y las inferiores hacia delante. Lleva el aire hasta la parte posterior del pulmón del lado superior en la posición extendida.

3. Cuando te sientas listo, suelta la mano superior a la posición hacia arriba y estírala sobre tu cabeza, si puedes. Nota el estiramiento desde el borde exterior del pie extendido hasta la punta de tus dedos. Para incrementar el estiramiento, inspira y espira suavemente y levanta desde el tobillo derecho a la rodilla derecha, levanta el muslo derecho, nota cómo se abren los músculos entre las costillas, nota la apertura en la axila y estírate desde la parte superior del brazo hasta la yema de los dedos, sin dejar que tu brazo se afloje.

4. Libera el brazo, acerca la pierna estirada y siéntate sobre los talones. Nota la diferencia en los lados de tu cuerpo, caderas y hombros, antes de repetirlo en el otro lado.

Una espalda sin dolor

La salud de la columna vertebral es clave para poder movernos con agilidad. Joseph Pilates creía que somos tan viejos como nuestra columna: si está rígida a los 30 años, somos una persona «vieja», y si está móvil a los 60, nos hace «joven». La zona lumbar puede ser más problemática a medida que cumplimos años porque es la parte más móvil, y si otras regiones de la columna están rígidas, absorbe la tensión, lo que aumenta el riesgo de lesiones.

El dolor crónico en la zona lumbar es el problema de salud que provoca discapacidad en los mayores de 60 años con más frecuencia. Este grupo de edad es más propenso al dolor lumbar que los adultos más jóvenes: entre el 65% y el 85% tienen dolor musculoesquelético y el 70%, en la zona lumbar. Parece que las mujeres son dos veces más susceptibles que los hombres. A menudo no le decimos al médico que tenemos dolor de espalda, sino que vivimos estoicamente con él. Además, hay evidencias que indican que toleramos mejor el dolor a medida que envejecemos. Los estudios que usan el calor como estímulo sugieren que el umbral del dolor aumenta con la edad porque las partes del cerebro responsables de procesarlo se van reduciendo.

Además de no consultarlo al médico, el dolor lumbar persistente tampoco es bien gestionado y tratado por médicos y residencias de ancianos porque es difícil diagnosticar las causas: en la mayoría de los casos no existe una patología obvia y el dolor puede ser el resultado de problemas en otras partes del esqueleto. En cualquier caso, el dolor lumbar es un predictor fiable de depresión y ansiedad, y un factor clave en las caídas reiteradas.

Si la vida se vuelve cada vez más sedentaria a medida que cumplimos años, y así lo demuestra la evidencia, es más probable que aparezca dolor lumbar. Pero la actividad moderada o vigorosa también aumenta el riesgo, ¡a cualquier edad!

El taichi ha demostrado ser eficaz para contrarrestar el dolor crónico (incluido el dolor de la osteoartritis) y mejorar el equilibrio, la fuerza en las extremidades inferiores y la función física general, y también contrarresta el miedo a caerse. Por otro lado, muchas personas encuentran que el yoga es más eficaz que cualquier otro tratamiento para el dolor lumbar.

ARRIBA: Cuando la columna vertebral puede moverse con libertad, todo el cuerpo se expresa con alegría y espontaneidad.

CONSEJO: ¡Deja de fumar! Es más probable que te duela la espalda debido a los cambios degenerativos que causa en la columna vertebral.

Paso de las siete estrellas

Este ejercicio de empuje de manos para principiantes ayuda a explorar los movimientos básicos del taichi. Da siete pasos en zigzag hacia adelante y siete hacia atrás para ayudar a restablecer el equilibrio básico, la coordinación y la transferencia del peso corporal de un lado a otro sobre los pies y para desarrollar el enfoque y la concentración. Comienza lentamente, aumentando el ritmo del zigzag a medida que los movimientos te vayan siendo más familiares.

1. Empieza de pie, con los pies separados a la anchura de las caderas y las manos colgando relajadas a los lados, mirando hacia adelante.

2. Avanza en diagonal con el pie izquierdo y luego con el pie derecho. Tu cuerpo mira hacia la izquierda en diagonal. Empuja con la palma derecha hacia afuera y lleva tu mano izquierda hacia la línea media.

3. Ahora avanza en diagonal con el pie derecho, dejando que siga el pie izquierdo. Tu cuerpo mira hacia la derecha en diagonal. Empuja la palma izquierda hacia adelante y lleva la mano derecha a la línea media. Repite este paso y empuja alternativamente con los pies y las manos cinco veces más.

4. Luego repite el movimiento hacia atrás. Da un paso atrás en diagonal con el pie derecho, seguido del pie izquierdo. Tu cuerpo queda mirando hacia la derecha en diagonal. Empuja la palma izquierda hacia adelante y lleva tu mano derecha a la línea media.

5. Da un paso atrás en diagonal con el pie izquierdo y luego con el derecho, mientras giras el cuerpo hacia la izquierda. Empuja la palma derecha hacia adelante y lleva el brazo izquierdo hacia adentro, como antes. Repite el paso hacia atrás y los movimientos de la mano en lados alternos cinco veces más.

Yoga para unas lumbares sanas

Uno de los mayores estudios sobre el yoga, realizado por la Universidad de York, concluyó que era seguro y eficaz para las personas con antecedentes de dolor lumbar. Un programa de yoga de 12 semanas mejoró los síntomas más que los cuidados habituales. La siguiente es una secuencia sencilla para aliviar el dolor lumbar, basada en ese estudio. El programa completo con un vídeo, con más detalles de dónde seguir el curso de 12 semanas con un instructor, puede verse en inglés en la dirección http://www.yogaforbacks.co.uk.

Posición de reposo

Lo más importante cuando sientes dolor es permitir que el cuerpo encuentre alivio y que la mente se vuelva pasiva.

1. Comienza tumbado de espaldas con un cojín de yoga o una manta gruesa enrollada bajo la parte posterior de las rodillas. Ponte una manta doblada debajo de la cabeza. Si te resulta incómodo, levanta la parte inferior de las piernas, apoyando los gemelos en el asiento de una silla, para que toda la espalda descanse en el suelo y la silla sostenga las piernas. Esto proporciona un alivio real y es útil para el dolor de la articulación sacroilíaca entre el sacro y la pelvis.

2. Descansa durante 15 minutos. Tápate con una manta si sueles enfriarte cuando estás inmóvil.

3. Rueda hacia un lado y empuja hacia arriba o hacia adelante con las manos y las rodillas. Puedes acabar aquí el ejercicio o pasar a los ejercicios de las páginas 130 y 131.

Posición de la mesa

Esta posición de manos y rodillas puede proporcionar una sensación de gran estabilidad. Coloca una silla bajo tu pecho y apoya pecho y estómago sobre el asiento si te resulta de ayuda.

1. Ponte a cuatro patas con las caderas alineadas con las rodillas y las manos un poco por delante de los hombros. Aguanta hasta 2 minutos, balanceándote hacia delante y hacia atrás si te resulta cómodo.

Torsiones en el suelo

Para hacer este ejercicio no hace falta que lleves las piernas hasta el suelo. Puedes mantenerte en el primer paso o el segundo, o mover las rodillas unos centímetros más o menos en cualquier dirección. Si te duele la espalda, déjalo.

1. Acuéstate sobre la espalda con las rodillas flexionadas y los pies separados a la altura de las caderas. Relájate sintiendo la espalda apoyada en el suelo. Puedes mantenerte en esta posición: no hace falta llegar a los giros.

2. Al exhalar lleva las rodillas con suavidad hacia la derecha, solo 1 o 2 cm (una media pulgada). Si te sientes con confianza, llévalas a mitad de camino, y si te resulta fácil, hasta el suelo. Gira la cabeza para mirar tu mano izquierda si te resulta agradable.

3. Al inhalar vuelve a colocar las rodillas en el centro. Al espirar, repítelo hacia el otro lado.

Fortalecer la parte superior del cuerpo

Para liberar a la columna de soportar la tensión, no descuides los músculos de las extremidades superiores, en especial si trabajas mucho la parte inferior del cuerpo corriendo y pedaleando. Si puedes apoyar tu peso corporal en los brazos, las muñecas y las manos, mantendrás la espalda segura y activarás los músculos centrales del abdomen. Desde el punto de vista psicológico, es estimulante ser capaz de hacer presión hacia arriba y sostenerte con los brazos estirados (posición de tabla).

Cuando los pies están activos, podemos presionar el suelo para energizar y activar la parte inferior del cuerpo. Igualmente, si las manos y las muñecas están flexibles y los brazos fuertes, podemos presionar desde el suelo para fortalecer la parte superior del cuerpo.

Fortalecer brazos y músculos centrales

Este ejercicio de yoga utiliza tu peso corporal como ayuda al entrenamiento para desarrollar los músculos de los brazos y mantener las muñecas activas. Es una buena preparación para las posturas de la plancha y *chaturanga*, en las que apoyas tu peso sobre las manos y los pies (con los brazos extendidos en la plancha y doblados en *chaturanga*). También desarrolla la fuerza y el tono central en los músculos pectorales y fomenta una buena salud y una buena postura de los hombros.

1. Ponte a cuatro patas, con las manos bajo los hombros y mirando hacia adelante, y las rodillas bajo las caderas. Adelanta las manos unos 30 cm (12 pulgadas). Mira ligeramente hacia adelante.

2. Empuja con las manos y utiliza la fuerza impulsora desde el suelo para juntar los omóplatos y bajarlos por la espalda hacia la pelvis. Trata de mantener esa posición durante todo el ejercicio.

3. Al exhalar, estira los músculos abdominales por debajo del ombligo para sostener la columna vertebral. Mantén este tono y levanta la pierna derecha detrás de ti. Observa si aflojas tu tono abdominal o si tus brazos se tambalean. Si es así, comienza de nuevo, enfocándote en mantener las lumbares en la misma posición todo el tiempo.

4. Al exhalar, dobla los codos, mantenlos cerca de la cintura y, mirando hacia adelante, dirige el tórax hacia el suelo. Puedes bajar solo un poco; lo más importante es mantener los omóplatos juntos, el ombligo levantado y los codos hacia atrás, no hacia un lado.

5. A medida que inhalas, empuja las manos para estirar los brazos. Asegúrate de que los hombros no se hayan movido hacia delante y de que tu espalda aún esté protegida. Vuelve a presionar con el talón levantado para evitar que se hunda. Repítelo hasta seis veces, manteniendo una buena forma: tan pronto como te notes ceder, interrumpe el ejercicio. Luego repítelo extendiendo la pierna izquierda.

6. Una vez que domines el ejercicio, puedes probar la postura *chaturanga* completa, comenzando con las piernas estiradas en la plancha y presionando hacia atrás sobre tus talones a medida que bajes, antes de volver a subir.

Puñetazo adelante

Esta secuencia de qigong es otro ejercicio de fortalecimiento del brazo que también desarrolla estabilidad en la parte inferior de la espalda al trabajar los brazos, además de mejorar la postura. Una vez que te sientas seguro de la secuencia, añade pesos libres.

1. Comienza en la postura del caballo, con los pies separados a mayor anchura que las caderas y formando un ángulo en línea con las rodillas, estas un poco flexionadas. Hunde las caderas y separa la columna vertebral de la pelvis. Pon las manos en la cintura, con los puños cerrados y las palmas mirando hacia arriba.

2. Al exhalar, golpea hacia delante con la muñeca derecha, girándola para que la palma quede mirando hacia el suelo cuando el brazo esté extendido del todo. Sigue mirando hacia adelante.

3. A medida que inhalas, retira el puño, girándolo para que la palma quede de nuevo hacia arriba.

4. Al exhalar golpea hacia adelante con el puño izquierdo, girando el puño de nuevo mientras extiendes el brazo para que la palma quede mirando hacia abajo. Retira el puño izquierdo al inhalar, girándolo de la misma manera para volver a la posición inicial. Repite la secuencia seis veces, alternando los brazos y manteniendo la atención enfocada hacia adelante y una postura fuerte y segura.

Flexionar la muñeca

Las muñecas sufren presión en las posturas de yoga, al levantar pesos
o durante períodos prolongados ante el ordenador. Estirar los brazos maximiza
la flexibilidad y facilita el flujo de sangre a las manos.

1. Siéntate o yérguete cómodamente y estira
los brazos hacia delante, con las palmas hacia
abajo. Rota las muñecas formando círculos
con las manos, primero en una dirección
cinco veces, y luego en la otra. Mueve solo las
manos, no los brazos.

2. Ahora pon a prueba tu coordinación y trata
de rotar una muñeca en un sentido y la otra en
el contrario. Luego cambia las direcciones.

3. Presiónate las palmas para que queden
mirando adelante, con los dedos apuntando
hacia abajo, y cuenta hasta cinco. Nota el
estiramiento en la parte posterior de los
brazos.

4. Suelta las muñecas, dirigiendo los dedos
hacia los antebrazos, contando de nuevo
hasta cinco. Nota el estiramiento en la parte
superior de los brazos. Para acabar
deja sueltos los brazos y las
manos, y agítalos.

Descanso y relajación

Sí, debemos estar más activos para vivir vidas más largas y satisfactorias, pero el descanso es igual de importante para retrasar los efectos negativos de la edad. Forma parte del proceso de desarrollo de fuerza y resistencia, ya que permite que el sistema restaurador del cuerpo se recupere, se reconstruya y se vuelva a recargar.

Necesitamos dormir lo suficiente, porque durante el sueño se produce la hormona del crecimiento, que repara el tejido y desarrolla el músculo. Y también necesitamos mucho «descanso activo»: no quedarnos sentados en el sofá, sino realizar actividades placenteras y agradables para el cuerpo y el cerebro, como pasear al perro, nadar en el mar o expresar nuestra creatividad con la pintura, la pluma o la música.

Se ha estudiado la relación de la falta de sueño con el envejecimiento celular, y algunas investigaciones sugieren que se asocia con el acortamiento de los telómeros (situados en los extremos de nuestros cromosomas).

Cuando se acortan demasiado, las células ya no pueden dividirse para reparar el cuerpo (véase la página 14).

¿Cómo saber cuándo necesitas descansar más? Adquiere el hábito de ser consciente y de darte cuenta de lo que sucede en tu cuerpo. Llevar un diario es una buena idea. Anota lo bien que has dormido, cuándo hiciste ejercicio, qué has comido y cuánto has descansado. ¿Cuándo has decidido tomar el autobús en lugar de caminar hasta casa? ¿En qué momento has sentido dolor o calambres en la cadera durante una sesión de ejercicio? Después de algunas semanas serás capaz de identificar patrones.

IZQUIERDA: El descanso activo consiste en dedicar tiempo a las actividades que te encantan y que te traen al momento presente, como las aficiones creativas absorbentes.

CUERPO LONGEVO

141

Descanso y entrenamiento

Si deseas mantenerte en forma hasta las últimas décadas de tu vida, asegúrate de reservar la cantidad correcta de días de descanso en tu horario de entrenamiento. Si entrenas duro necesitas que el cuerpo repose adecuadamente algunos días para reducir las probabilidades de sufrir lesiones o de sentirte fatigado, estresado o malhumorado.

Los deportes extremos necesitan un descanso radical. Los días de recuperación conceden tiempo a la reparación (también de la función cognitiva) y son esenciales para poder seguir moviéndote como un cuerpo más joven. El descanso profundo es especialmente útil durante el período perimenopáusico, que puede caracterizarse por una sensación de agotamiento intenso. Tal vez necesites agregar días de descanso, elegir una clase de yoga restaurador en lugar de una sesión de flujo intenso o reestructurar un programa semanal durante diez días o dos semanas.

Cuándo descansar

Tómate un día de recuperación cada 3 días cuando comiences a hacer ejercicios aeróbicos y de resistencia, acumulando hasta un día de descanso a la semana. Después de dos meses de entrenamiento casi diario, descansa durante una semana. Si en tu entrenamiento de resistencia estás trabajando los principales grupos musculares, reserva un par de días de descanso para esa zona del cuerpo antes de volver a entrenarla, alternando un día de piernas con un día de descanso, etcétera.

DERECHA:

Bostezar relaja la mandíbula y el diafragma, permite una respiración más profunda y prepara el cuerpo para descansar bien.

AVISOS DE QUE NECESITAS UN DÍA DE DESCANSO

- Lesión.
- Rigidez constante o dolor articular.
- Resfriados o enfermedades.
- No alcanzar los tiempos o los pesos de la semana anterior.
- Haces ejercicio regularmente y la mente te dice que necesitas un descanso.

CONSEJO: Si hablar de ejercicio te hace sentir cansado, es posible que necesites más ejercicio. Se cree que la fatiga afecta al 50% de las personas mayores. Las investigaciones la asocian con menores niveles de actividad física, especialmente en el caso de las mujeres.

Cuánto dormir

Contrariamente a lo que pueda parecer, los adultos mayores necesitan dormir tanto como los adultos más jóvenes, de siete a nueve horas cada noche, tanto los hombres como las mujeres. Esto nos asegura que permaneceremos alerta y bien estimulados durante el día y que nos hemos concedido un tiempo suficiente para sanar durante la noche el desgaste diario del cuerpo y el cerebro. En particular, la fase de movimientos oculares rápidos del sueño (REM), que constituye aproximadamente la cuarta parte de nuestro sueño nocturno, es sumamente reparadora. Es entonces cuando se produce la hormona del crecimiento, que repara y reconstruye los músculos, además de restaurar áreas del cerebro relacionadas con el aprendizaje, el almacenamiento de información y la consolidación de la memoria.

Lo que cambia con la edad es cómo dormimos. En el lado positivo, las personas mayores de 55 años tienden a mantener rutinas de sueño más regulares (los adultos más jóvenes duermen menos entre semana). Pero a medida que envejecemos puede ocurrirnos que nos cueste más quedarnos dormidos, en especial a las mujeres, y las noches pueden verse perturbadas por períodos de inquietud y de vigilia.

Durante el sueño, pasamos por ciclos de 90 minutos formados por cinco etapas diferentes: dos de sueño ligero, dos de sueño profundo de onda lenta y un breve período de sueño REM de 15 minutos; el tiempo que pasamos en las diferentes etapas varía a me-

INSOMNIO

Es más prevalente en los adultos mayores: según una encuesta de la Fundación Nacional del Sueño, el 44% de las personas mayores en Estados Unidos lo padece algunas noches a la semana o más. También son más frecuentes los problemas médicos en los que el insomnio es un efecto secundario. Entre ellos están la presión arterial alta, los trastornos respiratorios e inmunitarios, y los síntomas de la menopausia, como los sudores nocturnos. No dormir bien a medida que envejecemos puede hacer que nuestra calidad de vida parezca peor y alimentar una serie de problemas de salud, incluida la depresión, la menor capacidad de atención y lapsos de memoria, y un mayor consumo de medicamentos. También se asocia a un aumento de caídas por la noche. En las imágenes por resonancia magnética de los cerebros de las personas que no han dormido hay mucha menos actividad en las áreas utilizadas para la toma de decisiones y el uso de la memoria para la resolución de problemas. Si crees que la falta de sueño está afectando a tu calidad de vida o contribuyendo a problemas de salud, consulta a un médico o a un especialista en sueño.

dida que envejecemos. Las personas mayores tienden a pasar por períodos de sueño ligero más largos y menos sueño profundo. Durante el primero, nos molestan fácilmente factores ambientales como el ruido o el calor, o estímulos internos como las piernas inquietas. Una vez despierto, es más difícil pasar a la siguiente etapa del sueño.

Es posible que tengamos la necesidad de acostarnos más temprano por la noche a medida que cumplimos años o que descubramos que nos despertamos antes. Si estás acostum-

ARRIBA: Atenúa tu pantalla antes de irte a la cama (usa una aplicación que reduzca la luz azul o lee sobre fondo negro) y elige actividades pasivas como leer.

CONSEJO: Si se sientes inquieto en la cama, prueba a usar una manta extra bien ajustada o una colcha de compresión. Igual que cuando se envuelve a un bebé, la presión suave y firme evita que las extremidades se sacudan, puede calmar el sistema nervioso y ser muy reconfortante.

brado a quedarte dormido o si eras un ave nocturna, esto puede desconcertarte, incluso si aún duermes tus siete o nueve horas. Dormir durante el día es más común con la edad, en especial después de una noche agitada. No es una buena idea quedarse dormido en el sofá a primera hora de la noche porque eso nos impide pasar eficientemente a la siguiente etapa del sueño una vez en la cama.

¿Por qué los patrones de sueño pueden cambiar con la edad? No se sabe bien, pero la menor secreción de melatonina podría influir. La melatonina es la hormona producida por la glándula pineal que regula los patrones de sueño y vigilia: se libera cuando baja la intensidad de la luz, y esto hace que los sistemas del cuerpo se ralenticen.

Otro cambio que ha llegado con los años, sin que importe nuestra edad, es el uso que hacemos de las pantallas. La luz azul emitida por pantallas y monitores retroiluminados con LED suprime la secreción de melatonina. En los países industrializados se ha relacionado la menor duración del sueño nocturno con el aumento del tiempo que pasamos ante las pantallas. Sin embargo, el problema puede ser una cuestión de lo que haces con la pantalla. Una investigación de la Fundación Nacional del Sueño de Estados Unidos muestra que las personas que vieron una película durmieron más fácilmente que las que realizaron actividades interactivas, jugando, respondiendo correos electrónicos o enviando mensajes de texto. Estos últimos estaban más estresados y durmieron peor.

EL ABECÉ DE LA SIESTA

Al parecer, a medida que cumplimos años vale la pena cultivar la habilidad de dormir siestas diurnas. Esto parece asociarse con un mejor rendimiento cognitivo. En una investigación en personas entre 50 y 83 años, una siesta, ya sea de 45 minutos o de 2 horas, no pareció afectar a la calidad o la duración del sueño nocturno, pero sí contribuyó significativamente a la cantidad total de sueño de los participantes en 24 horas. Las encuestas realizadas a casi 3.000 personas mayores chinas mostraron que los que dormían una siesta de 1 hora tras la comida tenían mejor memoria, recuerdos y capacidad para mantenerse atentos. Las siestas también pueden reducir la presión arterial. Pero ¿qué es una buena siesta a medida que envejecemos?

- Más tiempo parece más eficaz que menos: mejor cerca de 1 hora que 20 minutos.

- Haz de ello un hábito, reserva tiempo, tal vez después de comer.

- No te eches una siesta a una hora tardía. Esto puede afectar a tu ciclo de sueño nocturno.

- Si estás cansado y no puedes dormir la siesta, da un paseo corto, es igual de eficaz para refrescar el cerebro.

IZQUIERDA:
Escribir un diario
de tus pensamientos
matutinos al despertar
y deshacerte de listas
o preocupaciones
antes de acostarte
libera la mente para
un sueño reparador.

LO ESENCIAL PARA UN BUEN SUEÑO

- Haz ejercicio la mayoría de los días, mejor por las mañanas.

- Mantente sociable durante el día.

- Come alimentos que te ayuden a dormir (avena, plátanos, almendras, pavo, lechuga) y evita la cafeína a partir de la tarde.

- Pasa tiempo al aire libre para maximizar la producción de serotonina (un neurotransmisor que ayuda a mejorar el estado de ánimo y estimula el sueño).

- Mantén la habitación limpia, bien ventilada y sin dispositivos de trabajo y tecnología.

- Reserva la cama para dormir y para el sexo.

- Establece una rutina a la hora de dormir.

- Si pasas largos períodos despierto por la noche, acuéstate tarde y levántate temprano.

- No midas el sueño por horas, sino por cómo te sientes.

- Mantén un registro de tus hábitos de sueño si necesitas aclarar qué percepciones están basadas en la realidad y cuáles estás imaginando.

Rutinas de sueño sanas

En un estudio sobre mayores de 65 años realizado por el Instituto Nacional del Envejecimiento, el 36% de las mujeres (y el 13% de los hombres) tardaban más de 30 minutos en dormirse. Se descubrió que una rutina regular antes de irse a la cama era eficaz para enseñarle al cuerpo y la mente a cambiar a un estado inactivo que favorecía el sueño profundo.

Masaje corporal con aceite

Masajearte con un aceite soporífero antes de acostarse es una buena manera de iniciar el proceso de relajación. En el texto ayurvédico *Ashtanga Hridayam* se dice que aplicando aceite al cuerpo a diario (*abhyanga*) se revierte y se previene el envejecimiento y también aumenta la longevidad. La aplicación tradicional es de almendras dulces, mostaza o aceite de sésamo, frotado en la columna vertebral, la cabeza y los pies. Los movimientos circulares de masaje estimulan los sistemas linfático e inmunitario, llevando nutrientes a las células y eliminando sus residuos, a la vez que calman y equilibran los sistemas nervioso y hormonal. Los aceites se pueden mezclar con dos gotas de aceite esencial de lavanda, o con hierbas y aceites esenciales que reequilibran su constitución ayurvédica (véase la página 17).

El aceite debe aplicarse un par de horas después de comer (calentarlo en invierno colocando el recipiente en una taza de agua tibia). Es más relajante si otra persona lo aplica, pero puedes frotarte los pies, las piernas, los brazos e incluso la cabeza tú mismo. En el masaje ayurvédico la técnica no se considera demasiado importante. Se trata más bien de alimentar la piel. Se avanza hacia arriba desde las plantas de los pies, con la mayor parte del tiempo dedicado a los pies y la cabeza. Se puede aplicar una presión más fuerte en estos puntos. El trabajo en la espalda y alrededor de la columna vertebral debe realizarse con mucho cuidado y delicadeza. Descansa en la postura del cadáver (*savasana*, véase la página 154) después del masaje y deja el aceite sobre la piel durante al menos una hora para que se absorba antes de bañarte o ducharte. A algunas personas les gusta hacer una sauna después. Se dice que masajear el cuero cabelludo con aceite ayuda a reparar la pérdida de cabello.

CREA UNA RUTINA DE SUEÑO EFECTIVA

- Fija una hora regular para acostarte (antes de la medianoche) y el tiempo normal de vigilia, y haz todo lo posible para seguirlas.

- Desconéctate de la tecnología instaurando una «puesta de sol electrónica» al menos una hora antes de acostarte.

- Si tiendes a preocuparte demasiado, haz una lista diaria en papel y acábala antes de acostarte. Garabatea y colorea si lo disfrutas o prueba la visualización de la caja (véase la página 152).

- Si el exterior no está oscuro, crea oscuridad en el dormitorio con persianas opacas.

- Bebe leche tibia endulzada con dos cucharaditas de miel. Se cree que la miel es el mejor alimento para almacenar glucógeno en el hígado. El glucógeno alimenta el cerebro durante la noche y evita la liberación de hormonas del estrés (también es bueno para períodos prolongados de ejercicio o trabajo excesivo).

- Mantén bajo control los estímulos sensoriales mientras te vas a la cama: una habitación silenciosa y bien ventilada, sábanas suaves y luces tenues significan menos trastornos del sueño.

- Pon dos gotas de aceite esencial de lavanda en un difusor o recipiente con agua caliente y déjalo en la habitación durante 30 minutos antes de acostarse. En un estudio, las personas que lo hicieron pudieron alcanzar mejor un estado de sueño profundo y se despertaron más descansadas a la mañana siguiente. O agrega una mezcla de masaje (véase la página anterior).

- Relájate en silencio con un baño, la lectura o una meditación guiada antes de acostarte.

- Practica posturas de yoga como la pose invertida (*viparita karani*, véase la página 342) o la postura del niño sostenida (*adhomukha virasana*, véase la página 153), o prueba las prácticas de respiración de yoga de las páginas 292-293.

- Usa una técnica de relajación profunda como la yoga nidra (véase la página 154).

- Ten un vaso con agua al lado de la cama.

La reina de la noche

La gran diosa comprende tres «aspectos» o épocas de la vida: doncella, madre y anciana. En el panteón griego, la anciana es Hécate. Su tiempo es la luna menguante y oscura, y aunque su poder se extiende sobre la tierra, el mar y los cielos, normalmente se la asocia con el otro mundo y con la oscuridad. Aunque puede pasar al inframundo, no habita allí, sino en una cueva que está entre nuestro mundo y el próximo. Su lugar es el crepúsculo entre los estados, una zona liminal entre este mundo y los futuros incognoscibles. A esta misteriosa diosa de la luna a menudo se la representa con tres cabezas, o como tres figuras que miran en diferentes direcciones, porque ella es dueña de la encrucijada, capaz de ver tres caminos a la vez: pasado, presente y futuro. Su larga vida la ha dotado de sabiduría y de intuición. Esto la convierte en una ayuda útil para la contemplación en tiempos de transición, cuando debemos hacer elecciones en mitad de la vida, o en las horas en las que el sueño perturbado por la menopausia nos asalta con preguntas y búsquedas, remordimientos y posibilidades.

Aunque se asocia a Hécate con la oscuridad, gracias a ella hay regeneración. Ella es quien, con energía y persistencia, busca y descubre la verdad, aconseja en tiempos de pérdida, y con antorchas llameantes y una diadema de estrellas guía a Démeter a través de la oscuridad de la noche para encontrar a su hija perdida, Perséfone. Sin Perséfone, no puede haber primavera cada año, y en adelante Hécate es la compañera invisible de Perséfone. Sin sueño no hay renovación, sin la esterilidad del invierno no hay nuevos brotes de vida.

IZQUIERDA:
La diosa Hécate en su forma triple, con una llave con la que se abren las puertas, una antorcha encendida para iluminar el inframundo y la serpiente, símbolo de curación y muerte.

Visualización de la caja

Esta es una forma útil de dejar de lado las preocupaciones antes de acostarte. Siéntate o acuéstate cómodamente con los ojos cerrados.

1. Imagínate que tienes una hermosa caja de madera con tapa. Obsérvala por fuera. Tal vez está ricamente tallada o pintada con símbolos tranquilizadores y adornos que significan algo para ti. Fíjate mentalmente en el grosor de los lados y la forma en que la tapa ajusta perfectamente en la parte superior. Mira el forro suave de su interior. Quizás sea de terciopelo, del algodón más suave o de plumas.

2. Piensa en lo que te preocupa y coloca un símbolo de ello en la caja para que lo custodie mientras duermes. Podría ser un par de zapatos de bebé, las llaves de una casa, un dispositivo de memoria o la fotografía de alguien.

3. Ahora coloca la caja en un lugar seguro donde no puedas verla, en una cueva, en medio de un campo enorme o en un estante alto en un armario. Aléjate de la caja, soltando los pensamientos sobre lo que hay dentro porque sabes que en la caja está bastante seguro, esperando a que vuelvas a buscarlo mañana.

Postura del héroe reclinado (*adhomukha virasana*)

Al inclinarnos hacia delante ayudamos a cerrar la parte frontal del cuerpo (donde están los órganos de los sentidos) y a calmar el sistema nervioso. Los apoyos en esta postura sostienen el esternón y ejercen una pequeña presión sobre la frente, que es muy calmante.

1. Siéntate sobre los talones con las rodillas abiertas. Coloca un cojín de yoga a lo largo frente a ti y una manta enrollada en horizontal en el extremo, para formar una «T». Con los dedos de los pies tocándose, desplázate lentamente hacia adelante, colocando el abdomen y luego el pecho sobre la almohada. Apoya la frente sobre la manta. Ajusta los apoyos hasta que te sientas completamente tranquilo. Puedes estirar los brazos frente a ti o dejarlos descansar junto a tu cuerpo, con las manos al lado de los pies.

2. Descansa en esta posición hasta 5 minutos (o 10 si lo encuentras relajante). Nota cómo al inspirar la parte posterior de tu cuerpo se llena y se expande (desviar la atención de los órganos de los sentidos en la parte delantera del cuerpo puede ser un alivio).

3. Para levantarte, estira las manos hacia adelante y presiona con las palmas de las manos, levantando la cabeza al final.

Postura del cadáver (*savasana*) con guía del yoga nidra

Esta posición de relajación con apoyo promueve el descanso profundo y reúne tu energía desde las periferias. Necesitarás tres mantas dobladas, una toalla enrollada y un cojín de yoga. En la postura practicaremos el yoga nidra o sueño profundo de yoga. Para beneficiarte de la práctica dedícale unos buenos 15-30 minutos.

1. Acuéstate de espaldas (en la cama está bien, o puedes descansar sobre mantas y apoyos). Relaja los brazos lejos de tu cuerpo, con las palmas hacia arriba, y estira las piernas cómodamente, con los pies hacia afuera. Haz todo lo posible para sentirte abrigado y bien apoyado.

2. Si no te sientes relajado, muévete y acomódate hasta que te sientas capaz de estar calmado. Ahora sumérgete en la quietud, sintiendo el suelo o la cama que sostienen la pelvis y la cabeza, los hombros y los talones.

3. Observa cómo tu respiración entra y sale del cuerpo. No intentes alterarla, solo nótala. Luego, en las inhalaciones, deja que todo descanse en los apoyos que tienes debajo. Recuérdate que aquí estás seguro. Dite a ti mismo: «Estoy practicando yoga nidra». Si deseas agregar una resolución (dormir más profundamente, sentirte más tranquilo), hazla y luego déjala ir.

4. Vas a guiar tu atención a través del cuerpo mientras descansas en el suelo. Imagínate una pequeña antorcha que selecciona cada parte de tu cuerpo, o tal vez prefieras imaginarte la punta de una varita mágica o una pluma suave cepillando cada parte del cuerpo. Dirige tu mirada interior hacia la parte posterior de la cabeza, el lóbulo de la oreja derecha, el lado derecho de la mandíbula, el lóbulo y la mandíbula

izquierdos, los dientes superiores, los dientes inferiores, la lengua y los labios. Lleva la luz a tu ojo derecho, tu ojo izquierdo, tu frente, tus cejas y tus pestañas superiores e inferiores, tus pómulos, tus mejillas. Sé consciente de toda tu cabeza.

5. Muévete hacia el cuello, luego a tu hombro derecho, la axila, el brazo, el codo, el codo interno, el brazo inferior, la muñeca, la palma de la mano y todos los dedos. Detente mientras vas iluminando cada parte. Sé consciente del lado derecho de tu cuerpo. Ahora recorre tu lado izquierdo de la misma manera desde el cuello a las yemas de los dedos.

6. Viaja por tu torso, iluminando tu pecho, entre cada costilla por delante y por detrás, hacia abajo en dirección al esternón, la parte superior de tu abdomen, alrededor del ombligo, la parte inferior del abdomen, los huesos de la pelvis, el coxis. Sé consciente de tu torso.

7. Dirige la mirada de tu mente hacia el muslo derecho, la rodilla, la parte posterior de la rodilla, la pantorrilla y el tobillo. Sigue por la parte delantera del pie, el talón del pie, el puente del pie, hasta el dedo gordo y todos los dedos hasta el pequeño. Sé consciente de toda tu pierna derecha. Sigue el mismo recorrido por la pierna y el pie izquierdo, y nota toda la pierna izquierda.

8. Observa todo tu cuerpo en el estado profundamente relajado del yoga nidra. Siente la parte posterior del cuerpo sobre el suelo, y la parte frontal del cuerpo liviana y libre, respirando con facilidad. Disfruta el espacio oscuro en los ojos. Regresa a tu resolución si hiciste alguna.

9. Toma conciencia de tu respiración en este momento. Toma conciencia de tu cuerpo en el espacio y en la habitación que te rodea. Nota cualquier sonido o sensacion. Sigue tumbado un momento solo sintiendo. No hay necesidad de pensar o hacer nada. Cuando te sientas listo, mueve suavemente los dedos de las manos y los pies y la punta de la lengua. Rueda hacia un lado y descansa antes de moverte o quedarte dormido.

¿QUÉ ES EL YOGA NIDRA?

Este método de relajación corporal intensa relaja el cuerpo físico, pero también funciona en la mente y las emociones para liberar la tensión y generar un estado transformador de conciencia similar a la autohipnosis. Resulta increíblemente revitalizador y renovador, y la hipnoterapia parece ser una buena herramienta para mejorar el sueño cuando la menopausia lo altera.

Es mejor practicar el yoga nidra bajo la dirección de un profesor con experiencia, aunque después de experimentarlo puedes replicar parte de la experiencia por ti mismo, guiándote a través del proceso de manera más intuitiva. Hay muy buenos podcasts de yogra nidra (en inglés) de la inspiradora maestra Uma Dinsmore Tuli y otros en la siguiente dirección: yoganidranetwork.org/downloads.

ARRIBA: Sueño y su hermano Muerte, tal como los imaginó el artista John William Waterhouse en 1874.

Sueño amable

En el panteón griego, la personificación del sueño es Hipnos, hermano de Muerte (Tánatos), hijos de Noche. El sueño es el hermano benévolo, el más amable de los dioses. «Deambula pacíficamente sobre la tierra y la ancha costa del mar y devuelve amablemente a los hombres», nos dice Hesíodo. Trae el sueño tocando a los mortales muy suavemente con su varita mágica o con un toque de sus suaves alas oscuras. Tan efectivo es su poder que puede llevar incluso al más grande de los dioses a un estado de sueño: Hera le pide que tome la forma de un ave nocturna para adormecer a Zeus, rey de los dioses. La casa de la noche es una cueva oscura «tranquila y silenciosa», el lugar donde se juntan la noche y el día. Está llena de semillas de amapolas que florecen en abundancia en las cercanías, y aquí nace Lethe, el río del olvido que borbotea y discurre sobre pequeños guijarros. Mientras dormimos, Hipnos envía a su hijo Morfeo (el «maestro artesano y simulador de formas humanas» de Ovidio), el mensajero alado que ofrece y da forma a nuestros sueños.

Tonificar y relajar el rostro

La pérdida de fuerza muscular y elasticidad en el cuerpo al envejecer es más evidente en los músculos y la textura de la cara. Los signos de envejecimiento en los hombres son graduales. En las mujeres, aumentan bastante a partir de los 40 años, según cambian las hormonas. En los primeros 30 años parecemos más jóvenes que los hombres porque las hormonas mensuales mantienen la piel tersa.

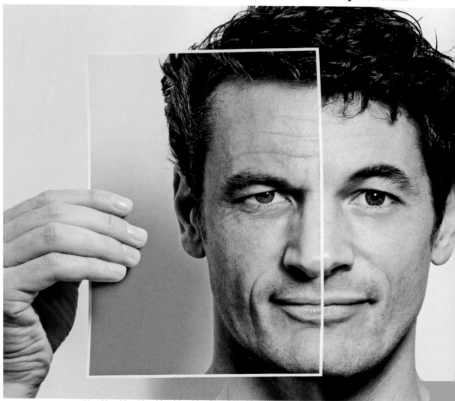

El tono muscular decreciente afecta a los párpados superiores, y se ve un ablandamiento del tono alrededor de la nariz y la barbilla, las orejas y los labios. Los ligamentos alrededor de la nariz, la boca y la barbilla se relajan, haciendo que estas zonas caigan, y el cartílago de los oídos se vuelve laxo y se alarga.

En algunas partes de la cara desarrollamos músculos más fuertes con la edad, mediante el fruncimiento habitual o ceño fruncido, que se manifiesta en particular entre las cejas y la frente. Cuanto más a menudo y con más fuerza reaccionamos de esta manera ante el mundo, más se marcan y se quedan las líneas, incluso en reposo.

Con el paso de las décadas perdemos grasa subcutánea de la cara, y las reservas de grasa cambian de lugar. Sin este volumen subyacente, la piel comienza a aflojarse y arrugarse y se vuelve más susceptible a la gravedad, cayendo hacia abajo, en especial alrededor de las mejillas y la mandíbula. La grasa ayuda a sostener los ojos y las mejillas, por lo que cuando comienza a disminuir, y el tejido se afina, estos rasgos pueden hundirse, mientras que otros, como los bordes de las cejas, parecen más prominentes. El debilitamiento de la capa de la dermis nos da una apariencia de transparencia, mientras que la menor producción de elastina (que permite que la piel recupere su forma) y colágeno (que rige el estiramiento y la fuerza) aumentan el efecto del envejecimiento.

Ejercitar los músculos faciales puede ayudar a mitigar estos efectos, y como con todo ejercicio, es importante equilibrar la tonificación con la relajación y aprender a dejar de hacer los gestos que crean tensión en la cara. Pero para relajarla debes hacer algo más que trabajar los músculos faciales: liberar la tensión en los pies con un masaje (consulta la página 82) o los ejercicios con

IZQUIERDA:
El truco del buen envejecimiento es amar la edad en la que te encuentras y reconocer los cambios en lugar de esconderte detrás de una máscara.

los pies pueden tener un efecto rejuvenecedor notable en la forma en que mantenemos nuestros rasgos.

La relajación de los músculos faciales comienza con nuestra atención consciente, observando nuestros hábitos y patrones de respuesta (tratando de no juzgarnos). ¿Te ves frunciendo el ceño o haciendo muecas mientras trabajas? ¿Apretando la mandíbula o frunciendo el ceño mientras te concentras? ¿Te inclinas hacia adelante mientras envías un mensaje de texto o sostienes el teléfono entre el hombro y la oreja? Esa tensión puede asentarse en la cara. La zona de los ojos sufre en particular la sobrecarga tecnológica cuando pasamos largas horas frente a las pantallas. Ejercitarlos libera la tensión en la cara y ayuda con los mareos y el miedo a caerse.

CORRECCIÓN FACIAL AL SEGUNDO

Para relajar la cara, cierra los ojos e imagina que el espacio entre las cejas se ensancha. Siente cómo tu frente se alisa y los lados de tus ojos se extienden hacia tus sienes. Relaja la mandíbula y siente más espacio en la boca.

El yoga facial es muy útil para suavizar y relajar los patrones habituales de sujeción que nos hacen parecer forzados. También nos anima a pensar con amabilidad sobre cómo nos vemos al pasar los años y a encontrar formas de seguir presentándonos al mundo con confianza.

PROTEGER LA PIEL DESDE EL EXTERIOR

La principal causa de envejecimiento de la piel, desde las arrugas hasta las manchas de envejecimiento, es el daño ultravioleta (UV) causado por la exposición al sol. Elige protectores solares con factor de protección 50 para la cara y las manos, que incluyan protección contra la luz ultravioleta A (UVA) y B (UVB). (Los rayos UVA son los que más envejecen la piel; los protectores con cuatro o cinco estrellas aportan una buena protección). Los estudios muestran que no aplicamos suficiente protector solar, así que ponte más de lo que crees que necesitas en la cara y el cuello, más o menos una cucharadita, y repite la aplicación cada 2 horas. Los humectantes y bases, los correctores y las formulaciones en polvo con protector solar son buenos para añadir capas.

DERECHA:
Liberar la tensión del cuello y los hombros puede tener un efecto relajante y rejuvenecedor en los músculos de la cara.

Empieza por los hombros

Absorbemos una gran cantidad de tensión en el cuello y los hombros. Por ello, liberarlos es el primer paso para relajar la tensión de la cara. Esta maravillosa relajación también estira la parte posterior de las piernas y proporciona una sensación agradable en la parte posterior. Pruébalo después de un período sentado frente a un ordenador. Protégete los codos con una manta doblada si te resulta incómodo apoyarte en una superficie dura.

1. Ponte de pie a medio cuerpo de distancia de una mesa o un soporte plano. Puedes tener los pies separados a la anchura de las caderas o mantener el pie derecho hacia adelante y dar un buen paso hacia atrás con el izquierdo, inclinándote ligeramente.

2. Dobla las rodillas e inclínate hacia adelante con cuidado para apoyar los codos y la parte superior de los brazos sobre la mesa, separados a la anchura de los hombros. Prueba hasta que tus brazos y piernas estén cómodos, la cabeza esté alineada con la columna vertebral y tengas los brazos y los hombros bien estirados.

3. Tócate encima de la cabeza con las palmas de las manos. Mantén la posición, respira suavemente durante 30 segundos o más, sintiendo el estiramiento a lo largo de la columna vertebral.

4. Una vez acomodado en la postura, trata de llevar las palmas a la parte superior de la espalda. Esto aumenta el estiramiento en algunas personas y lo alivia en otras. Estira las piernas si puedes, alinea las caderas (mueve la cadera derecha hacia atrás). Sube poco a poco inhalando y repite en el otro lado si practicas con las piernas separadas.

Suelta el cuello

Después de estirar los hombros, libera los músculos que sostienen la cabeza
y alinean el cuello. Esta secuencia ayuda a identificar el estiramiento que el
cuello necesita (todos sufrimos la tensión en una zona ligeramente diferente).

1. Siéntate o arrodíllate en una posición
cómoda, apoyando las manos en el regazo.
Cierra los ojos y sintoniza con tu respiración.
Nota cómo la columna vertebral se eleva
desde la pelvis y tira hacia arriba de la
coronilla de tu cabeza.

2. Coloca una palma sobre tu frente, con
la base del pulgar descansando en el área
del tercer ojo (véase la página 339). Exhala
y presiona la frente contra tu palma para
establecer una resistencia mientras cuentas
hasta tres o cuatro. Mantén la barbilla
ligeramente metida. Inhala y suelta la
presión. Repítelo con la otra palma.

3. Entrelaza los dedos y ahueca las palmas de las manos apoyándolas detrás de la cabeza. Con la barbilla ligeramente metida, exhala y presiona la cabeza hacia atrás sobre las palmas de las manos contando hasta tres o cuatro. Inhala, suelta los brazos, entrelaza los dedos hacia el otro lado (con el dedo índice no dominante en la parte superior) y repítelo.

4. Coloca la palma de la mano sobre un lado de tu cabeza, contra la oreja, exhala y presiona la cabeza contra la palma de tu mano contando hasta tres o cuatro. Inhala y suelta. Repítelo y luego haz lo mismo al otro lado de tu cabeza.

5. Finalmente, inclina la oreja derecha hacia el hombro derecho, sintiendo un estiramiento hacia el lado izquierdo del cuello. Relaja tu hombro izquierdo. Esto puede ser suficiente estiramiento. De lo contrario, coloca tu brazo derecho sobre la cabeza y apoya la palma de tu mano en el lado de tu cabeza para ejercer una presión muy suave. Exhala y resiste la presión con la cabeza contando hasta tres o cuatro y luego suelta. Inhala para soltar el brazo y llevar tu cabeza hacia el centro. Repítelo en el otro lado.

Qigong facial

Haz estos ejercicios para trabajar los músculos que rodean la boca, las mejillas, la mandíbula y el área de los ojos. Trata de no arrugar otras zonas de la cara mientras te concentras en fortalecer los músculos.

1. Junta los dientes y luego, poco a poco, sonríe ampliamente con los labios abiertos, estirando los lados de la boca hacia los oídos como diciendo «eee». Estira bien el labio inferior. Mantén la posición mientras juntas y separas los dientes ligera y lentamente 36 veces. Esto ejercita los músculos del tercio inferior del rostro, fortaleciendo la parte inferior de la mejilla, el cuello y los lados de la boca. El golpeteo relaja la mandíbula. Mueve las esquinas de la boca hacia atrás muy lentamente.

2. Junta los labios y muy lentamente ensancha los lados de la boca de nuevo, con los dientes juntos. Luego levanta la barbilla. Traga tres veces antes de bajar la barbilla y relaja la posición de la boca lentamente. Esto ejercita los músculos del cuello y la mandíbula. En la medicina tradicional china, se dice que tragar saliva ayuda a la digestión y a la longevidad.

3. Para fortalecer los músculos de los párpados superiores, coloca los dedos medios sobre las cejas, uno a cada lado. Sostén con firmeza la piel bajo las cejas, anclándola al hueso, luego cierra lentamente los ojos, dejando caer los párpados sobre ellos. Siente la tensión desde la frente hasta las pestañas. Mantén los ojos cerrados contando hasta cinco. Luego ábrelos tan lentamente como los cerraste. Repite esto tres veces.

4. Para ayudar a que los músculos de las cejas liberen tensión, coloca los dedos entre las cejas y tira hacia las sienes, manteniendo la piel tensa. Descansa las yemas de los dedos en las sienes un momento antes de repetir esto tres veces. A medida que alejes los dedos de las sienes intenta mantener la sensación de una frente relajada.

Ejercicios para los ojos

Los ejercicios oculares de yoga no solo trabajan los músculos alrededor del área de los ojos, sino que también nos ayudan a aislar el movimiento en una parte del cuerpo: poder enfocar y mover una sola área aumenta la agilidad mental. Parpadea entre los ejercicios para humedecer los ojos: una de cada tres personas mayores de 65 años tiene problemas con los ojos secos y al usar pantallas parpadeamos con menos frecuencia. El síndrome del ojo seco está relacionado con los cambios hormonales de la menopausia.

1. Siéntate o arrodíllate en una posición cómoda, apoyando las manos en el regazo. Cierra los ojos y sintoniza con tu respiración. Mantén la cara quieta, relaja el cuello y los hombros y haz los siguientes movimientos solo con los ojos.

2. Mira hacia arriba y aguanta contando hasta cinco. Haz lo mismo mirando hacia abajo. Luego vuelve la mirada al centro.

3. Mira a la derecha y cuenta hasta cinco. Comprueba que no has movido la barbilla. Mueve los ojos hacia la izquierda y aguanta la mirada. Luego devuelve la mirada al centro.

4. Ahora mira arriba a la derecha y abajo a la izquierda. Mira arriba a la izquierda y abajo a la derecha. Vuelve a mirar al centro, luego cierra y descansa los ojos.

5. Mira un objeto que tengas cerca. Concéntrate en él sin forzar la vista. Ahora encuentra un objeto a distancia y fija tu mirada en él. Finalmente, difumina tu mirada abriendo los ojos y desenfocándola un poco, como si miraras a través de las sienes. Cierra los ojos y descansa.

MASAJE FACIAL CON ACEITE

Usa el aceite de rosa mosqueta (*Rosa mosqueta*) para el masaje facial dos veces al día. Gracias a sus ácidos grasos esenciales, este aceite tiene propiedades que reparan la piel, lo que reduce los signos visibles de daño solar e hiperpigmentación, así como el tejido cicatricial. El aceite esencial de rosa (*Rosa centifolia* o *R. damascena*) es muy apreciado por los aromaterapeutas y se agrega a mezclas de aceites de masaje para atenuar los síntomas perimenopáusicos, calmar la ansiedad y aliviar los efectos del estrés. También estimula el descanso y se profundizan los sentimientos de feminidad y sexualidad. Además se agrega a las mezclas de aceites para restaurar pieles sensibles, inflamadas y envejecidas.

IZQUIERDA: Usa los dedos medios para masajear alrededor de los ojos, para conseguir una presión más ligera y un tacto más delicado.

Perro mirando abajo (*adhomukha svanasana*)

Esta postura de yoga tiene un efecto antigravedad insuperable sobre la cara y el cuello. Tiene todos los beneficios de una inversión, bombeando sangre recién oxigenada a la cara para estimular la tez. Es una postura en cuatro patas que aumenta la fuerza en las manos, las muñecas y los brazos, alarga los músculos a lo largo de la parte posterior del cuerpo. Evita las inversiones si tienes la presión arterial alta, glaucoma o desprendimiento de retina.

1. Échate boca abajo con las piernas extendidas y la frente en el suelo. Pon las manos por debajo de los hombros, con los codos flexionados. Así encontrarás la posición de estiramiento más efectiva para tu cuerpo.

2. Empuja con las manos y ponte a cuatro patas, apoyándote en los dedos de los pies, separados a la anchura de las caderas. Mueve el interior de tus muslos hacia atrás y las lumbares adentro.

3. Sigue empujándote con las palmas para llevar tus nalgas hacia atrás y hacia arriba. Ponte de puntillas manteniendo las rodillas flexionadas. Es más importante levantar la parte inferior y la espalda que enderezar las piernas. Puedes parar aquí si tienes bastante.

4. Lleva los muslos hacia atrás y los talones hacia el suelo. No es importante que lo toques con ellos. Comprueba que tus manos estén mirando hacia adelante y que todos tus dedos estén sosteniendo el peso. Presiona sobre la base de los dedos índice y pulgar y estírate desde ese punto. Disfruta el agradable estiramiento de los brazos hacia atrás y de tus piernas hacia abajo. Visualiza la sangre que fluye hasta tu cara para energizar y rellenar la piel.

Relajación facial

Esta relajación corporal total acompañada de una visualización relajante te ayuda a liberar la tensión acumulada en la cara. Al apoyar la cabeza y el cuello en las almohadas, también ayudas a que la gravedad elimine cualquier retención. Necesitarás cojines y una manta.

1. Prepárate para relajarte colocando el cojín orientado a lo largo con la manta doblada en la parte superior. Siéntate sobre el cojín y relájate sobre él, para que cabeza y cuello queden levantados por la manta, tu espalda esté bien apoyada sobre el cojín y tu pecho quede bien abierto. Muévete hacia adelante si el extremo del cojín es incómodo en la parte inferior de tu espalda. Relaja las manos en el suelo, separadas del cuerpo y con las palmas hacia arriba.

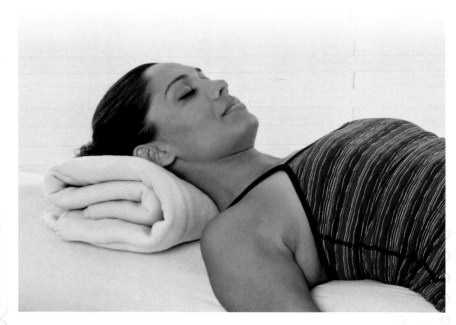

2. Cierra los ojos y observa tu respiración entrar y salir varias veces. Imagínate que la piel de tu rostro, tu cuero cabelludo y tu cuello se suaviza y cubre bellamente tus huesos. Permanece así durante 5 o 10 minutos, soltando la tensión en cada uno de los siguientes elementos: la mandíbula, las orejas, la parte posterior de la cabeza, los folículos pilosos, la frente, los ojos, los párpados, las cejas, los labios, la lengua y los poros de tu piel. Deja que tu boca se relaje, con la lengua relajada y la punta descansando detrás de los dientes, los labios ligeramente separados con una sonrisa suave. Siente tus ojos pesados en las cuencas y los párpados perfectamente lisos sobre ellos. Concéntrate en el tercer ojo (véase la página 339) si eso te resulta cómodo. Visualiza la gravedad alisando la piel de tu frente hacia las sienes. Cuando notes tensión o una contracción, relájala conscientemente, luego deja de pensar y déjate llevar.

AROMAS RELAJANTES

Coloca unas gotas de estos aceites esenciales en un difusor para estimular la relajación. Se consideran aromas delicados, buenos para la piel y para ayudar a las mujeres en los momentos estresantes de transición o pérdida. Nota: cómpralos a un vendedor acreditado.

- **Melisa:** para un sueño reparador, para aliviar la ansiedad y los síntomas de la menopausia.
- **Jazmín:** por sus cualidades estimulantes y afrodisíacas.
- **Geranio:** para reequilibrar el sistema nervioso y los síntomas de la menopausia.
- **Bergamota:** para levantar el espíritu y mejorar el estado de ánimo si tus emociones están a flor de piel.
- **Rosa:** para aliviar la tristeza, para los síntomas de la menopausia y para estimular la contemplación.

La sabiduría de la bruja

Estamos obsesionados con la piel joven y tenemos un miedo visceral, a menudo odio, a la piel envejecida, en especial las mujeres: arrugas, sequedad, flacidez. En el folclore, la bruja comparte los poderes mágicos del hada para conceder deseos, para transformar y para maldecir, pero es temida y despreciada, no es bienvenida a la fiesta. Se la representa como una vieja arrugada con un rostro que asusta:

IZQUIERDA: Una profetisa comunica la verdad, y su palabra es inapelable. A su derecha está el *omphalos*, una piedra sagrada que marca el «ombligo» del universo desde el que surgió la vida.

una bruja. «Vieja repulsiva» con una «cara horriblemente mal formada» es la definición del diccionario. El término siempre se usa peyorativamente. La palabra «bruja» puede derivar de una antigua palabra en inglés que significa barrera o límite, lo que sugiere que ella es alguien al límite, una extraña situada en los márgenes de la civilización donde la sociedad se confunde con lo salvaje.

A medida que nuestras caras comienzan a envejecer, podemos sentirnos rechazados de manera similar, excluidos de la corriente principal, ¡pero hay esperanza en la bruja! Los folcloristas feministas han tratado de reivindicarla, apuntando que la palabra puede compartir una raíz con la hagia griega o santa. Piensa en la iglesia de Santa Sofía en Estambul, construida para honrar la sabiduría sagrada de Nuestra Señora («sophia» significa sabiduría). La palabra «bruja» ciertamente se usó para traducir los nombres de las profetisas con poderes sobrenaturales de los cuentos griegos, como las arpías, las furias y la voz del Oráculo en Delfos. La sabiduría de la bruja, su capacidad para profetizar, sanar y adivinar es el producto de una vida larga y de las lecciones aprendidas de la experiencia duramente ganada. La sociedad dominante puede sentirse amenazada por las personas con tal poder; es más seguro mantenerlas alejadas. A medida que envejecemos, podemos decidir alinearnos con el temible poder de lo extraño. Entonces empezamos a amar nuestras arrugas no solo como un símbolo de la sabiduría que acumulamos, sino como una forma de oponernos a los poderes fácticos.

Donde la belleza es igual a edad

Limitada al sur por Georgia y al norte por Rusia está la república independiente de Abjasia, famosa por la edad que alcanzan sus habitantes: se dice que hasta 150 años. Se han registrado y tomado fotografías del 161 y 168 cumpleaños de algunos abjasios. La antropóloga Sula Benet realizó un estudio en la región en la década de 1970, y según ella la lengua no tiene palabras para referirse a la «gente mayor». En el país, lo que denota belleza, estatus y privilegio es la edad, más que la riqueza o la juventud.

El doctor Alexander Leaf, científico de Harvard y fotógrafo de *National Geographic*, popularizó la imagen en la década de 1970, cuando rastreaba y estudiaba las comunidades más longevas del mundo. Quería analizar el estilo de vida y las creencias de los centenarios que mantenían una vida sana activa, y examinar su presión arterial y su pulso, su visión y su audición. En Abjasia encontró a hombres mayores que bajaban montañas y nadaban vigorosamente en agua helada (el territorio se encuentra entre la costa del mar Negro y las montañas del Cáucaso). Los vio cantar en coros donde cada miembro tenía más de 100 años.

Es probable que la forma tradicional de vida en este creciente de montaña y costa contribuya a una vida saludable: mucha actividad física diaria (son personas de las montañas, como muchos a los que estudió el Dr. Leaf), una dieta rica en vegetales, frutas y leche fermentada, con vino y cantidades moderadas de proteínas y poca grasa o carbohidratos (el Dr. Leaf descubrió que el 70% de sus calorías provienen de vegetales), más períodos de restricción calórica… todo ello se asocia con la longevidad. Las personas mayores se valoran como transmisoras de la forma tradicional de vida y de la cultura, y tienen un papel clave en las familias cercanas pero extensas mientras continúan trabajando en sus últimas décadas de vida: más rasgos asociados con la longevidad.

Sin embargo, esa no es toda la historia. Las personas estudiadas nacieron antes de que se registraran los nacimientos, cuando casi nadie estaba alfabetizado. Y el régimen soviético aprobó y publicitó la mitología de vidas más largas que las de los estadounidenses contemporáneos.

Si estos ancianos estaban tan en forma y tan activos, podía deberse a sus genes. Hasta la década de 1860, la región llevaba milenios aislada (el idioma no tiene rasgos comunes con otros en la región; se dice que su sonoridad es la más dura del mundo, con 60 consonantes y solo de una a cuatro vocales). En la década de 1860, el régimen zarista deportó a la gente a Turquía y los rusos étnicos y los georgianos se desplazaron. Desde entonces, el estado ha sido combatido, invadido y bloqueado, las fronteras cerradas y las ciudades sitiadas. La guerra contra Georgia en la década de 1990 hizo que la demografía volviera a cambiar, ya que los georgianos huyeron y la población se redujo a la mitad. La guerra y la longevidad no se llevan bien.

Sin embargo, la longevidad todavía atrae a los forasteros aquí. Los rusos van a Abjasia para someterse a sus curas con aguas termales y uvas. Luego está su geografía única: el clima mediterráneo se encuentra con el subtropical, con higueras creciendo al lado de las palmeras, y los mares cálidos que llegan a las montañas boscosas con picos nevados, un lugar para buscar el secreto de una vida larga y hermosa.

IZQUIERDA: Un anciano pero juvenil abjasio con la vestimenta tradicional de la región.

Parte 2

DIETA LONGEVA:
verde, variada, pausada

Si quieres agregar años sanos a tu vida y hacer ejercicio, debes nutrirte muy bien para proteger el corazón y la función cognitiva, optimizar la salud de los huesos y las articulaciones y reducir el riesgo de enfermedad crónica: todas las enfermedades degenerativas de la vejez se ven afectadas por la dieta, según la OMS.

Aunque los principios de una dieta saludable son los mismos a cualquier edad, es decir, que las personas que comen muchos vegetales tienen menos probabilidades de desarrollar enfermedades cardíacas que acorten su vida y algunos tipos de cáncer, los requerimientos nutricionales cambian con el paso de las décadas. Después de los 40 años tendemos a ser menos activos físicamente, nuestra masa corporal magra disminuye y la grasa corporal aumenta. Además, al reducirse las hormonas, el metabolismo comienza a ralentizarse. Nuestra necesidad de energía sigue este mismo patrón. En pocas palabras, las mujeres después de los 50 años y los hombres después de los 60 debemos comer un poco menos.

En las investigaciones sobre personas mayores que viven en residencias, se ha visto que comer una gama limitada de alimentos se asocia a desnutrición, pero también se relaciona con cambios en el microbioma intestinal (véase la página 221). La riqueza microbiana del intestino es propia de sistemas corporales sanos que funcionan bien. Cuando la dieta es limitada, la microbiota (la comunidad de bacterias del intestino) se colapsa. Una menor diversidad de bacterias intestinales se ha asociado con problemas inmunitarios,

CONSEJO: La cantidad de calorías recomendada al día para que mujeres moderadamente activas envejezcan bien es de 1.800, y para los hombres, de 2.400.

DERECHA: Las legumbres son ricas en nutrientes, un prebiótico útil y una buena fuente de la fibra que necesitamos para mantenernos saludables hasta una edad avanzada.

afecciones inflamatorias y obesidad, así como con debilidad durante la vejez y el desarrollo de enfermedades. También puede influir en nuestra menor capacidad para absorber proteínas e incluso de desarrollar alzhéimer. Por suerte, tan pronto añadimos más alimentos a la dieta diaria, la flora intestinal vuelve a florecer y la buena salud se restablece. La mejor forma de mantener la diversidad microbiana y una buena salud es comer la mayor variedad

ARRIBA: Comer una variedad de verduras de temporada tan amplia como sea posible es uno de los hábitos de las personas de larga vida en todo el mundo.

LOS BUENOS ALIMENTOS

Para sentirte con energía
y favorecer la actividad durante
la vejez, come:

- Alimentos con un alto
  contenido en nutrientes.
- Muchos vegetales.
- Ingredientes variados.
- Pausadamente.
- En compañía.

de alimentos que puedas todos los días. O investiga los trasplantes de heces… (es en serio: búscalo en Internet).

Las personas que viven más tiempo suelen tener puntos en común en cualquier lugar del mundo. Cuando el Instituto Nacional del Envejecimiento de Estados Unidos realizó investigaciones en las regiones donde las personas vivían más tiempo y con menos enfermedades, el periodista Dan Buettner descubrió hábitos dietéticos compartidos en lugares y poblaciones tan diversos como Okinawa en Japón, Cerdeña en Italia y la comunidad de los Adventistas del Séptimo Día de Loma Linda, en California. Todos ellos seguían una dieta a base de vegetales con legumbres en los platos principales. En cada lugar tomaban otros alimentos sanos de origen vegetal: frutos secos en California, cúrcuma en Japón, grano integral y vino tinto en Cerdeña.

Las plantas son, por supuesto, muy antiguas. La vida humana se desarrolló en las zonas donde estas crecían, y las comíamos mucho antes de descubrir el fuego, la caza, la agricultura y la cría de animales. Nuestro metabolismo y fisiología están preparados para desarrollarse comiendo gran cantidad de vegetales porque así se adaptó nuestra especie a sobrevivir.

El otro denominador común de las comunidades con vidas longevas en todo el mundo es cómo comen: dejan lo que están haciendo y se reúnen en familia o con la comunidad para pasar tiempo alrededor de una mesa, disfrutando de estar juntos. Es una alimentación pausada, que valora los ingredientes, las recetas y la cocina como algo de lo que vale la pena hablar, compartir y pasar el tiempo. Esta es la comida que conserva nuestra historia, cultura y memoria y está profundamente enraizada en un lugar.

Comer así educa nuestro gusto. Comenzamos a confiar en nuestras papilas gustativas, en lugar de tener que leer el envase del producto o seguir al último gurú de las dietas para que nos diga qué comida es saludable. Como personas mayores, aconseja la OMS, es nuestro trabajo transferir la cultura alimentaria que nos es propia, así como los conocimientos sobre la salud y las habilidades culinarias a otras generaciones, con el fin de ayudar a nuestros hijos, sus hijos y la comunidad en general a vivir una vida más larga y más saludable. Somos los custodios de la salud y la longevidad.

Beneficios de la buena comida al envejecer

Mantenerse sano hasta una edad avanzada es tan sencillo como comer bien. Una dieta rica en nutrientes procedentes de vegetales, granos integrales y grasas saludables reduce el riesgo de contraer las enfermedades comunes en los mayores. Las cardiopatías, los accidentes cerebrovasculares, la diabetes, la osteoporosis y el cáncer están relacionados con la dieta. Como las enfermedades crónicas degenerativas con efecto debilitante en la vejez comienzan más pronto, comer bien cuando aún somos jóvenes nos asegura una mejor salud cuando seamos mayores. Y como mayores, nuestro trabajo es enseñar hábitos sanos a nuestros hijos y nietos: los gustos y hábitos alimentarios suelen formarse en la infancia y están muy influidos por la familia y la cultura.

A medida que envejecemos, la dieta es fundamental en cómo nos sentimos física y emocionalmente: los mismos alimentos que protegen nuestro corazón y circulación, huesos y articulaciones, dientes y salud oral nos protegen contra la depresión y la ansiedad (y el alzhéimer). La Fundación para la Salud Mental del Reino Unido descubrió que casi dos tercios de las personas que comen vegetales frescos, frutas y ensaladas no tienen problemas diarios de salud mental. En cambio, las que tienen problemas suelen comer menos sano. Los ácidos grasos omega-3 parecen desempeñar un papel especial en hacernos sentir más estables mentalmente, al igual que los alimentos que promueven el equilibrio intestinal: la fibra en los vegetales, las frutas y los granos integrales, y los probióticos del yogur y los fermentos. El intestino está en constante comunicación con el cerebro a través de las vías neuronales activadas por las buenas bacterias intestinales, y también

DERECHA: Los granos integrales son ricos en vitaminas del grupo B y fibra porque contienen el grano entero. Además, su textura y su sabor son más completos.

ARRIBA: El pescado azul ayuda a la salud del corazón, la función cerebral, la buena visión y unas articulaciones móviles; es una fuente clave de ácidos grasos omega-3.

constituye una gran parte de nuestro sistema inmunitario: hay más células inmunitarias en los intestinos que en el resto del cuerpo. La inflamación, que es un factor para muchas de las enfermedades del envejecimiento, y en la depresión y los trastornos hormonales, también puede desencadenarse con el mal funcionamiento de la microbiota en el intestino. Comer bien equivale a una microbiota equilibrada, es decir, una mejor inmunidad y menos inflamación, la receta para un envejecimiento saludable.

LAS RECOMPENSAS DE COMER BUENA COMIDA

Cuando envejecemos, los buenos alimentos:

- Reducen el riesgo de enfermedades frecuentes en las personas mayores en las que influye la dieta (cardiopatías, accidentes cerebrovasculares, diabetes, osteoporosis, cáncer).
- Protegen los huesos, las articulaciones, los dientes y la salud bucal.
- Mejoran el estado de ánimo y la salud mental.
- Mantienen sano el sistema inmunitario.
- Mantienen bajo control la inflamación crónica.

Qué nos conviene más con la edad

Hay nutrientes esenciales asociados con una vida sana al envejecer. Ningún alimento los contiene todos: no hay un solo ingrediente de la longevidad. Al sacar un nutriente fuera de contexto nos perdemos la magia sinérgica natural. Al mezclarse, los químicos biológicamente activos inician procesos de curación que la ciencia aún no entiende.

IZQUIERDA: Las granadas contienen potentes antioxidantes llamados polifenoles que parecen proteger contra muchas enfermedades asociadas al envejecimiento, incluidas las del corazón y los vasos sanguíneos.

Antioxidantes

Ayudan a reparar el daño celular y pueden reducir el riesgo de enfermedad cardíaca, de algunos tipos de cáncer, de alzhéimer y de cataratas. Son importantes en especial para los fumadores, que consumen bastante menos frutas y verduras que los no fumadores. Los antioxidantes de las plantas (vitaminas C y E, carotenoides, flavonoides, fenoles, tani-

nos, lignanos) pueden explicar las notables propiedades de las plantas contra la enfermedad. Los mismos ingredientes activos explican el sabor, aspecto y exquisitez de estos alimentos, aportados por los pigmentos verdes, amarillos, rojos y morados, y su delicioso sabor, desde la acidez del pomelo hasta el picante del ajo y la astringencia del té y los arándanos. Si comemos un buen número de frutas y vegetales distintos, consumimos miles de antioxidantes cada día.

En: vegetales y frutas, cereales integrales, frutos secos y semillas, hierbas y especias, té verde y negro, café, chocolate y cacao, vino tinto.

Ácidos grasos omega-3

Los ácidos grasos esenciales de cadena larga, como el ácido docosahexaenoico (DHA) y el eicosapentaenoico (EPA), mantienen la salud del cerebro y los ojos, y protegen de las enfermedades cardíacas (en particular tras una crisis cardíaca). Aumentan la fuerza general y la movilidad, protegen la inmunidad y evitan la depresión. Los ácidos omega-3 pueden proteger contra la inflamación y ayudan a controlar la artritis reumatoide y las articulaciones sensibles y los músculos, y se han asociado con un menor riesgo de demencia.

En: pescado azul (salmón, caballa, sardinas); nueces y semillas de lino (contienen ácido alfa-linolénico [ALA], que el cuerpo tiene que convertir en DHA o EPA, reduciendo su potencia).

Fibra

Las personas que toman más fibra tienen un riesgo menor de enfermedad cardiovascular. También ayuda al sistema digestivo a funcionar, estabiliza los niveles de azúcar en sangre y protege contra la diabetes tipo 2, la obesidad y algunos tipos de cáncer. Muchas personas mayores no toman la cantidad diaria recomendada de 30 g. Las verduras con fibra prebiótica como los puerros, las cebollas y los espárragos ayudan a mantener una flora intestinal saludable.

La fibra suele confundirse con los carbohidratos, que tienen mala reputación. Pero los carbohidratos complejos son ricos en fibra y nutrientes. El cuerpo los absorbe lentamente, saciándonos durante horas. Mejoran el estado de ánimo y aceleran la recuperación después de entrenar. Incluyen cereales no procesados como la avena, la quinoa y el arroz integral, las legumbres (lentejas y garbanzos), el brócoli y los boniatos, los plátanos y las bayas, y el yogur natural. Intenta que sean un tercio de tu dieta.

En: frutas y vegetales, legumbres, cereales integrales.

DERECHA: Los granos de trigo integral son carbohidratos complejos que se degradan lentamente, liberando azúcar al torrente sanguíneo de forma constante a lo largo del día.

Calcio

Perdemos masa ósea a medida que envejecemos, en especial tras la menopausia, debido a la reducción del estrógeno que protege los huesos. Puesto que al envejecer lo absorbemos menos, es vital incluir calcio suficiente en nuestra dieta. Además de proteger los huesos y los dientes, regula la función nerviosa y muscular y mejora la coagulación de la sangre. Se absorbe mejor con vitamina D (ambos se encuentran en la leche).

En: lácteos, pescado con espinas comestibles, verduras de hoja verde, legumbres, frutos secos, alimentos enriquecidos (la cafeína reduce su absorción).

Vitaminas del grupo B

Las vitaminas del grupo B son responsables de la producción de energía y la creación de glóbulos rojos, de mantener un sistema nervioso saludable y del equilibrio hormonal, y favorecen la concentración. La combinación de vitaminas B_6, B_{12} y folato o ácido fólico protege el corazón y reduce el riesgo de apoplejía, demencia y pérdida de memoria, y ayuda a contrarrestar la depresión.

La absorción de vitamina B_{12} es un proceso muy complejo que suele perder eficiencia con la edad. En los adultos sanos se absorbe la mitad de la vitamina B_{12} de los alimentos, pero la pérdida de función del estómago, el páncreas o el intestino delgado puede afectar a la ab-

IZQUIERDA: Las verduras de hoja verde como las acelgas arcoíris tienen un aspecto maravilloso mientras crecen en el huerto. Si puedes recolectarlas, te proporcionarán calcio que fortalecerá tus huesos.

IZQUIERDA: Convierte a los garbanzos en un alimento básico en tu armario para ayudar al sistema digestivo y al corazón. Las versiones enlatadas contienen tantos nutrientes como las secas.

sorción y llevar a deficiencia de vitamina B_{12}. Las carencias de otras vitaminas del grupo B que interactúan con la B_{12} también pueden influir en el deterioro cognitivo asociado con la edad. Las personas mayores con niveles bajos de vitaminas del grupo B tienen un mayor índice de problemas neurológicos (p. ej., de memoria) y corren el riesgo de padecer anemia.

En: judías secas, aves, pescado, alimentos enriquecidos (B_6); pescado, aves de corral, carne, huevos, lácteos, alimentos enriquecidos, extracto de levadura (B_{12}); espinacas, hígado, judías secas, lentejas, alimentos enriquecidos, extracto de levadura (folato); guisantes, frutas, huevos, cereales integrales, hígado, alimentos enriquecidos (B_1); leche, huevos, arroz, alimentos enriquecidos (B_2).

Vitamina D

Es necesaria para mantener los huesos y los músculos sanos y para ayudar a la absorción de calcio. La deficiencia es común en las personas mayores, sobre todo en las mujeres, lo que lleva a perder fuerza muscular (y posiblemente a un deterioro de la función neuromuscular), y se asocia con caídas y fracturas. Los metaanálisis muestran una correlación entre las personas con menores niveles de vitamina D y una mortalidad mayor por todas las causas, así como la muerte cardiovascular. Aumenta sus niveles y será menos probable que sufras enfermedades del corazón, presión arterial elevada, diabetes tipo 2, alzhéimer, algun tipos de cáncer y osteoporosis.

En los meses de invierno, cuando el sol carece de suficiente radiación ultravioleta B (UVB) para que nuestra piel produzca vitamina D, a menudo no nos exponemos a la suficiente luz solar para que el proceso tenga lugar (al menos 20 minutos al día), y en otras épocas del año, tampoco. En este caso, los alimentos y los suplementos se convierten en nuestras principales fuentes. Esta vitamina se vuelve aún más importante en la vejez, en especial si tenemos la piel más oscura. La piel más vieja es menos eficiente sintetizando vitamina D, y si pasamos más tiempo sedentario en casa o no exponemos la piel al sol, el proceso no tiene lugar.

En: luz del sol, huevos, pescado azul, alimentos enriquecidos. Se recomienda un suplemento diario de 10 mcg en invierno.

Probióticos y prebióticos

Los microorganismos vivos de los probióticos (la misma palabra sugiere longevidad, derivada del latín y del griego «de por vida») estimulan la salud del intestino y la inmunidad. Con la edad el cuerpo pierde la capacidad de combatir las enfermedades (inmunosenescencia). Distintos estudios en personas mayores

IZQUIERDA: A pesar de su alto contenido en sodio, la sopa de miso es buena para la salud cardiovascular y digestiva. Los numerosos antioxidantes que contiene son un feliz resultado de la fermentación.

DERECHA: Los pigmentos de betalaína de la remolacha tienen propiedades antioxidantes y antiinflamatorias. También ayudan al cuerpo a eliminar toxinas al hacerlas solubles en agua.

muestran que los probióticos potencian la inmunidad y pueden reducir la duración de las infecciones de invierno. Otros muestran que pueden contrarrestar la desnutrición y el estreñimiento y promover la absorción de calcio. También estimulan el crecimiento de bacterias probióticas naturales del cuerpo.

En: yogur y fermentos como chucrut, kimchi, kéfir, miso (probióticos); cebollas, ajo, alcachofas de Jerusalén, achicoria (prebióticos).

Magnesio

Es esencial para unos huesos, células y nervios saludables. También protege la salud cardiovascular y regula el azúcar en la sangre. Un déficit de este mineral en las personas mayores (que puede ser resultado de desnutrición y de problemas intestinales) se ha asociado con el proceso de envejecimiento y con trastornos cardiovasculares y neuromusculares, problemas hormonales y alzhéimer. El magnesio ayuda a la absorción de calcio y vitamina D.

En: verduras de hoja verde, frutos secos y semillas, leche, cereales integrales, brócoli y espinacas, remolacha, legumbres.

Proteínas

Al envejecer perdemos masa muscular (a esto se le llama sarcopenia) porque el cuerpo no convierte las proteínas en músculo como antes. Por eso las heridas no cicatrizan tan rápidamente, la piel pierde elasticidad y es más

difícil combatir las infecciones y recuperarse de las enfermedades. Los mayores necesitan más proteínas que los jóvenes, pero los datos muestran que la ingesta promedio diaria de muchas personas mayores está muy por encima de lo recomendado. La proteína animal también libera ácido fólico y vitamina B_{12}.

En: huevos, carne magra, pescado, lácteos, frutos secos, legumbres.

ARRIBA: La comida rápida perfecta: es fácil conservarla, se cocina rápidamente, está cargada de nutrientes y es deliciosa.

«No se puede pensar bien, amar bien ni dormir bien si no se ha comido bien».

VIRGINIA WOOLF

PLACER

A medida que nos acercamos a nuestras últimas décadas necesitamos sobre todo placer, y nos damos cuenta de que tenemos menos años para experimentar todas las cosas buenas que el mundo ofrece. Hay una increíble cantidad de placer en la comida, no solo el sensorial que aportan el sabor, el olor y la sensación en la boca, el placer práctico de cocinar y el social de compartir. Una enorme cantidad de él proviene de conocer la procedencia de los alimentos: el tomate que cayó de la enredadera de la puerta trasera de afuera cuando estaba maduro, el cordero

ARRIBA: El placer de cultivar tu propia comida aumenta con la edad, ya que aprendes qué crece bien en tu clima y suelo particular.

que se alimentó de hierba empapada de lluvia que sería un zarzal sin su presencia, el pan del panadero que se levantó a las dos de la mañana para comenzar su día. Es el placer de ser parte del círculo de la vida, a lo que el escritor y ambientalista Wendell Berry se refiere como comer con el «máximo placer» porque expresa nuestra conexión con el mundo y el misterio de nuestra dependencia de «las criaturas que no hicimos y los poderes que no podemos comprender». Esa conciencia es común a las culturas alimentarias de las comunidades más longevas del mundo.

Alimentos para una vida más larga

La clave de una buena alimentación al envejecer es la variedad: muchos colores en el plato y distintos alimentos y nutrientes. Si comemos lo mismo todos los días, nuestro estado nutricional puede deteriorarse y el bioma intestinal puede agotarse, algo que causa muchas de las dolencias asociadas con la edad.

Estos son algunos de los alimentos clave que mejoran la vida y de los que necesitamos tomar más cantidad casi todos los días. Muchos de ellos son vegetales. Sus propiedades nutricionales son tan buenas que los vegetarianos a largo plazo (17 años) tienen una expectativa de vida casi 4 años mayor que los consumidores de carne. Podemos aprovechar toda esa diversidad botánica comiendo más vegetales.

CONSEJO: Comer diez raciones de fruta y vegetales al día puede reducir el riesgo de muerte prematura un 31%, según estudios del Imperial College de Londres.

Garbanzos

Forman parte de la dieta humana desde hace nueve mil años. Están llenos de antioxidantes, son una fantástica fuente de proteínas y ácido fólico y tienen suficiente fibra para ayudar a prevenir el estreñimiento, reducir el colesterol y mantener estables los valores de azúcar y de insulina en la sangre. También contienen buenas cantidades de calcio y magnesio para los huesos. En la medicina ayurvédica, se valora tomarlos en la vejez para ayudar al metabolismo y la construcción del cuerpo, en especial en las personas débiles, y se recomiendan para la salud digestiva.

Pescado azul

De tus dos o tres porciones de pescado a la semana, al menos una debería ser azul (salmón, sardinas, caballa, anchoas) para suministrar calcio útil si tomas las espinas, ácidos grasos omega-3 y vitamina D. Los estudios realizados en personas mayores sugieren que los que comen mucho pescado muestran una mejor actividad de la memoria y las áreas emocionales del cerebro y un menor deterioro cognitivo. No comas más de cuatro raciones por semana debido a posibles contaminantes, como los PCB (toxinas neurológicas asociadas con el cáncer) y el mercurio.

FÓRMULA DIARIA PARA LA LONGEVIDAD

- Toma al menos cinco raciones de vegetales y frutas, y diez si puedes (una ración es lo que te quepa en la mano). El zumo de fruta cuenta como una ración.

- Usa aceite de oliva virgen extra para ayudar a la absorción de nutrientes (para aderezos, salsas o cocinar lentamente en el horno, pero no para freír ni tostar; véase la página 201). La Food and Drug Administration de Estados Unidos (FDA) recomienda tomar unas dos cucharadas de aceite de oliva al día para la salud del corazón.

- Haz de cinco a seis comidas pequeñas no grasas: quienes hacen esto toman mayor variedad de alimentos y mantienen un peso estable y sano.

- Intenta que la mitad de tu plato sean verduras, frutas, hierbas y especias, una cuarta parte cereales integrales y la otra cuarta parte proteínas, incluyendo lácteos.

Los peces pequeños, que se encuentran en la zona más baja de la cadena alimentaria, tienen menos contaminantes que el salmón de piscifactoría o los peces carnívoros más grandes, como el atún.

Ajo

Valorado por su capacidad para relajar y ensanchar los vasos sanguíneos, mejorar la circulación de la sangre y como anticoagulante, el ajo es un estimulante de la salud cardiovascular. Dos o tres dientes diarios se asocian con un riesgo una cuarta parte menor de ataque cardíaco y de accidente cerebrovascular. Se ha utilizado desde la época de la antigua Grecia por sus propiedades para curar las heridas y su capacidad para reforzar el cuerpo contra el estrés y de aumentar la inmunidad. Es antimicrobiano, antiséptico, antivírico, antifúngico y antiinflamatorio y puede reducir la frecuencia y la gravedad de los resfriados. Los principales ingredientes activos, incluido el agente antivírico ajoene, son responsables de su olor acre y de gran parte de su acción medicinal.

Nutricionalmente, el ajo aporta calcio y vitamina B_6 y aumenta la absorción de vitaminas. Como prebiótico, favorece la digestión, fomenta el crecimiento de bacterias buenas en el intestino y alivia la hinchazón y los gases. En cantidades culinarias, no debería interaccionar con los anticoagulantes o diluyentes de la sangre, pero evita tomarlo en forma de suplementos.

DERECHA:
Los arándanos contienen antioxidantes y antiinflamatorios, protegen el sistema cardiovascular y fomentan la función cognitiva.

IZQUIERDA:
Dos dientes de ajo al día son buenos para los sistemas cardiovascular y digestivo, la inmunidad y la desintoxicación y contra la inflamación.

Arándanos

Los arándanos contienen mayor cantidad de antioxidantes que cualquier otra fruta gracias a sus compuestos fenólicos, las antocianinas, que tienen propiedades antiinflamatorias, anticoagulantes y antibacterianas. Se dice que tomar media taza al día (unas treinta bayas) ayuda a formar el tejido conectivo y fortalece y relaja los vasos sanguíneos, normalizando la presión arterial.

También contienen ácido elágico y pectina, beneficiosos para el sistema gastrointestinal, mientras que sus taninos actúan sobre el tracto urinario de forma similar a los arándanos rojos para prevenir la infección. También contienen una buena cantidad de fibra. Los estudios realizados en personas mayores han relacionado el consumo de arándanos con una mejor memoria a corto plazo.

Manzanas

Contienen una de las mayores cantidades de quercetina, un compuesto fenólico antioxidante antiinflamatorio que evita que la sangre se aglutine y regula la presión sanguínea. Otro flavonoide de las manzanas, la floridcina, es beneficioso para los pulmones. Fácil de digerir, contiene ácidos málico y tartárico, que reducen la acidez e inhiben la fermentación en los intestinos. La pectina de la fibra soluble estimula el crecimiento de la flora intestinal beneficiosa y equilibra los valores de azúcar en la sangre.

Nutricionalmente, las manzanas contienen folato y mucha fibra. Una sola pieza puede aportar el 15% de necesidades diarias de fibra. Las investigaciones han determinado que el zumo de manzana turbia es más beneficioso para el corazón y los pulmones que el de manzana corriente. Se cree que el vinagre de sidra de manzana, considerado la esencia de la juventud en algunas culturas, alivia la indigestión y ayuda a absorber el calcio.

Jengibre

En muchos sistemas tradicionales de salud asiáticos se lo considera una panacea. Debe sus notables poderes curativos y su sabor picante al compuesto fenólico llamado gingerol, que también posee propiedades antibacterianas y analgésicas. La raíz de jengibre es muy rica en antioxidantes (solo las granadas y algunas bayas tienen más cantidad). Es apreciado por sus propiedades antiinflamatorias, y además reduce el dolor y puede recomendarse para aliviar los síntomas de la artritis.

El jengibre estimula la circulación (bebe té de jengibre si tienes mala circulación periférica y calambres en las piernas o las manos y pies fríos) y parece proteger contra las enfermedades cardiovasculares. Puede ser beneficioso para tratar la demencia, parece reducir el colesterol y puede ayudar a controlar la diabetes. Pero probablemente es más conocido por su efecto sobre el sistema gastrointestinal. Estimula el apetito y la buena digestión, y alivia las náuseas y el estreñimiento. También es carminativo (es decir, ayuda a liberar los gases). Nutricionalmente, la raíz de jengibre es una buena fuente de vitamina B_6.

Aceite de oliva

La estrella de la dieta mediterránea, el aceite de oliva, es increíblemente bueno para la salud cardiovascular. Según un estudio, aumentar el consumo de aceite de oliva virgen extra 10 g al día puede reducir el riesgo de enfermedad cardiovascular hasta un 10%. Los compuestos fenólicos del aceite (el virgen extra tiene la mayoría) son responsables de sus famosas propiedades antiinflamatorias, antioxidantes y anticoagulantes, y ayuda a los vasos sanguíneos a relajarse y dilatarse. El ácido oleico ayuda a mantener valores sanos de colesterol. Los compuestos fenólicos también parecen beneficiar a la salud ósea. La sensación de picor en la parte posterior de la garganta que causa el aceite de oliva virgen extra indica la presencia de oleocanthal, que tiene propiedades analgésicas y antiinflamatorias similares al ibuprofeno. La squalina de los ácidos grasos insaturados, que

DERECHA: El aceite de oliva virgen extra se considera una panacea: sustituye a la mantequilla, se usa en la cocina, se vierte sobre los tomates para liberar sus carotenoides y se frota sobre la piel seca.

CUÁNDO USAR ACEITE DE OLIVA

Para beneficiarte al máximo de las propiedades saludables del aceite de oliva (y de su sabor delicioso), usa un aceite virgen extra en los aderezos de ensaladas y mayonesa o alioli y para mojar pan. También es bueno en los platos consistentes de cocción lenta al horno. Hay quien prefiere no usarlo para freír o asar porque tiene un punto bajo de «humeo» (el más alto de los aceites de oliva). Las grasas poliinsaturadas, que constituyen alrededor del 11% de sus grasas totales, no son estables a temperaturas elevadas. Pueden oxidarse y formar compuestos dañinos asociados al cáncer (calentar grasas poliinsaturadas, como el aceite de girasol, no es buena idea). Puedes sustituirlo por aceite de colza, que contiene los ácidos grasos esenciales omega 3, 6 y 9 sanos del aceite de oliva, y tiene un «punto de humeo» alto y seguro a temperaturas altas.

se produce en la piel humana, se considera útil para mejorar la flexibilidad y contrarrestar el daño ambiental en las pieles más viejas. También tiene propiedades calmantes demulcentes que protegen al sistema digestivo (su acción antimicrobiana puede aliviar los problemas gastrointestinales). Estas cualidades suavizantes explican su uso como laxante suave.

Avena

Rica en proteínas fáciles de asimilar, la avena también es una fuente fantásticamente concentrada de la fibra soluble conocida como betaglucano, que mejora el colesterol y puede reducir significativamente el riesgo de enfermedad cardiovascular y de accidente cerebrovascular. Esto parece especialmente beneficioso para las mujeres posmenopáusicas. La fibra protege del estreñimiento, y además mejora la inmunidad y estabiliza el azúcar en la sangre. Las avenantramidas antioxidantes benefician a la salud cardiovascular, y la avena también contiene ácidos grasos esenciales, vitaminas del grupo B, calcio y magnesio. Estos granos integrales ayudan al sistema nervioso (se recomiendan para aliviar el cansancio y tratar el insomnio). El extracto de avena ha demostrado ser útil para ayudar a las personas a dejar de fumar.

IZQUIERDA: La avena suele recomendarse por su elevado contenido en vitaminas, minerales, antioxidantes, fibra soluble y proteínas.

Huevos

Son el alimento regenerativo por excelencia. Contienen todo lo necesario para nutrir una nueva vida. La ONU ha declarado que son una mejor fuente de proteínas que la leche, el pescado, el vacuno y las legumbres. Son ricos en vitaminas del grupo B y la yema contiene la colina que necesitamos para absorber el folato. Sus antioxidantes (luteína y zeaxantina), junto a los ácidos grasos omega-3, pueden proteger la salud ocular y ayudar a prevenir la degeneración macular asociada con la edad, que provoca la pérdida de la visión central.

Además de la colina, protectora de la memoria, los huevos contienen vitamina D beneficiosa para la inmunidad y la absorción de calcio, y también el aminoácido leucina, necesario para mantener la fuerza y la función muscular. Los huevos de gallinas camperas pueden contener casi diez veces más ácidos grasos omega-3 (y hasta seis veces más vitamina E) que los de las gallinas enjauladas.

Nueces

Consideradas un fruto de la longevidad en la medicina tradicional china, las nueces son una de las mejores fuentes de antioxidantes y ricas en ácidos grasos esenciales omega-3 que necesitamos para tener un cerebro y un corazón sanos. Los estudios sugieren que, al mejorar la salud del corazón, pueden ser tan útiles como el aceite de oliva: el aminoácido L-arginina que contienen protege la elasticidad de los vasos sanguíneos y ayuda a reducir la presión arterial. Las nueces se asocian con el control del colesterol y el apoyo a un sistema digestivo e inmunitario saludable. También parecen aumentar la secreción de melatonina. Aplícate aceite de nuez por vía tópica para regenerar la piel seca.

Alimentos fermentados

El yogur con cultivos vivos se recomienda para la salud intestinal y para aumentar la inmunidad. Aunque la intolerancia a la lactosa parece empeorar con la edad, el yogur se tolera bien, por tanto es una buena forma de obtener calcio: el yogur contiene más calcio que la leche. La combinación de calcio y vitaminas D y K en los lácteos ayuda a la salud ósea, mientras que las vitaminas del grupo B y los ácidos grasos omega-3 equivalen a las cantidades elevadas de proteínas. Al igual que con los huevos, elige productos de animales criados en pasto, que contienen más vitaminas y grasas saludables.

Otros alimentos tradicionales fermentados (chucrut, kimchi, kéfir, miso) pueden ser increíblemente beneficiosos para la salud digestiva. Al fermentar las verduras o la fruta, los microorganismos naturales convierten su azúcar y su almidón en ácido láctico. Esto conserva la comida y le confiere acidez (es la misma bacteria *Lactobacillus* que se encuentra en el yogur). El proceso de fermentación aumenta la disponibilidad de vitaminas y minerales y, puesto que la comida ha empezado a descomponerse, el intestino la digiere con más facilidad. El pH de estos alimentos ayuda a que el tracto digestivo sea más ácido, lo que beneficia a los jugos gástricos, que inician en el páncreas, la vesícula biliar y el estómago la liberación de enzimas necesarias para digerir los alimentos. Esto es especialmente útil si nuestra producción natural de enzimas digestivas ha disminuido con la edad. Por lo tanto, el mensaje es que los alimentos fermentados contienen más nutrientes, facilitan la digestión y favorecen la salud de los intestinos.

IZQUIERDA: Una ración de alimentos fermentados agrega sabor y un punto fuerte a la comida, y las bacterias beneficiosas del proceso de fermentación estimulan la digestión y la inmunidad.

AGUA

Nuestra sensación de sed disminuye a medida que cumplimos años, incluso si nos mantenemos sanos, lo que hace posible que nos deshidratemos. El agua es esencial para la salud de todos los sistemas corporales. Optimiza la digestión, asegura que nuestro metabolismo y estado de ánimo se mantengan estables e hidrata el cerebro para un mejor rendimiento mental. Intenta beber de 6 a 8 vasos al día (al menos 1,5 litros) repartidos durante el día, más aún si hace calor y hay humedad, o mientras haces ejercicio.

Las habichuelas mágicas

La habichuela es una de las plantas más antiguas usadas como alimento, consumida durante unos diez mil años (antes de los cereales, se consumían habichuelas). Desde tiempos prehistóricos y en todas las civilizaciones se han asociado al renacimiento y al crecimiento mágico, la inmortalidad y el potencial de comunión con otros mundos. Es uno de los mejores alimentos para tomar a medida que envejecemos. Contiene vitaminas del grupo B, folato, fibra y proteínas, y se está investigando su capacidad de estimular la producción de dopamina en los pacientes con enfermedad de Parkinson.

Quizás se asocia con una vida larga porque aparece pronto en la temporada de crecimiento de la planta, y una vez seca, aparentemente para siempre, tiene el potencial de volver a la vida tras un buen remojo y un hervor. La leyenda habla de habichuelas que brotan después de tres o cuatro mil años. En el antiguo Egipto, se creía que las vainas vacías eran un camino de paso hacia el otro mundo y se las enterraba con los difuntos. En la antigua Grecia, Pitágoras creyó que contenían la esencia del hombre. Una habichuela era un recipiente del alma que esperaba la potencial regeneración tras la muerte.

Es también un potente símbolo de la vida venidera: planta una sola y su rendimiento puede multiplicarse por mil. No es de extrañar que esta sea la planta que Juan tira por la ventana, para despertar a la mañana siguiente y encontrar un tallo gigante que le lleva a un mundo superior y al tesoro de la gallina de los huevos de oro. También están llenas de riquezas para el horticultor, pues repone el suelo a medida que crece, tomando nitrógeno del aire y fijándolo en la tierra, preparando un lecho para que las plantas que arraiguen el próximo año también crezcan. Una vieja habichuela está a cargo de la fortuna futura, se usa como amuleto de la suerte y se hornea en la torta de adivinación de la Noche de Reyes (a quien le toque el trozo con la habichuela oculta será el Rey de las Fiestas). Umberto Eco cuenta que llevó fortuna y longevidad a todo un continente.

Desde el momento en que llegó a Europa, cultivada desde el siglo x, proporcionó una fuente estable de proteínas que aseguró que la población se volviera más saludable y viviera más tiempo, condiciones suficientes para poblar el continente y sostener el renacimiento de la iglesia, el comercio y la industria que envió barcos para conquistar un nuevo continente al otro lado del Atlántico.

ARRIBA: La fiesta de la Noche de Reyes de 1640 incluye juegos y aventuras. Las fortunas se pueden hacer o deshacer según el capricho del azar y una habichuela de la suerte.

La receta búlgara de la longevidad

A principios del siglo xx, el científico ruso y premio Nobel Ilya Metchnikov, del Instituto Pasteur, observó en qué país vivían la mayoría de los centenarios. De entre los 38 que estudió destacaba Bulgaria, en el que cuatro personas de cada mil llegaban a cien años o más. Atribuyó esa gran cantidad de centenarios al consumo de yogur, una invención búlgara legendariamente atribuida al pueblo tracio (en la época de los romanos), que transportaba leche de oveja en bolsas de piel de cordero que mantenían templadas con el calor del cuerpo. La bacteria que le da su sabor único es *Lactobacillus bulgaricus*, una cepa natural que solo crece en Bulgaria. Se encuentra en el suelo, en las flores de los árboles, en las cortezas e incluso en las regiones ecológicamente limpias, como las montañas Ródope en el sur del país, que se dice albergan la mayor concentración mundial de centenarios. La longevidad puede tener tanto que ver con el entorno sin contaminar de esta región remota y una dieta rica en verduras y hierbas ecológicas frescas como con el yogur (el consumo se redujo a la mitad con el declive del imperio ruso). También puede tener algo que ver con el valor que se le da a la comunidad, al trabajo manual y a caminar por las montañas, y a un estilo de vida sin estrés que valora el sueño y el descanso. Así es como se conservan los genes de antepasados longevos en

una región remota. Los investigadores que han estado observando a las personas muy mayores de la zona durante décadas destacan otros refugios similares de edad extrema en comunidades aisladas de las montañas del Cáucaso, el Himalaya y los Andes.

ARRIBA: Las montañas Ródope en el sur de Bulgaria son el famoso lugar de nacimiento de Orfeo y un enclave tan remoto que se dice que sus descendientes aún viven allí.

¿Cuál es la mejor dieta?

Alcalina, 5:2, baja en carbohidratos o grasas, alta en proteínas, sin procesar: todo esto es muy confuso. Es fácil pasar de una dieta a otra, del último artilugio maravilloso al gurú del bienestar, y no mantenerla el tiempo suficiente para obtener los resultados prometidos. Pero en el corazón (saludable) de la mayoría de las dietas que funcionan está la misma fórmula: comer más vegetales, ingredientes más variados y menos ingredientes procesados. Se ha demostrado que esto aumenta la longevidad y reduce el riesgo de enfermedad cardiovascular, diabetes, cáncer y alzhéimer. Es una de las mejores dietas para la salud del corazón y para contrarrestar la inflamación.

Esta dieta es similar a la mediterránea tradicional: rica en nutrientes de muchos alimentos vegetales frescos y cereales integrales, legumbres y frutos secos, pescado, pequeñas cantidades de carne magra y algunos lácteos, con el aceite como principal fuente de grasas y consumo moderado de vino. Las personas que comen así tienden a vivir más tiempo, estén en el Mediterráneo o no.

Esta forma de comer comparte rasgos con la dieta tradicional japonesa, rica en nutrientes porque incluye muchos alimentos vegetales frescos y cereales integrales, legumbres, pescado, un poco de carne (apenas hay lácteos y sí mucha soja), fermentos como el miso y algas.

IZQUIERDA: Dieta mediterránea: muchas frutas y verduras, pescado y legumbres, pero sobre todo mucho sabor.

Quienes comen así viven más tiempo que en cualquier otro lugar del mundo, aunque estos efectos beneficiosos no se han reproducido fuera de Japón.

¿Qué podemos aprender de esto? Son dos dietas tradicionales sin alimentos manufacturados. Cuando los mediterráneos y los japoneses toman comida rápida, su salud y su longevidad se reducen. La cuestión es comer lo más cerca posible de la base de la cadena alimenaria y elegir los alimentos de nuestros tatarabuelos. La parte más importante de una dieta sana es ser capaz de mantenerla para siempre, que tal vez sea la razón por la que las formas tradicionales de alimentación transmiten hábitos saludables a través de las generaciones.

La dieta definitiva de «come solo lo que tus antepasados reconocerían como comida» es la dieta paleo. Es la de los ancestros que vivieron hace cuarenta generaciones: vegetales, carne magra, pescado, huevos, frutos secos, frutas y aceites vegetales, sin cereales, legumbres, lácteos o alimentos cultivados. La carne paleo se cría al estilo tradicional, en pastos y cultivos forrajeros (en lugar de con alimentos y cereales a base de soja), lo que hace que contenga menos grasas saturadas y más ácidos grasos omega-3 y ácido linoleico conjugado (CLA, propio de lácteos y grasas animales), vitaminas del grupo B, calcio y magnesio. El veredicto parece ser que como tan poca gente sigue esta dieta (no es una dieta tradicional que se haya mantenido en las últimas generaciones) no hay evidencias que apoyen su uso, y mucho menos en la vejez. Muchos dietistas consideran absurdo suprimir alimentos ricos en nutrientes como las legumbres, los cereales y los lácteos.

COMER DE FORMA SOSTENIBLE

La comida procesada y las aplicaciones de comida a domicilio están afectando a las culturas culinarias locales. Esta forma de comer suele implicar más azúcar, sal y grasas no saludables que la comida casera, por tanto daña nuestra salud. Los alimentos refinados están acabando con entornos naturales en todo el mundo a medida que se abandonan las formas tradicionales de cultivo para obtener productos como el aceite de palma y cultivos para animales de granja.

El movimiento de alimentos sostenibles defiende la comida que se crea, se vende y se consume con beneficios para la sociedad, la agricultura y la salud. Como personas mayores, tendemos a estar más próximos a las tradiciones alimentarias que sustentaron a nuestros antepasados en nuestros lugares de origen. Podemos poner nuestro granito de arena promoviendo los productos locales de temporada, transmitiendo las costumbres alimentarias y compartiendo formas de cocinar platos valorados hace tiempo.

¿QUÉ COMER?

Para tener más jóvenes el corazón, las venas, las articulaciones, los huesos, los músculos, el cerebro, las hormonas, la próstata, la piel, el cabello, el estado de ánimo y el sueño, probablemente es mejor comer:

• Montones de verduras y frutas (escógelos de color verde oscuro y de colores brillantes, e incluye algunos tomates cocidos), ajo, cereales integrales, legumbres, hierbas y especias y aceite de oliva.

• Cantidades moderadas de pescado azul, frutos secos y semillas, yogur con cultivos vivos, alimentos fermentados, huevos, carne magra y chocolate negro.

• Beber agua, té verde y negro, café, leche y un vaso de vino tinto con las comidas.

IZQUIERDA: Salud sobre una fuente: pescado azul, hierbas y especias, aceite de oliva, fruta y montones de verduras.

Qué nos conviene menos con la edad

La OMS afirma que la primera línea de ataque para prevenir las enfermedades cardíacas y el accidente cerebrovascular es modificar nuestra dieta, y mantener el colesterol y la presión arterial en niveles sanos a base de alimentos, no de fármacos.

Eso significa vigilar la cantidad de sal, azúcar y grasas saturadas que comemos. Incluso pequeñas reducciones pueden tener un efecto importante. Pero no hay que obsesionarse con reducir lo que tomamos. En las comunidades donde la gente tiende a vivir vidas más largas, comer no tiene que ver con restringir, sino con añadir (más ingredientes ricos en nutrientes, más tiempo para degustarlos y más personas con quienes disfrutarlos).

Sal

Toma menos sal y reducirás el riesgo de enfermedad cardíaca y de ictus. Sencillo. Intenta tomar menos de una cucharadita al día, algo difícil cuando el 75% de nuestra dieta está formada por alimentos procesados.

Grasas saturadas y trans

Cuando tomamos grasas saturadas, el hígado las convierte en colesterol en la sangre, lo que hace que los vasos sanguíneos se estrechen o se bloqueen, favoreciendo las enfermedades cardíacas y los accidentes cerebrovasculares. Las grasas saturadas también contribuyen a la inflamación. En Occidente muchos adultos mayores superan la cantidad de grasas saturadas recomendada (20 g al día en las mujeres, 30 g en hombres). Los lácteos enteros, la carne y el aceite de coco contienen grasas saturadas, pero es más probable que las consumamos en alimentos procesados (masas preparadas, pasteles, galletas, bizcochos, confitería, bocadillos, comidas preparadas y fritos). También son las fuentes más probables de grasas trans (busca «grasas hidrogenadas» en las etiquetas), un producto del procesamiento y de freír que sube los niveles de colesterol y de triglicéridos, aumentando el riesgo de enfermedad coronaria más que las grasas saturadas. En su lugar, no busques alimentos con la etiqueta «bajos en grasa» porque es probable que contengan azúcar. La margarina es engañosa. Evita las sólidas al estilo antiguo, que pueden contener grasas trans, y elige las más suaves a base de grasas insaturadas, que son más sanas. A menudo, un chorrito de aceite de oliva será mejor.

Azúcar

La OMS recomienda que el azúcar no supere el 5% de la ingesta diaria (sin duda, nunca

ARRIBA: Si te apetece un capricho, prepáralo en casa. Servir un pastel casero aún caliente del horno es un placer.

CONSEJO: Todo lo malo está en los alimentos procesados (galletas, pasteles, *snacks*, comidas preparadas). En los ingredientes básicos esto es mucho menos probable.

más del 10%). La razón es que puede aumentar el riesgo de enfermedad cardíaca, diabetes y obesidad. También aumenta la inflamación. Los ingredientes que terminan en «osa» (maltosa, dextrosa, glucosa, fructosa, sacaro-sa) son azúcares secretos. Los productos sin azúcar pueden ser incluso peores: edulcorantes artificiales como el aspartamo (E951), la sacarina (E954) y el acesulfame K (E950) se han asociado con problemas de salud.

SOJA

Los productos a base de soja contienen isoflavonas, unas sustancias químicas vegetales con una estructura similar a la de los estrógenos. Aunque suelen recomendarse para aliviar los síntomas de la menopausia, los resultados de los estudios no son concluyentes. Tras valorar las evidencias, la Asociación Estadounidense de Endocrinólogos Clínicos ha declarado que su efecto sobre los síntomas de la menopausia es inconsistente y que no se ha demostrado que reduzca los sofocos. Los resultados sobre la pérdida ósea menopáusica tampoco fueron definitivos.

Existe controversia sobre si el tipo de soja de la leche de soja, el tofu y otros productos no fermentados es beneficioso. En los lugares donde forma parte de la dieta tradicional, la soja se toma fermentada (como el tempeh o el miso). Sin fermentar, se ha asociado con el desarrollo de células de cáncer de mama, y la Asociación Estadounidense de Endocrinólogos Clínicos desaconseja los tratamientos a base de soja si tú o tu familia tenéis antecedentes de enfermedad cardíaca o coágulos de sangre o de cáncer dependiente de hormonas (como el de mama o de ovarios).

Se creía que la proteína de soja reducía el colesterol, la presión arterial y otros factores de riesgo para la enfermedad cardíaca y el accidente cerebrovascular. Pero la Asociación Estadounidense del Corazón no ha apreciado beneficios sobre la salud cardiovascular. Dicho esto, el tofu y otros derivados de la soja pueden ser beneficiosos si reemplazan a las hamburguesas y similares, que contienen muchas grasas saturadas.

IZQUIERDA: Las judías de soja ofrecen mayores beneficios nutricionales cuando se consumen integrales y se fermentan en lugar de procesarlas.

IZQUIERDA: Al vino tinto se le atribuyen más beneficios para la salud que a otras bebidas con alcohol, tal vez por los compuestos vegetales que contiene, como el antioxidante resveratrol.

DERECHA: Tercer día de la creación, cuando la tierra produce pastos, «semillas que hacen crecer hierba» y árboles frutales.

Carnes procesadas

Incluyen las carnes curadas como el beicon, el jamón, el embutido y las salchichas. Según la OMS, la carne procesada iguala al tabaquismo como causa de cáncer, debido a los nitritos y nitratos usados en su conservación. Trata de tomar menos de 70 g al día: una salchicha y media o tres lonchas de jamón.

Carne roja

La mayoría de las investigaciones afirman que cuanta más carne roja consumimos, más propensos somos a morir antes que quienes casi nunca la comen (26% más probable, según un estudio de medio millón de personas). Los riesgos aumentan para todas las causas de muerte por enfermedad, entre ellas las car-

diopatías, el ictus, el cáncer y las enfermedades renales, hepáticas y respiratorias. Al igual que con la carne procesada, toma menos de 70 g al día.

Alcohol

Un vaso pequeño de vino tinto al día es bueno. Sus fenoles antioxidantes diluyen la sangre, mantienen las paredes arteriales sanas y reducen la presión arterial, disminuyendo el riesgo de enfermedades coronarias, ictus y demencia, y aumentando la inmunidad. Pero estos beneficios desaparecen si se bebe más. El máximo recomendado es de 14 unidades por semana para hombres y mujeres, con al menos dos días sin alcohol a la semana para permitir que el sistema se recupere.

¿COMIDA LIMPIA O COMIDA SUCIA?

Una tendencia creciente define a la comida como limpia o sucia, moralizando sobre el contenido de nuestros platos. A medida que cumplimos años, la ética opuesta al placer propia de la industria del bienestar, con su foco en un cuerpo superperfecto, puede parecer bastante inútil, incluso deprimente. Los primeros textos religiosos establecen la idea de que comer plantas es limpio (y que por tanto lo demás es sucio). En el Génesis (1:29) Dios dice: «He aquí que os he dado toda planta que da semilla, que está sobre toda la tierra, y todo árbol en que hay fruto y que da semilla; os serán como carne». Más tarde nos da pájaros y peces y solo tras el diluvio se nos permite la carne. Las nociones de karma y reencarnación vienen del hinduismo, el budismo y el jainismo: si vivimos una vida pura, según los principios del vegetarianismo y las reglas de preparación de alimentos, rompiendo las vasijas de barro después de usarlas, ascenderemos a una vida mejor tras morir. Si en tu vida normal no sigues principios religiosos, es posible que no quieras considerar que la planta es igual a pureza y animal a pecado. A pesar de desobedecer la ley de Dios, Adán vivió 930 años.

Una digestión saludable

El sistema digestivo puede volverse lento a medida que envejecemos, lo que lleva a problemas como hinchazón y estreñimiento. Si el intestino no funciona bien, no extraemos los nutrientes de los alimentos al máximo.

EL SISTEMA DIGESTIVO

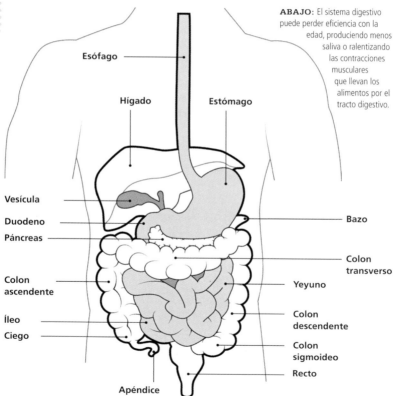

ABAJO: El sistema digestivo puede perder eficiencia con la edad, produciendo menos saliva o ralentizando las contracciones musculares que llevan los alimentos por el tracto digestivo.

Esófago

Hígado

Estómago

Vesícula

Duodeno

Páncreas

Bazo

Colon transverso

Colon ascendente

Yeyuno

Íleo

Colon descendente

Ciego

Colon sigmoideo

Recto

Apéndice

Dado que una gran proporción del sistema inmunitario se encuentra en el revestimiento del tracto gastrointestinal, y que la serotonina se produce en el intestino, la salud de este sistema es clave para mantener todas nuestras partes sanas y bien equilibradas.

El intestino es un mundo en sí mismo, un microbioma con su propia población con hasta mil especies de bacterias. Se desarrollan en nosotros desde que nacemos y ayudan a la digestión y la eliminación saludable, incluida la absorción de nutrientes de los alimentos, a la vez que protegen la inmunidad. Cuanto más rico y estable sea este micromundo de nuestro interior, más probabilidades tendremos de mantenernos sanos y vivir mucho. El consejo habitual es seguir una buena dieta, variada y con mucha fibra, hacer mucho ejercicio y relajarse lo suficiente.

Al microbioma no le gustan el estrés ni la presión arterial alta, y los antibióticos y los alimentos procesados lo alteran. Un exceso de azúcar interrumpe el equilibrio microbiano (la hinchazón o el estreñimiento son una señal). El proceso de envejecimiento parece agotar la compleja mezcla de bacterias del microbioma: un estilo de vida más lento, enfermar con más frecuencia y la medicación lo afectan, y cuando eso ocurre, las enfermedades inflamatorias y asociadas con el sistema inmunitario y la obesidad son más probables.

Hay formas sencillas de preservar la salud del microbioma y el sistema digestivo. Primero, ingiere más vegetales y alimentos sin procesar con ingredientes sanos: la avena aporta una fibra suave; los puerros y las cebollas, la inulina que alimenta a las bacterias; las hierbas y las especias sanas como el jengibre, la cúrcuma y el comino, la menta o el hinojo tienen una acción carminativa (alivian los gases). Bebe más agua para mantener la digestión en movimiento. Los alimentos fermentados como el chucrut o el kimchi son ricos en bacterias probióticas que ayudan a mantener o restaurar la flora intestinal sana (véase la página 205).

Nutrimos el proceso digestivo prestándole más atención. La digestión se inicia con los sentidos, que reaccionan ante el olor y la visión de la comida, iniciando la secreción de la saliva necesaria para comenzar a descomponerla (según envejecemos, producimos menos saliva). La alimentación lenta y consciente permite a los sentidos comenzar a trabajar, y también nos anima a masticar más despacio para descomponer los alimentos antes de que lleguen a los intestinos.

La actividad física es clave (una vida sedentaria implica una digestión sedentaria), igual

CONSEJO: Mantén un diario de comidas para averiguar qué le sienta mejor a tu sistema digestivo. Puedes detectar los alimentos que lo alteran y deducir si tomando porciones más pequeñas con más frecuencia ayudarás a tu digestión.

que reducir el estrés innecesario. El ejercicio beneficia la digestión porque, cuando estamos en forma, el cuerpo no necesita tomar prestada sangre del sistema digestivo para hacer su trabajo. Si no estamos en forma, el cuerpo reduce la velocidad de la digestión para irrigar los músculos y los pulmones. Por eso debemos esperar un par de horas después de comer antes de hacer ejercicio. Los estudios sugieren que la actividad física también modifica la combinación de bacterias del intestino y que los atletas tienen una gama más diversa de bacterias en el intestino y en mayor número. El yoga siempre se ha valorado por proteger la digestión, estimulando los órganos del sistema para asegurar la adecuada descomposición de los alimentos y el transporte de los desechos a través de los intestinos grueso y delgado, y activando el sistema nervioso de «digestión y reposo».

CONSEJO: Deja de comer antes de llenarte. Los estudios de comunidades longevas muestran que solo comen hasta el 80% de su capacidad. Las actividades que trabajan la conciencia corporal (yoga, qigong, método Feldenkrais) nos conectan con las señales interiores del cuerpo.

INFLAMACIÓN

Cuando el cuerpo sufre un daño, el sistema inmunitario pone en marcha una respuesta inflamatoria para combatir las infecciones y reactivar la reparación de los tejidos. Al envejecer somos más propensos a la inflamación crónica que se extiende más allá de una zona concreta. Esto parece contribuir (y ser un síntoma) de la mayoría de enfermedades de la vejez, como las cardiopatías, la diabetes tipo 2, el cáncer, el alzhéimer y las enfermedades autoinmunes. En un estudio realizado en tres mil funcionarios del Reino Unido, los marcadores de inflamación elevados parecían aumentar la probabilidad de enfermedad cardiovascular y de muerte. Por el contrario, los valores más bajos se asociaban con un envejecimiento saludable. La inflamación empeora si somos sedentarios (o entrenamos intensamente) y si estamos estresados, fumamos y bebemos demasiado. Se asocia con una reducción en los niveles y el número de bacterias del microbioma intestinal. Esto nos da una pista sobre cómo protegernos de la inflamación y tratarla: una dieta saludable es una dieta antiinflamatoria. Eso significa comer muchas verduras y frutas ricas en antioxidantes y grasas saludables, hierbas y especias, cereales integrales, legumbres, frutos secos y semillas, y pescado azul.

ARRIBA: Las posturas de yoga que incluyen una torsión son reconocidas por sus beneficios para el sistema digestivo.

Torsión sencilla

Las torsiones de las posturas del yoga son útiles porque contraen y relajan los órganos y los músculos de alrededor del abdomen. Esta acción de amasado permite un flujo fresco de sangre oxigenada a los tejidos cada vez que se libera la presión y se estimula el tracto digestivo.

1. Acuéstate de espaldas, con los brazos extendidos en línea con los hombros, las palmas de las manos hacia abajo, las rodillas flexionadas y los pies en el aire. Intenta mantener las piernas juntas.

2. Al exhalar, empieza a bajar las rodillas hacia el lado derecho. Mantén las manos y los brazos en el suelo. Las piernas no deben tocarlo.

3. Al inhalar, activa los músculos abdominales para hacer volver las rodillas al centro.

4. A medida que exhales, deja caer las rodillas hacia el otro lado. Luego vuelve al centro mientras inspiras. Sigue dejando caer las rodillas de un lado a otro, sincronizando los movimientos con la respiración.

5. Una vez que te hayas calentado, puedes dejar caer las rodillas al suelo y descansar en esta posición con los brazos abajo. Mira hacia tu mano opuesta si te resulta cómodo. Mantén la postura de 30 a 60 segundos, luego activa los abdominales, levanta las piernas hacia el centro y repítelo hacia el otro lado.

Postura de liberación del viento

Esta postura de nombre acertado, recomendada como un tónico digestivo ayurvédico, es útil para aliviar el estreñimiento, los gases y otras molestias digestivas.

1. Acuéstate de espaldas y abrázate las rodillas contra el pecho. Puedes moverte de un lado a otro hasta que te sientas más cómodo. Estira la parte posterior del cuello sobre el suelo para liberar la tensión de los hombros (o protégete la cabeza con una manta o toalla doblada) y relaja los hombros sobre el suelo. Relaja los pies y mantén la presión hasta 2 minutos, apretando las rodillas contra el pecho mientras exhalas y soltando al inhalar. Si esta postura te resulta fácil, concéntrate en presionar contra el suelo los huesos sobre los que te apoyas.

HIERBAS PARA ALIVIAR LOS SÍNTOMAS DIGESTIVOS

Las hierbas con acción carminativa contienen aceites volátiles que promueven el peristaltismo y son útiles para aliviar los gases, la hinchazón y los cólicos. Tómalas en infusión o añádelas a tus platos en cantidades culinarias:

- **Menta:** relaja los músculos lisos alrededor del intestino, reduciendo los espasmos.
- **Hinojo:** alivia los gases, la acidez y la hinchazón y estimula el apetito.
- **Anís:** para las acumulaciones dolorosas de gases.
- **Bálsamo de limón:** efecto relajante para los espasmos musculares; antibacteriano.
- **Manzanilla:** útil para los espasmos de los cólicos y la diarrea; elige la variedad *Matricaria recutita* o manzanilla alemana.

El ayuno

Los granjeros saben que los períodos de desnutrición e inanición no dañan a su ganado. De hecho, reducir la cantidad de alimento en un 30-40% parece alargar su vida un tercio o más.

¿Y en las personas? Quienes siguen una dieta paleo argumentarían que el antiguo estilo de vida de los cazadores implicaba banquetes y hambrunas intermitentes (no tres comidas cada día), lo que generó ventajas evolutivas, como el pensamiento rápido y la capacidad de moverse con rapidez y mantenerse vivo más tiempo. El hecho es que la restricción de calorías es la única intervención conocida que permite alargar la vida en distintas especies.

Cada vez hay más pruebas de que el ayuno podría ser eficaz para mantener la longevidad. Mientras que un ayuno completo solo a base de líquidos debe ser supervisado, y es increíblemente difícil de mantener (como cualquier dieta de control de calorías), el ayuno periódico controlado de una dieta de ayuno intermitente cada vez despierta más interés en los investigadores de la longevidad, en especial en el Instituto de la Longevidad de la Universidad del Sur de California. Los estudios en ratones han mostrado que los que ayunaron fueron mucho más receptivos a la insulina que regula el azúcar en la sangre (la falta de respuesta se asocia a la insuficiencia cardíaca, la diabetes y la obesidad) que los que siguieron una dieta controlada constantemente. Los primeros vivieron más tiempo y tuvieron la mitad del índice de enfermedades relacionadas con la edad, como cáncer y diabetes. Mejoraron cognitivamente y también se ralentizaron el nivel de inflamación y la pérdida de densidad ósea.

¿Como funciona? Este tipo de ayuno parece reducir los niveles de una hormona similar a la insulina, el factor de crecimiento 1. Esto hace que el cuerpo envejezca más despacio y aumenta la cantidad de células madre regenerativas en distintos órganos. Puede impulsar las defensas celulares contra el daño y acelerar la eliminación de moléculas dañadas (los investigadores creen que esto incluye las células asociadas con afecciones neurodegenerativas). En un estudio en humanos, en tres meses se redujeron los marcadores de enfermedades cardíacas, cáncer y diabetes, independientemente de lo que las personas comieron durante el resto del mes.

CONSEJO: Cada día de 7 de la tarde a 8 de la mañana hacemos un miniayuno. El estado de ayuno empieza unas 8 horas tras una comida, una vez que el intestino ha absorbido todos los nutrientes de los alimentos.

El ayuno intermitente

Esta dieta replica los efectos beneficiosos del ayuno sin llegar a poner al cuerpo bajo estrés (el ayuno puede llegar a descomponer los músculos para aportar las proteínas necesarias para obtener energía, lo que no nos conviene cuando estamos perdiendo músculo). Además, resulta tan agotador que la mayoría de la gente no lo aguanta. Según el régimen del ayuno intermitente, comes entre un tercio y la mitad de las calorías diarias habituales (700-1.100) cinco días al mes durante tres meses. Esta dieta es baja en proteínas, azúcar y carbohidratos y rica en grasas sanas (frutos secos, aceitunas), incluye sopas de verduras dos veces al día, infusiones y barritas energéticas ricas en nutrientes, además de suplementos. A diferencia de otras dietas de ayuno o de restricción calórica, como la 5:2, parece que es fácil mantenerla. El 75% de las personas completó el primer intento. Cuanto más sano estés, menos necesitarás completarlo rápido, dicen sus creadores. Cuantos más factores de riesgo tengas y más obeso seas, más beneficios obtendrás. Otros gerontólogos creen que una dieta regular y sana (p. ej., mediterránea) puede ser más fácil de mantener y menos estresante para las personas con enfermedades crónicas, y que debemos ser cautelosos con las dietas que cambian radicalmente la forma en que comemos.

ATENCIÓN: Antes de ayunar, consulta siempre a un médico. Es mejor hacerlo con supervisión.

ABAJO:
La dieta del ayuno intermitente se basa en un menú de restricción calórica con tés, sopas y barritas energéticas, cinco días al mes durante tres meses.

Mantener el apetito

A medida que nos acercamos a nuestros últimos años, podemos sentir menos ganas de comer. Como el gusto y el olfato pierden sensibilidad, los alimentos nos apetecen menos: una cuarta parte de los mayores de 65 años tiene menos capacidad de detectar uno de los sabores básicos (dulce, ácido, salado, amargo) y la mitad no podemos detectar mezclas de alimentos en pruebas ciegas.

Cuando no comemos lo suficiente, corremos el riesgo de perder nutrientes vitales que combaten las enfermedades del envejecimiento y favorecen la longevidad.

Al envejecer no solo sentimos menos hambre, sino que todo aquello necesario para aprovechar los nutrientes de los alimentos se reduce: disminuye el flujo de saliva que inicia el proceso digestivo, así como el ácido gástrico que descompone los alimentos. También necesitamos menos calorías debido a la disminución de la actividad y de la masa muscular, por lo que podemos encontrarnos comiendo alimentos calóricamente adecua-dos y sacientes con nutrientes insuficientes. Los alimentos ricos en fibra, en especial, nos llenan sin proporcionar todos los nutrientes necesarios. El resultado es una correlación entre el aumento de la edad y el mal estado nutricional.

La desnutrición contribuye tanto a la mala salud como a la capacidad de combatir infecciones y recuperarse de una lesión. Afecta al intestino, que es menos capaz de absorber nutrientes, lo que reduce la inmunidad y el apetito. La pérdida de peso y la anorexia son comunes en las personas mayores, en quienes a menudo no se reconoce (¿no esperan todos

«Una cosa excelente, la cebolla, y muy adecuada para personas mayores o con temperamento frío, debido a su naturaleza, que es caliente en el más alto grado…».

THE FOUR SEASONS OF THE HOUSE OF CERRUTI,
MANUSCRITO DEL SIGLO XIV

ARRIBA: Las especias son una forma sencilla de animar el sabor, el color y el contenido en nutrientes de los alimentos para tentar a los paladares hastiados.

ALIMENTOS RICOS EN NUTRIENTES

Estos ingredientes contienen grandes cantidades de nutrientes, son ricos en sabor (o lo absorben bien), tienen un bajo contenido de «relleno» y se asimilan fácilmente.

- Huevos
- Pescado
- Carne magra
- Hígado
- Tofu
- Frutos secos y semillas

- Cereales integrales
- Hierbas y especias
- Frutas y vegetales
- Algas
- Moluscos
- Cacao

que una persona mayor tenga un aspecto frágil y delgado?). Los síntomas quedan ocultos porque reflejan los de otras enfermedades comunes asociadas con la edad. Deprimirse también se relaciona con la pérdida de peso (en adultos más jóvenes, es el aumento de peso).

¿Qué se puede hacer? Necesitamos nutrientes que contrarresten los cambios fisiológicos asociados con la edad y las posibles alteraciones de salud. Por eso es importante mantener una dieta variada. Come un poco de muchos alimentos diferentes repartidos en varias tomas pequeñas durante el día, hasta cinco o seis si te conviene. Puedes tomar cosas muy nutritivas entre comidas, como nueces y semillas.

Los estimulantes del apetito pueden ser adecuados, tal vez algunos alimentos muy aromatizados para los paladares que no tengan tanta sensibilidad como antes. Dale sabor a los platos con zumo de limón y hierbas frescas, pimienta y mostaza, vinagres y mezclas de semillas, y desconfía de añadir sal para agregar sabor. La cebolla estimula los jugos gástricos con su ardiente ataque bucal, mientras que el yogur es recomendado por la OMS para la recuperación nutricional. Y no olvides beber mucha agua.

CONSEJO: Estar más activo puede aumentar el apetito: 30 minutos de ejercicio al día son beneficiosos.

LA HORA DEL APERITIVO

Al reducirse el ácido estomacal en las personas mayores, pueden absorberse menos nutrientes, por lo que es posible que desees probar un aperitivo 30 minutos antes de comer. El aperitivo es habitual en el Mediterráneo occidental, donde la longevidad parece seguir un estilo de vida tradicional. Las hierbas aromáticas amargas en aperitivos tradicionales, como Campari o Aperol (y sus menos tradicionales versiones sin alcohol), parece beneficiar el proceso digestivo. Los ingredientes como la genciana, la angélica o el cardo estimulan la boca para producir saliva, el páncreas para segregar enzimas y el hígado para crear bilis y ayudar a la digestión.

DERECHA: La palabra «aperitivo» deriva del latín *aperire*, abrir: se creía que estas bebidas abrían el estómago. Los estudios demuestran que beber alcohol justo antes de una comida aumenta el consumo de alimentos, pero se desconoce la razón.

Tomar suplementos o no

Contienen mayores dosis de nutrientes y compuestos vegetales que los alimentos. Por eso muchas personas optan por tomarlos para combatir los efectos del envejecimiento y para prevenir afecciones como el cáncer y las enfermedades cardiovasculares.

Los mayores de 55 años son los principales consumidores de suplementos, según la Food Standards Agency del Reino Unido (FSA). Un estudio de 2006 realizado en Estados Unidos observó que, a los 51 años, el 48% de las mujeres y el 43% de los hombres tomaban preparados multivitamínicos. En 2009, el 36% de los suplementos vendidos en el Reino Unido fueron productos para las articulaciones, según un informe del Sistema Nacional de Salud. Pero los nutricionistas y los médicos creen que el consumo diario de una gran variedad de alimentos ricos en nutrientes ofrece los mismos beneficios saludables que estamos buscando, y de forma más efectiva, segura y holística.

Numerosos estudios han investigado si los suplementos aportan los mismos micronutrientes que los alimentos, con resultados negativos. Parece que cuando los ingredientes activos de los «superalimentos» (como los antioxidantes) se toman separadamente en forma de suplementos, incluso pueden dañar al organismo. Al separarse los nutrientes se anulan las reacciones sinérgicas de los ingredientes combinados del vegetal.

Más potencia no es necesariamente buena para la salud. Si los suplementos son solubles en agua (como las vitaminas B y C), las que el cuerpo no pueda absorber se eliminarán por la orina. Si son solubles en grasa (vitaminas A, D, E y K), pueden acumularse en los tejidos y el hígado, y ser perjudiciales. A algunos investigadores les preocupa que tomemos dosis altas de antioxidantes (vitaminas A, C y E y betacaroteno), porque pueden convertirse en prooxidantes que promueven la formación de radicales libres (se cree que nos envejecen y afectan a la función inmunitaria). Los suplementos de calcio se han asociado con un mayor riesgo de enfermedad cardíaca, y los de vitamina A (y una dieta rica en hígado), a un mayor riesgo de fracturas de cadera

CONSEJO: Es difícil encontrar información fiable sobre los suplementos. En la UE no están permitidos los reclamos de salud en ningún producto. En cambio, en EE.UU. esto no se regula ni se exigen pruebas de las afirmaciones realizadas en etiquetas o anuncios.

DERECHA: Los suplementos de vitaminas, minerales, hierbas o plantas no deben considerarse un sustituto de la comida, afirma el World Cancer Research Fund.

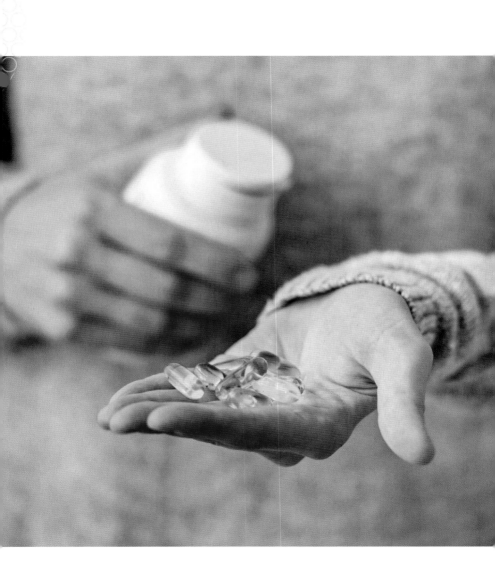

y cáncer de próstata. Los resultados de un meta-análisis realizado en 2010 sugieren que los suplementos de vitamina E aumentan la mortalidad debida a todas las causas.

Pero eso no es todo. Se han realizado estudios aleatorizados a gran escala de los efectos de los suplementos de multivitaminas y minerales durante más de dos décadas que han concluido que carecen de eficacia para la mayoría de la población, y que además pueden ser perjudiciales. La base de datos de revisiones sistemáticas Cochrane (conocida como la Biblioteca Cochrane) realizó una extensa revisión de los estudios de antioxidantes

IZQUIERDA: Durante los días cortos del invierno, puedes tomar vitamina D para compensar la falta de luz solar. El contacto del sol con la piel estimula la producción de vitamina D.

Dicho esto, algunos suplementos nutricionales son recomendables si te cuesta obtener suficientes nutrientes de los alimentos, y todos deberíamos tomar vitamina D, en especial en los meses más oscuros. Consulta a tu médico o a un dietista para saber qué suplementos necesitas, sobre todo si tomas medicación. Si tus niveles de hierro son bajos y te falta la energía, pide a tu médico que te haga pruebas antes de tomar hierro.

Vitamina D

Es el único suplemento que todos necesitamos. Toma 10 mcg al día (nunca más de 25 mcg) en invierno para la salud óptima de los huesos (véase la pág. 191).

Vitamina E

Un estudio descubrió que las mujeres que toman vitamina E sufren un sofoco diario menos, pero era un estudio pequeño, y la Oficina de Suplementos Dietéticos de EE.UU. ha asociado las dosis de vitamina E de los suplementos a un riesgo mayor de hemorragia (también cerebral), y pueden interactuar con los fármacos anticoagulantes.

y su efecto sobre la mortalidad, una de las mayores revisiones realizadas. No solo no encontró que se redujeran las muertes, sino que tomar vitaminas A y E y betacaroteno puede aumentar el riesgo de muerte. El mensaje es que los suplementos no pueden sustituir a los alimentos.

DIETA LONGEVA

Ácidos grasos

La Asociación del Corazón de Estados Unidos aconseja tomar 1.000 mg al día de ácidos grasos omega-3 DHA y EPA (también en casos de presión arterial alta o colesterol y diabetes). Consulta al médico antes de tomarlos, porque pueden interactuar con algunos fármacos, incluidos los anticoagulantes. Evita el aceite de hígado de pescado, que contiene una cantidad excesiva de vitamina A que puede afectar al estado de los huesos.

Calcio

Si estás en riesgo de sufrir osteoporosis, eres mayor de 50 años o tu dieta no te aporta suficiente calcio, puedes tomar de

---

GLUCOSAMINA

Este es el suplemento más popular entre las personas mayores. Se valora por los beneficios que aporta a la salud de las articulaciones y a los síntomas de la osteoartritis. A menudo se combina con productos «neutracéuticos» con condroicina, ambos extraídos del marisco. El objetivo es ayudar a restaurar la fuerza y la flexibilidad del cartílago de las articulaciones. Una revisión sistemática publicada en *British Medical Journal* no halló evidencias de eficacia en ninguna sustancia, tomadas solas o combinadas, aunque las primeras investigaciones apuntan a una posible reducción ligera del dolor en algunas personas que toman sulfato de glucosamina (1.500 mg diarios). El suplemento es bastante seguro, pero es mejor consultar al médico antes, en especial si tienes asma. También puede interaccionar con los anticoagulantes y debe dejar de tomarse dos semanas antes de una cirugía.

«Que los alimentos sean tu medicina y tu medicina, el alimento».

HIPÓCRATES (ATRIBUCIÓN)

DERECHA: La leche es una buena fuente de calcio, igual que los quesos curados, los higos secos, las almendras y las semillas de sésamo. La mayor cantidad de calcio está en los pescados con espinas comestibles.

800 a 1.200 mg diarios de calcio. Esto parece reducir la posibilidad de sufrir fracturas y protege la densidad ósea mineral en el fémur, el cuello y la espina lumbar.

Vitamina B$_{12}$

A medida que envejecemos nos resulta más difícil absorber la vitamina B$_{12}$. Por eso tal vez puedas pensar en tomar un suplemento. Además, si eres vegetariano también puedes tomarla, puesto que no se encuentra en la fruta, los vegetales ni los cereales, o si no produces suficiente ácido estomacal. Toma 2 mg al día y no superes esta cantidad.

La ayuda de las hierbas

Los efectos de los remedios de hierbas sobre el envejecimiento se han investigado menos que los de los suplementos. Los estudios tienden a ser más reducidos, y, por tanto, sus resultados son más limitados.

Muchas mujeres recurren a métodos naturales para aliviar los síntomas de la menopausia. El trébol rojo, la cimífuga, el aceite de onagra y otros remedios de herboristería se han estudiado por el potencial de aliviarlos. Pero no existen indicios claros de que tomar hierbas o estrógenos vegetales sea efectivo y seguro a largo plazo.

La calidad de las distintas marcas de suplementos es enormemente variable y tampoco se comprende del todo cómo actúan los diferentes compuestos de las hierbas. Como ocurre con los suplementos nutricionales, los remedios de herboristería carecen de evidencias de investigación sólidas que convenzan a las autoridades nacionales que aprueban y controlan la seguridad y eficacia de los fármacos sin receta (como el Instituto Nacional para la Salud y la Excelencia Clínica del Reino Unido y la Food and Drug Administration de Estados Unidos) de que los recomienden.

En cambio, el uso del *mindfulness*, la hipnoterapia y el yoga para aliviar los síntomas de la menopausia ha mostrado resultados prometedores (véase la pág. 100). La práctica habitual de ejercicio puede aliviar los sofocos y aumentar el bienestar, y se ha visto que reducir el consumo de cafeína alivia los sofocos y los sudores nocturnos.

Suplementos de fitoestrógenos

Las plantas contienen unas sustancias llamadas isoflavonas que tienen una estructura similar a los estrógenos. Muchos afirman que alivian los síntomas de la menopausia, pero aunque los resultados de las pruebas muestran que pueden usarse en períodos cortos sin que aparezcan efectos adversos, los resultados son inconsistentes. Los suplementos elaborados con las isoflavonas de la soja parecen ser los más beneficiosos para ese uso, según el Real Colegio de Obstetras y Ginecólogos del Reino Unido, pero tómalos solo cuando hayas dejado de menstruar. Si se toman durante períodos prolongados, pueden afectar

CONSEJO: Los países cuentan con su propia legislación para los suplementos nutricionales. Antes de tomar suplementos de hierbas, asegúrate de que el producto cumple los requisitos mínimos de legalidad, calidad y eficacia. En algunos países las autoridades no exigen autorización previa antes de comercializar estos productos.

al útero. Tampoco existen pruebas convincentes de que las hormonas «bioidénticas» alivien los síntomas o sean más seguras que la terapia de sustitución hormonal convencional.

Se ha sugerido que tomar más alimentos vegetales con cualidades estrogénicas suaves es una forma más natural de mitigar los síntomas (guisantes, lentejas, brotes, garbanzos, judías, cacahuetes, boniatos y soja fermentada como tempeh y miso), pero no existe consenso en cuanto a la cantidad y la frecuencia de consumo. Si tú o tu familia tenéis antecedentes de episodios cardiovasculares o de coágulos o cánceres dependientes de hormonas (como el de mama y ovario), o si tomas anticoagulantes, es mejor evitar los productos a base de soja.

Trébol rojo (*Trifolium pratense*)

Esta legumbre que contiene el fitoestrógeno isoflavona suele recomendarse para aliviar los síntomas de la menopausia, y también para reducir los valores de colesterol y prevenir la osteoporosis. Puede ayudar a mitigar los sofocos y los sudores nocturnos, pero los estudios no han encontrado indicios inequívocos de su eficacia y han concluido que no parecen aliviar los síntomas de la menopausia.

ARRIBA: El trébol rojo contiene isoflavonas, un nutriente vegetal con efectos similares a los de los estrógenos.

ARRIBA: La cimífuga, originaria de la tradición herborista de América del Norte, se asocia con el alivio de los síntomas de la menopausia, pero las investigaciones no han logrado demostrar cómo funciona.

Linaza (*Linum usitatissimum*)

Tiene altas concentraciones de omega-3 (ALA). La semilla (no el aceite) tiene fitoestrógenos (lignanos) y fibra. Varias investigaciones han estudiado sus efectos sobre los síntomas de la menopausia. Una de ellas, realizada a pequeña escala, concluyó que sirve como terapia de sustitución hormonal para los síntomas leves. Los estudios mayores sugieren que no mejora los síntomas ni protege de la pérdida ósea. Puede ayudar a reducir concentraciones muy elevadas de colesterol en sangre y a mitigar el riesgo de cáncer de mama en las mujeres posmenopáusicas.

Cimífuga (*Actaea racemosa/ Cimicifuga racemosa*)

Desde mediados de 1950, esta es la hierba que más se ha investigado como posible remedio para los síntomas de la menopausia. También es la que más se utiliza para aliviar los sudores nocturnos. Sin embargo, una revisión de dieciséis estudios realizada por la Biblioteca Cochrane en 2012 concluyó que las «evidencias generales eran insuficientes» para apoyar o restringir el uso de la cimífuga como alivio de los síntomas de la menopausia y que sus efectos secundarios sobre el hígado podrían ser negativos.

Aceite de onagra (*Oenothera biennis*)

Contiene ácido gamma-linolenico (GLA), un ácido graso usado para aliviar los síntomas de la menopausia. De nuevo, no hay evidencias sólidas que apoyen su uso para cualquier al-teración de la salud, y los estudios apuntan a que no es útil para los sofocos. Puede interaccionar con los anticoagulantes.

Sauzgatillo (*Agnus castus*)

Usado desde hace mucho para tratar los trastornos reproductivos, a menudo se recomienda para aliviar los síntomas de la menopausia, aunque muy pocas investigaciones apoyan su eficacia y no hay indicios de que funcione. Evítalo si estás tomando terapia de sustitución hormonal o tienes una alteración dependiente de hormonas, incluido el cáncer de mama.

Ginseng femenino (*Angelica sinensis*)

Es el remedio más recomendado por la medicina tradicional china para la menopausia y la salud femenina. Lo cierto es que se ha investigado muy poco y un estudio mostró que no era efectivo. Otro observó que era mucho más efectivo que el placebo para aliviar los sofocos si se toma con manzanilla. Puede interactuar con los anticoagulantes y sensibilizar la piel a la exposición al sol.

Hipérico (*Hypericum perforatum*)

Según el Real Colegio de Obstetras y Ginecólogos del Reino Unido, esta hierba parece ser efectiva para tratar la depresión durante la menopausia, pero no es útil para aliviar los sofocos. Puede interactuar con otros fármacos y sensibilizar la piel a la luz del sol.

HOMEOPATÍA

Hay estudios prometedores en los que la homeopatía se ha mostrado útil para aliviar los síntomas de la menopausia y del todo segura, según el Real Colegio de Obstetras y Ginecólogos. En una investigación realizada en 400 mujeres de ocho países en mitad de la cincuentena, el 90% afirmó que sus síntomas habían desaparecido o se habían reducido (sobre todo los sofocos diurnos y nocturnos), casi siempre en los 15 días siguientes al inicio del tratamiento. Es mejor consultar a un homeópata para que valore tu salud constitucional y te recomiende un remedio personalizado, pero la homeopatía prescrita con más frecuencia para los síntomas de la menopausia es Sepia, considerado útil para aliviar los sofocos, la confusión mental, la mala circulación, las cefaleas y las menstruaciones dolorosas y copiosas. Toma 30 ch a diario durante períodos breves cuando los síntomas se intensifiquen.

Romero para una vida larga

En 2016, un equipo de investigadores italianos y estadounidenses inició un estudio sobre el secreto de la longevidad. Su objeto de indagación fueron 300 personas de una pequeña comunidad del sur de Italia, Acciaroli, sobre Nápoles, en la costa cilentana. Cada participante en el estudio era mayor de 100 años, y en la comunidad, una de cada 60 personas tenía más de 90 años (en Estados Unidos, una de cada 163). Además de esto, los investigadores habían observado una llamativa ausencia de las enfermedades típicas de la edad avanzada, entre ellas el alzhéimer, la obesidad, las cardiopatías y las cataratas. Los investigadores también repararon en la asombrosa salud circulatoria de estas personas y en sus bajos niveles de la hormona adrenomedulina (asociada con la dilatación de los vasos sanguíneos), que eran similares a los de personas en la veintena o la treintena. Los científicos también quedaron asombrados por la exuberante actividad sexual de estos ancianos.

Los habitantes de Acciaroli siguen una dieta mediterránea (esta es una zona rural costera de Italia), lo que implica que comen pescado capturado en la zona, pollos y conejos criados en casa, y frutas y vegetales. De hecho, fue aquí donde, en la década de 1950, la dieta mediterránea se estudió por primera vez y donde se acuñó su denominación. Lo que intriga a los científicos es la enorme cantidad de romero que se come (todos lo toman de formas distintas). Esta hierba prospera en el clima marino (le encanta el calor húmedo) y la variedad silvestre es extraordinariamente aromática y rica en fitoquímicos (como el ácido rosmarínico). Tiene propiedades antioxidantes, antimicrobianas, antiinflamatorias y analgésicas, y se sabe que estimula la función cerebral y la memoria: «Es para la memoria», dijo Shakespeare.

Acciaroli es una zona montañosa y aislada. Por tanto, es posible que el hecho de pasar 90 años subiendo pendientes tenga alguna relación con la salud de sus moradores. Como en muchos otros lugares en los que se ha indagado en busca del secreto de la longevidad, este es un lugar aislado entre las montañas y el mar donde el acervo genético probablemente es limitado. Dicho eso, ¡el romero ha demostrado alargar la vida de las moscas de la fruta, los ratones y los gusanos!

IZQUIERDA: El romero siempre se ha asociado con la cognición y la memoria (en la antigua Grecia, los eruditos lo llevaban en el pelo para agilizar la mente y estimular su rendimiento).

Hierbas tonificantes

En todas las farmacopeas tradicionales hay hierbas estimulantes de la energía asociadas con la longevidad (medicina ayurveda, china, europea, de los indios americanos). Son apreciadas por su acción sanadora, regenerativa y revitalizadora de todo el cuerpo, no solo de un sistema.

Se dice que alimentan la esencia del cuerpo. En el sistema ayurvédico, esto se conoce como *ojas* o savia de la vida, y contribuye al funcionamiento de todos los tejidos. En especial actúan sobre la inmunidad, «cubriendo» al sistema immunitario para mantenerlo protegido. Se dice que la savia es análoga a las secreciones de la glándula pineal (véase la pág. 339). Si esta esencia se agota debido a sobreestimulación, una mala alimentación o las preocupaciones, cada una de las partes del cuerpo se debilita, incluido el sistema inmunitario, y esto lleva a la enfermedad. Para fortalecer a *ojas*, se recomienda tomar alimentos reconstituyentes (almendras, semillas de sésamo, miel, leche caliente) y hierbas, además de un descanso suficiente.

En el sistema chino, esta energía vitalizadora esencial se conoce como *jing*. Como *ojas*, es algo con lo que todos nacemos y que hay que nutrir de forma adecuada a tu particular constitución. Se dice que si la mantienes encendida con consciencia, vivirás una vida larga y sana. Cuando se agota, el cuerpo y la mente comienzan a desvanecerse. Los síntomas del envejecimiento, como la degeneración ósea, la sequedad cutánea y el debilitamiento de la memoria se asocian con un declive de esta savia vital esencial. Las hierbas que nutren a *jing* tienen una acción humidificante y reforzadora, que desarrolla la fuerza y enriquece todas las partes del sistema.

En el herbalismo europeo, las hierbas que fortalecen todo el cuerpo se llaman adaptógenas. El término designa a las especies que aumentan la vitalidad general y estimulan la resistencia en situaciones de agotamiento o de estrés, físico, mental o emocional. De estas hierbas «inespecíficas» (que actúan sobre varios sistemas) se dice que son nutritivas, reequilibran los sistemas corporales y conservan la energía según envejecemos. Regulan las glándulas suprarrenales y la liberación de las hormonas del estrés, refuerzan la inmunidad y tradicionalmente se han usado para ralentizar el proceso de envejecimiento. También tienen fama de ser afrodisíacas y los atletas las han usado para potenciar su rendimiento y su arrojo.

IZQUIERDA: Es muy fácil cultivar hierbas estimulantes en una ventana. Para el máximo sabor y aroma, planta semillas o plantines mejor que macetas del supermercado.

CONSEJO: Es mejor que sea un herborista quien nos prescriba los remedios de hierbas.

DIETA LONGEVA

247

IZQUIERDA:
El ginkgo o árbol
de los cuarenta
escudos se
considera un
«fósil viviente»
por su edad, que
se remonta a
la época de los
dinosaurios.

Ginkgo (*Ginkgo biloba*)

Se le considera el «elixir de la juventud», y en la medicina china es el remedio habitual para combatir el deterioro mental en la ancianidad, quizás debido a la magia compasiva que despierta el árbol de donde se obtienen sus hojas, una de las especies vivas más antiguas. El ginkgo parece actuar sobre el sistema circulatorio dilatando los vasos, reduciendo la densidad de la sangre y modificando las señales de los neurotransmisores. Es el suplemento más vendido en el Reino Unido para aliviar los problemas de memoria. Una investigación controlada aleatorizada de la demencia descubrió que tenía un pequeño efecto protector sobre la demencia que se origina como consecuencia del daño de los vasos sanguíneos cerebrales, pero otros estudios no han encontrado pruebas sólidas de su efecto sobre el deterioro cognitivo y la mejora de la memoria, tampoco de su eficacia en el control de la presión arterial, la prevención de las crisis cardíacas, el ictus o la degeneración macular asociada con la edad. En cantidades moderadas parece seguro, aunque puede interaccionar con los anticoagulantes. Deja de tomarlo al menos dos semanas antes de cualquier procedimiento quirúrgico.

Ginseng chino (*Panax ginseng*)

Su uso se remonta a más de dos mil años de antigüedad. En China y Corea se cree que los compuestos ginsenosides de esta planta renuevan y potencian la función inmunitaria, aumentan el vigor y la concentración, además de aliviar los problemas que el envejecimiento causa en el sistema respiratorio, cardiovascular, reproductivo y nervioso. Aunque las evidencias sobre sus beneficios para la salud no son concluyentes (no hay datos que demuestren si fortalece la memoria y la concentración o si beneficia a las personas con demencia), parece seguro usarlo durante períodos breves. En una revisión sistemática realizada por la Biblioteca Cochrane se afirma que parece tener «algunos efectos beneficiosos sobre la cognición, la conducta y la calidad de vida». El contenido de ingrediente activo de los distintos productos y su calidad son variables. El ginseng puede interactuar con algunos fármacos y otras hierbas, y puede aumentar la presión arterial y afectar a las hormonas. Por ello, consulta a un médico antes de tomarlo.

Ashwagandha (*Withania somnifera*)

A este tónico casero se le llama «ginseng indio». El nombre original de esta hierba que evita el envejecimiento significa «vitalidad del caballo». En el sistema ayurvédico se la recomienda por sus efectos rejuvenecedores, sedantes, tónicos y beneficiosos para el sistema nervioso. Se prescribe para el agotamiento nervioso, la inmunidad y los achaques de la edad avanzada, entre ellos los de la memoria, la pérdida de masa muscular y la osteoartritis. Se considera que es una de las mejores hierbas tónicas para ayudar al cuerpo a afrontar estrés crónico, y en el sistema de cuidados de salud indio se utiliza para tratar las afecciones neurológicas y en los pacientes que están en las últimas etapas del cáncer. No hay estudios a gran escala que avalen su utilización.

Raíz de oro (*Rhodiola rosea*)

La raíz de oro es apreciada por los sherpas del Everest como tónico de la longevidad que aporta la fuerza y el vigor necesarios para la actividad en las alturas. Se ha usado como potenciador del rendimiento y para tratar la ansiedad, la fatiga y las alteraciones asociadas al estrés en las regiones montañosas del norte del mundo (desde Siberia y Mongolia a Escandinavia). En estudios a pequeña escala se ha evidenciado que mejora el rendimiento físico, alivia la fatiga mental y reduce los síntomas de la depresión, pero una revisión sistemática observó que los resultados del estudio no pudieron replicarse.

ARRIBA: La raíz de oro se utiliza para reducir los efectos del estrés y la fatiga, y para restaurar la función cognitiva en los estados de agotamiento.

La eternidad en un árbol

Meditar sobre las cualidades de las plantas antiguas puede resultarnos reconstituyente a medida que nosotros también nos hacemos mayores. La edad del árbol más antiguo del planeta, en Suecia, se estima en 9.550 años. Su aspecto es parecido al de un árbol de Navidad corriente. Es una pícea de Noruega que solo mide 4 metros, pero su antiguo sistema de raíces data del final de la última glaciación. Cada tronco sobrevive durante seiscientos años, pero las raíces siguen haciendo crecer nuevos tallos durante miles de años.

Los árboles más antiguos son pinos (los *Balfourianae* en las White Mountains de California y el pino Huon de Tasmania). En China, el pino representa la longevidad y la immortalidad. Es un símbolo poderoso que tiene analogías con quienes dejan este mundo. Suelen plantarse en los alrededores de los cementerios como símbolo de renovación y lealtad (se dice que los hongos brotan de las raíces de los árboles para alimentar a los inmortales).

El pino es el árbol del año nuevo del sintoísmo, de la misma manera que el abeto de la leyenda nórdica ocupa un lugar privilegiado en la Navidad y en los ritos del año nuevo. En el mundo romano, el pino también era un emblema del renacimiento y muy querido por la diosa Cibeles. Ella asegura la fecundidad eterna de la tierra mientras deambula por el mundo en un carro, llevando un pino. Su símbolo se usó para salvaguardar el nuevo crecimiento y asegurar el éxito de la cosecha del próximo año. El árbol de hoja perenne es siempre joven: los poderes de autorregeneración de la pícea significan que puede vivir casi para siempre.

IZQUIERDA: Cibeles es la gran diosa madre de la tierra, los vientos y la fertilidad. Aquí la vemos representada en un carro tirado por leones. Sostiene una piña gigante, símbolo de la regeneración.

Comer pausadamente

Al hacernos mayores es más importante que comamos con conciencia. Picotear sin pensar puede implicar llenarnos antes de tomar los ingredientes necesarios para vivir una vida más larga y más sana.

Lo más importante es comprometernos con el momento de comer: sentarnos y considerarlo como un tiempo especial, desconectando de todo para enfocarnos en la acción de comer y en la alegría de experimentar cada sabor y textura.

El tiempo que pasamos con cada bocado estimula la liberación de las enzimas necesarias para una digestión adecuada: un estudio australiano de 2010 observó que era más probable que quienes masticaban menos no alcanzaran las cifras recomendadas de fibra,

azúcar, grasas y sal. En una investigación de 2013, comer con conciencia ayudó a personas de edad media con diabetes tipo 2 a mejorar su ingesta de nutrientes, a reducir significativamente la cantidad de grasas trans de su dieta y a mejorar la cantidad de fibra ingerida. También les ayudó a controlar sus cifras de azúcar en sangre más efectivamente.

Comer con conciencia es darse cuenta en cada momento de las sensaciones físicas de comer y de cómo afectan a nuestro estado de ánimo. Es darse cuenta de cuándo nuestro cuerpo está hambriento y remediarlo, y de cuándo el hambre es psicológica y de otras formas de satisfacerla.

Una comida satisfactoria es una en la que participan los sentidos: satisface nuestra necesidad humana de color, textura y aroma. Un plato púrpura, verde y amarillo que mezcle vegetales con lácteos, proteínas y cereales es más atractivo que uno con un montón marrón, que suele consistir en carbohidratos de bajo valor. Una comida que combine la textura crujiente y suave, el calor y el frío, mantiene vivos los órganos sensoriales, y la mezcla de ingredientes favoritos con otros nuevos estimula al cerebro.

IZQUIERDA: Reduce el ritmo antes de comer y concédete tiempo para disfrutar cada bocado. Esta actitud favorece la relajación y la digestión.

¿SOMOS LO QUE COMEMOS?

Cultivar una conciencia atenta y perceptiva es una técnica de meditación útil que nos aporta información y nos ayuda a desprendernos de formas habituales de comer que ya no mejoran nuestra calidad de vida. A partir de estas preguntas, piensa si tu dieta te sirve o si quieres pensar en cambiar comidas que se han convertido en un hábito para ti:

- ¿Comes las mismas comidas que hace diez años, incluso veinte años?

- ¿Recuerdas en qué momento empezaste a usar ciertos ingredientes o platos en tu repertorio dietético? ¿Tal vez cuando los niños eran pequeños o tenías demasiado trabajo?

- ¿Cómo han cambiado tus circunstancias? ¿Ha cambiado también lo que comes?

- ¿Por qué hay comidas que nunca tomas? Si hace mucho que dejaste de comerlas, ¿recuerdas por qué? ¿Te inspiran lo mismo en este momento?

- ¿Puedes explicar por qué te gusta tu plato favorito? ¿Es por el sabor, por la textura o por los recuerdos que te evoca?

DIETA LONGEVA

Mindfulness en el plato

Este ejercicio nos ayuda a despertar la conciencia de cómo comemos y nos recuerda el goce de experimentar el sabor y la textura de los alimentos. Necesitarás una mesa, una silla, un plato con comida, ¡y apetito!

1. Desconéctate de cualquier distracción (teléfono, ordenador portátil, televisión). Siéntate en una silla de respaldo recto frente a una mesa y sírvete la comida. Siéntate con la espalda recta (ayuda a la digestión) y deja que tus manos reposen en el regazo, con las palmas hacia arriba. Conéctate con el momento presente observando cómo el aire entra y sale de tu cuerpo. Cierra los ojos.

2. Nota qué sensaciones te despierta el apetito. ¿Dónde las sientes? ¿Cómo se las explicarías a alguien? Evita los lugares comunes e inventa tu propia descripción.

EL ARTE DEL PLATO

En India se considera que cada comida está compuesta de treinta y dos bocados. El estómago se visualiza dividido en cuatro partes: dos para los alimentos, una para los líquidos y la restante, vacía para permitir que la energía circule.

3. Lleva tu atención al plato. Mira la comida y mantén las manos en tus muslos por ahora. Observa los colores y la disposición de los ingredientes. Identifícalos y disfruta de cómo están colocados o rebosan del plato.

4. Fíjate en los aromas. ¿Puedes distinguir los olores individuales? Si te vienen otros pensamientos a la mente, déjalos pasar, llevando de nuevo tu atención a la comida que hay en el plato.

5. Ahora corta, pincha o recoge la comida con una cuchara. Percibe las texturas lisas y ásperas, duras y tiernas, sólidas y fluidas.

6. Ponte una pequeña cantidad de alimento en la boca y cierra los ojos. Deja los cubiertos y devuelve las manos a tu regazo. Haz una pausa y nota cómo los sabores activan tus papilas gustativas en distintos puntos de la lengua. ¿Podrías decir dónde empiezan las sensaciones y cómo se desplazan en la boca?

7. A medida que masticas, nota cómo trabajan los músculos del cuello y de la mandíbula. ¿Cuándo sientes que tienes que tragar? ¿Qué te impulsa a hacerlo? Abre los ojos y toma otro bocado. ¿Sabe distinto que cuando tienes distracciones visuales en tu entorno?

8. Come con calma para poder ser consciente de cada bocado en el momento. Cuando acabes, sigue sentado en silencio durante algunos minutos. ¿Puedes visualizar la comida absorbiéndose en tus intestinos, a través de tus sistemas corporales, transformándose en energía?

ABAJO: Una comida consciente y plena de sensaciones se compone de una mezcla de texturas, colores, aromas y sabores.

Alimentación ayurvédica

En la práctica india de longevidad llamada ayurveda se considera que un sistema digestivo que funcione bien es uno de los requisitos más importantes para mantener el cuerpo en equilibrio y proteger la salud. Los alimentos que no se digieren son una de las principales causas de todos los problemas de salud, dice la medicina ayurvédica, que recomienda los alimentos y las posturas de yoga (véase la pág. 226) para desarrollar *agni*, el fuego interno que asegura una buena digestión.

Se considera que la comida de sabores deliciosos es la que se digiere mejor y la que más desarrolla la fuerza y la conciencia sensorial. El ayurveda clasifica los alimentos en seis sabores o *rasa*, vinculados a los elemenos agua, tierra,

IZQUIERDA Y DERECHA: En la dieta ayurvédica es clave comer según la estación, pues se equilibra al cuerpo con su entorno y el *dosha* de la estación. La primavera y el verano son la época de los sabores picantes, amargos y astringentes, mientras que en el invierno se cree que los sabores nutritivos son el dulce, el amargo y el salado.

fuego, aire y éter. Cocinar consiste en mezclar estos sabores de modo que «deleiten» al cerebro, estimulando así la digestión y liberando los nutrientes óptimos. *Rasa* significa «esencia» y «delicia», reconociendo que los alimentos influyen en el bienestar emocional. La forma de comer también influye: las horas de las comidas deben ser calmadas y relajantes para facilitar la digestión.

Aunque cada comida es una mezcla de sabores, uno de ellos debe predominar: todos necesitamos que un sabor equilbre el cuerpo y las emociones, según nuestra constitución individual o *dosha* (véase la página 17). En el ayurveda, cuando todo está equilibrado estamos libres de enfermedad y vivimos una vida larga. Si tomamos demasiado de alguno de estos sabores, se altera el equilibrio del cuerpo.

Se cree que comer en función de la estación y el clima también promueve la salud. En invierno y en las regiones húmedas es mejor tomar comidas calientes y picantes, y en verano o en las regiones secas, alimentos secos. Los sabores dulces se consideran nutritivos para los ancianos, favorecen la fuerza y una vida larga, mientras que los amargos estimulan la saliva y el apetito, y los picantes ayudan a la digestión.

LOS SEIS SABORES EN EL AYURVEDA

• **Dulce (agua + tierra)**
Alimentos dulces, ricos en almidón, incluyendo cereales y lácteos. Fortalecen el cuerpo, lo conectan a la tierra y son nutritivos.

• **Ácido (agua + fuego)**
Los alimentos ácidos y fermentados como los limones y el vinagre. Estimulan el apetito y la digestión y despiertan los sentidos.

• **Salado (tierra + fuego)**
Los alimentos alcalinos y salados, como las algas y las aceitunas. Estimulan la absorción de minerales y calman los nervios.

• **Picante (fuego + aire)**
Alimentos picantes, muy condimentados, como la cebolla y el jengibre. Estimulan la digestión y la circulación y agudizan la mente.

• **Amargo (aire + éter)**
Entre los alimentos tánicos y refrescantes están los vegetales, las hierbas y el té. Promueven la eliminación y fomentan la sensación de claridad.

• **Astringente (aire + tierra)**
Los alimentos ligeros y secos, como las alubias y los germinados. Su efecto es refrescante y estimulan la firmeza mental.

ALIMENTOS REFRESCANTES PARA LOS SOFOCOS

Para conseguir los mejores resultados, los practicantes del ayurveda recomiendan reequilibrar tu constitución o *dosha* mediante la alimentación. Los siguientes ingredientes se recomiendan de forma general para enfriar el fuego interior o *pitta*:

Come más
- alimentos dulces, amargos y astringentes
- arroz, leche
- vegetales y frutas jugosas
- especias digestivas, como hinojo y cardamomo

Come menos
- alimentos salados y ácidos
- alimentos conservados en vinagre
- especias picantes, como pimientos picantes, mostaza y pimienta

ABAJO: En el ayurveda se recomienda tomar especias digestivas como el cardamomo durante la menopausia.

Okinawa: tierra de inmortales

La versión más extrema de la dieta tradicional japonesa es la de la prefectura de Okinawa, unas islas del océano Pacífico, las islas Ryukyu, 640 km al sur de Japón. Consta de siete raciones de vegetales al día y de dos de soja, pescado y marisco tres veces a la semana, además de cereales integrales, legumbres y alimentos fermentados a diario. Apenas se toman lácteos y solo una pequeña ración de carne o huevos, aunque el cerdo es el principal ingrediente de los festines. Quienes siguen esta dieta muestran un riesgo menor de presentar las principales enfermedades asociadas con el envejecimiento (cardiovasculares, demencias, diabetes y cáncer dependiente de hormonas, como el de mama y de próstata). Los japoneses tienen tradicionalmente una esperanza de vida excepcionalmente larga. Pero los de Okinawa tienen la mayor esperanza de vida del planeta. Las Naciones Unidas afirman que su proporción de centenarios es la mayor del mundo.

¿Se debe solamente a la dieta? ¿Pueden otros hábitos de vida influir también? En estas islas se mantiene la costumbre de parar para comer y de compartir la comida con amigos, al igual que el lema *Hara Hachi Bu* (deja de comer cuando estés un ochenta por ciento saciado). La gente se pone de acuerdo para compartir el trabajo, lo que incluye preparar la comida, y se reúnen en grupos (*Moai*). Es frecuente que practiquen la meditación y las artes marciales, y el sistema de creencias local honra a los ancestros y a los espíritus del lugar. Las mujeres mantienen esta forma de vida espiritual y de conexión social, organizando rituales y sirviendo de enlace con el mundo invisible (son también las que más viven). Además tienen la idea de que la vida se vive hacia atrás, o sea, que a medida que envejecemos nos volvemos más jóvenes, y al morir regresamos al útero.

Al igual que ocurre en muchas de las regiones con un número inusual de centenarios, este es un lugar muy disputado que ha defendido su independencia con uñas y dientes. Los ancianos y sus ancestros han pasado por períodos de casi hambruna. Aquí se libró el conflicto más sangriento de la Segunda Guerra Mundial, en la guerra del Pacífico. Aproximadamente un tercio de la población fue masacrada. Murió más gente que en los bombardeos de Hiroshima y Nagasaki. Se sabe que los períodos de restricción calórica favorecen vidas más largas. ¿Es posible que al buscar la fuente de la eterna juventud en los hermosos lugares que hemos destruido durante las guerras estemos pidiendo ser redimidos?

Lo cierto es que cuando los habitantes de Okinawa empezaron a comer como todos nosotros (más arroz y pan, y leche por pri-

mera vez), la incidencia del cáncer se duplicó. Los hábitos saludables de antes de 1940 pueden desaparecer con la actual generación de ancianos.

ARRIBA: En las islas subtropicales de Okinawa, en Japón, han vivido algunas de las personas más longevas del planeta.

Parte 3

MENTE LONGEVA:
relajada, consciente, atenta

Nadie sabe cómo funciona la mente, pero sí sabemos que el cerebro cambia al envejecer y (lo has adivinado) que sus funciones se deterioran. De hecho, literalmente se encoge (un 5% por década después de los 40 años), y esto se acelera a partir de los 60. La pérdida de volumen se asocia a la pérdida de función neuropsicológica. Los problemas de presión arterial y el deterioro de la irrigación sanguínea también lo dañan. El córtex prefrontal es la parte más afectada: esta parte se ocupa de la función ejecutiva, que maneja el razonamiento, la solución de problemas, la planificación y la toma de decisiones. Además dirige al resto del cerebro para trabajar en el logro de objetivos y maneja la concentración. También modera nuestra conducta y las respuestas emocionales para que nos comportemos según las reglas sociales, y parece que está conectado con la culpa y el remordimiento cuando hacemos algo mal.

Los neurotransmisores que transportan mensajes entre neuronas también se deterioran con la edad. Durante la edad adulta perdemos uno de los principales, la dopamina, a un ritmo de un 10% anual, y eso se asocia con un deterioro de la cognición y las habilidades motoras. Los niveles también menores de otro neurotransmisor, la serotonina, afectan a la plasticidad (la capacidad del cerebro para cambiar). El declive de las hormonas sexuales, sobre todo en las mujeres, parece vincularse a problemas de memoria, y la menor secreción de hormona del crecimiento puede afectar al funcionamiento del hipocampo, donde el cerebro procesa y guarda los recuerdos y regula las emociones.

Todo esto significa que con la edad el cerebro se vuelve lento; tal vez notamos que nos cuesta más procesar la información con rapidez, nos distraemos con más facilidad o somos incapaces de concentrarnos o repartir la atención eficazmente entre tareas distintas. Nos cuesta más recoger información y conceptualizar un problema, tomar decisiones, seguirlas y adaptarnos a circunstancias cambiantes. Nuestras funciones mentales y nuestra habilidad con la memoria son más intensas en la veintena, y decaen en la cincuentena y en la sesentena. Empezamos a notar cambios hacia los 65, y la caída de la potencia mental es intensa en los años previos a la muerte.

IZQUIERDA:
Seguir formándonos es muy útil para mantener la memoria despierta y el cerebro funcionando lo mejor posible.

DERECHA:
Cerebro de un hombre de 22 años (fila superior) y de una mujer de 96 años (inferior). Las extensas zonas encogidas se muestran en color blanco.

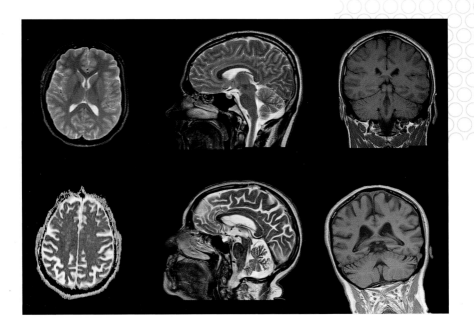

CONSEJO: Cada cerebro envejece a un ritmo diferente. Para saber tu edad mental, busca en Internet «Mi test de edad mental» y complétalo.

Pero también hay buenas noticias: podemos revertir algunos de esos deterioros funcionales, y el cerebro se adapta y los compensa usando áreas distintas de las habituales, creando nuevas vías neuronales y «escalonándolas» para mantenernos despiertos. Comer bien ayuda (el riesgo de deterioro cognitivo aumenta con las dietas altas en calorías y bajas en antioxidantes). Los períodos de ayuno parecen proteger del declive mental, igual que la cantidad de pescado y marisco que comemos. Las cantidades bajas y moderadas de alcohol pueden estimular el hipocampo.

El ejercicio regular es enormemente útil porque estimula la irrigación sanguínea del cerebro y el desarrollo de células cerebrales. Tal vez también ayuda al estabilizar los valores de azúcar en sangre (las subidas pueden afectar a la zona de formación de recuerdos en el cerebro). Una mejor forma física reduce los deterioros funcionales asociados con la edad, y cuanto menor es el riesgo de enfermedad

FÓRMULA DE UN CEREBRO JOVEN

- Ejercicio frecuente.
- Dieta beneficiosa para el sistema cardiovascular.
- Ejercicios mentales habituales.
- Mantener la calma en situaciones de estrés.
- Una vida social activa.

cardiovascular, más baja es la edad biológica de tu cerebro. Las personas activas que siguen una dieta saludable suelen alcanzar puntuaciones más altas en las pruebas cognitivas que las personas inactivas de la misma edad o más jóvenes. Esto no solo se debe al entrenamiento cardiovascular. Las actividades que estimulan el equilibrio y la coordinación (véase la pág. 44) también mejoran tus habilidades cognitivas. Un estudio que se extendió durante 21 años dirigido por la Facultad de Medicina Albert Einstein de Nueva York concluyó que las personas que bailaban con frecuencia tenían un riesgo un 76% menor

IZQUIERDA: Haz puzles, lee textos intelectualmente desafiantes, escribe una novela: usando el cerebro a diario seguimos desarrollando sus habilidades cognitivas.

«El anciano se alimenta de sabiduría».

PROVERBIO AFRICANO

A POR LAS NOVEDADES

Aunque no podemos detener el tiempo, podemos cambiar la forma de percibirlo viviendo nuevas experiencias. ¿Has notado que los primeros días de vacaciones parecen interminables? Es porque el cerebro está adaptándose como reacción a todas las novedades. El estímulo de nuevos lugares, gentes, alimentos e idiomas crea montones de recuerdos, de modo que cuando miramos atrás, todas esas nuevas texturas alargan nuestra percepción del tiempo.

de demencia, mayor que las personas que se ejercitaban mentalmente.

Pero lo más útil que podemos hacer por el cerebro parece ser la educación continua: cuanto más nos formamos, mejores reservas preparamos en los primeros años para protegernos del envejecimiento cerebral en décadas venideras. Los estudios universitarios parecen retrasar el envejecimiento hasta diez años, hasta los 75. También protegen de la demencia y se asocian con una vida más larga. ¿No tienes estudios universitarios? Podemos arreglarlo con los estímulos mentales constantes de un trabajo o una afición intelectualmente exigente. Ejercitar el cerebro con crucigramas o sudokus, leyendo o estudiando nuevas ideas ayuda a entrenar la memoria y la inteligencia hasta tal punto que en las pruebas podemos obtener puntuaciones tan buenas como las de personas más jóvenes.

Lo mejor es que algunas habilidades cognitivas se desarrollan con la edad. Las décadas extra de experiencia nos hacen mejores en ese tipo de razonamiento superior que comporta valorar los hechos y estimarlos a partir de un ejemplo anterior. Se nos da mejor abordar los problemas desde perspectivas diferentes y valorar un tema moralmente.

MENTE LONGEVA

267

Sabiduría antigua

Esta sabiduría se conoce como inteligencia cristalizada y es distinta del conocimiento. A diferencia de la memoria, el razonamiento y la velocidad de procesamiento, se mantiene estable o incluso aumenta con la edad. Se adquiere con la experiencia y se caracteriza por la compasión y la tolerancia, así como por la conciencia de múltiples perspectivas y de la incerteza. El filósofo griego Plutarco

planteó la pregunta: «¿Debería un hombre anciano participar en los asuntos públicos?». En el tratado del mismo título responde: ¡sí! Mientras los más jóvenes aportan a los asuntos de estado la juventud de sus cuerpos, las personas maduras ofrecen «una sabiduría profunda», que él define como razón, juicio, franqueza y las bellezas del alma, es decir, justicia, moderación y sabiduría. Y puesto que estas maduran «tarde y con lentitud», afirma que es una locura obviar a los más mayores para los puestos de liderazgo. Cree que la edad «no hace sino aumentar nuestro poder para liderar y gobernar».

Las palabras «sénior» y «senador» comparten la raíz latina *senatus*, que significa «asamblea de ancianos». Por tanto, llamar «senil» a alguien es, en realidad, respetuoso. Las palabras griegas para «edad avanzada», *gera*, *geron,* también hacen referencia al privilegio y los derechos de la posición de quienes eran elegidos para los consejos de ancianos, *gerusia*. La sociedad necesita la sabiduría de la edad. Son los mayores quienes conservan y transmiten las tradiciones (el conocimiento que una sociedad tiene de sus ritos y mitos, costumbres y ceremonias) y quienes eligen cuándo y cómo lo hacen (y si lo hacen), ya que confieren una gran autoridad. Los recuerdos son poder y quienes atesoran más son considerados mágicos en muchas culturas, más próximos a los ancestros y dotados para mediar entre las vidas pasadas y los mundos futuros.

IZQUIERDA: En la obra *Audiencia en Atenas durante la representación de Agamenón de Esquilo*, pintada por William Blake Richmond (s. xix), una antigua figura madura y de autoridad domina el centro del lienzo. Es el sacerdote de Dionisio, dios del teatro y la fecundidad.

Estrés y envejecimiento

El estrés afecta al envejecimiento del cerebro y es un importante factor de riesgo de deterioro. Cuantos más hechos estresantes vivimos, más se deterioran las funciones cognitivas. En los estudios esto se asocia a un peor rendimiento en las tareas cognitivas. Cuando somos más mayores, menos estrés es igual al rendimiento cognitivo de alguien más joven.

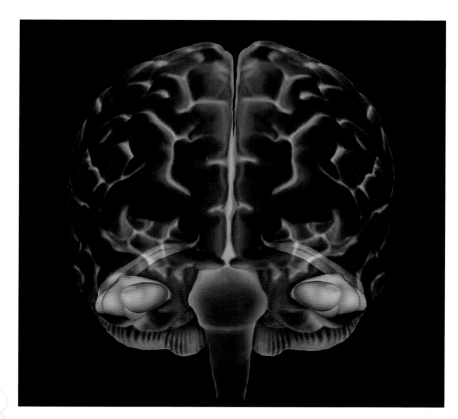

Para estar activos necesitamos una dosis de adrenalina y cortisol (hormonas del estrés). Si no experimentamos una sensación de urgencia o si nuestros reflejos no son estimulados, nunca cumpliríamos los plazos de entrega ni nos las arreglaríamos para cruzar la carretera con seguridad. Las hormonas del estrés se liberan en respuesta a una amenaza percibida. Pueden elevar la presión arterial, aumentar la tensión muscular, acelerar el corazón y hacer que la respiración sea más superficial y rápida. Todo lo anterior prepara al cuerpo para reaccionar a la amenaza huyendo o luchando. Escojamos lo que escojamos, el sistema nervioso parasimpático se activa, de modo que una vez la amenaza ha desaparecido, regresamos automáticamente de un estado físico de alerta a otro de «relajación y reparación».

Los estresores psicológicos no desaparecen solo luchando o huyendo; son más invasivos. Cuando nos sentimos emocionalmente amenazados, aumenta la importancia del estresor y el proceso de rumiar sobre ello, lo que permite que los pensamientos negativos nos invadan y el estado de estrés se alargue. Existe el riesgo de que nuestra respuesta emocional nos altere aún más y caigamos en un estado prolongado de reactividad. Si no hacemos algo para liberar esta tensión y no desaparece, el aumento constante de la tensión arterial y de la frecuencia cardíaca, los cambios en la respiración y los niveles de azúcar en sangre, el aumento de la inflamación y la respuesta alterada del sistema inmunitario provocarán el deterioro cognitivo y de la salud.

En el cerebro, el estrés parece afectar al hipocampo. Esto tiene efectos en la memoria a corto plazo y en nuestra capacidad para descartar los pensamientos intrusivos, tomar decisiones fundamentadas y controlar los impulsos. El estrés psicológico crónico (generalmente causado por la falta de control sobre las condiciones de vida o el entorno social) es especialmente nocivo para el cerebro. Igual que ocurre con la depresión, parece que afecta a la longitud de los telómeros, las cubiertas protectoras que hay en los extremos de los cromosomas (véase la pág. 14). Cuando una célula se divide, sus telómeros se acortan, hasta que al final acaban deteriorándose y los cromosomas se dañan. La célula ya no puede volver a reproducirse y muere. Eso es el envejecimiento. Los telómeros acortados se han asociado con muchas alteraciones relacionadas con la edad, desde la osteoporosis a las enfermedades cardíacas. La enzima llamada telomerasa repara los telómeros, lo que permite que las células sigan dividiéndose, creando copias sanas de sí misma. El estrés crónico estimula la secreción de cortisol, que suprime la producción de telomerasa.

IZQUIERDA: El hipocampo (en rosa en la imagen) tiene forma de caballito de mar. Está ubicado en la profundidad del lóbulo temporal. Se asocia con el aprendizaje, la memoria y la orientación espacial.

ARRIBA: Poder mantenerse calmado y enfocado en medio del estrés diario se asocia con mayor felicidad y productividad.

Hacer ejercicio y seguir una dieta saludable son los mejores recursos para contener el estrés. También, contar con una red social de apoyo, pero además es fundamental cambiar el modo en que reaccionamos al estrés. Desde la década de 1960, las investigaciones han mostrado que la meditación y el *mindfulness* reducen la ansiedad mental y renuevan las vías habituales del estrés que desarrollamos con el tiempo. Resumiendo, ser consciente de tus pensamientos, controlar cómo los procesas y aceptar que las experiencias emocionales no tienen que abrumarte provoca una respuesta de relajación que devuelve los valores de las hormonas del estrés a cifras normales, relaja los músculos, ralentiza la frecuencia cardíaca y revierte otras reacciones físicas perjudiciales. En los estudios, esto se correlaciona con un mejor rendimiento mental, una mayor satisfacción en las tareas del trabajo y una mejor habilidad para estudiar y retener la información.

Si el estrés nos envejece físicamente al dañar los telómeros, podemos decir que la meditación consciente retrasa el reloj. Las técnicas de respiración consciente son un buen punto de partida para aprender *mindfulness* y meditación, y se valoran desde hace mucho como prácticas favorecedoras de la longevidad.

Meditar para alargar la vida

Cuando nos hacemos conscientes de nuestros pensamientos en cada momento, y podemos comprobar el efecto que las emociones tienen en nosotros sin juzgarnos, sentimos que tenemos mayor control y podemos afrontar lo que la vida nos trae al envejecer.

Entonces tenemos un criterio más ajustado de a qué debemos reaccionar y de hasta qué punto es real la amenaza percibida. La perspectiva de estar angustiados nos despierta menos angustia. Esto nos protege contra los efectos negativos del estrés y parece ralentizar el ritmo al que envejecen nuestras células. Podemos aprender esto gracias a la meditación y al *mindfulness*. Vivir la vida en el presente es la única forma conocida de ralentizar el tiempo.

La meditación parece activar la parte del cerebro que se atrofia con la edad, el córtex prefrontal: la activación de esta región se relaciona con sentimientos de bienestar. Cuando meditamos, la frecuencia del corazón y de la respiración se reducen y aumenta el flujo de sangre al cerebro. Un estado mental de descanso profundo y, a la vez, de alerta se asocia con la aparición de ondas alfa altas. Los escáneres del cerebro muestran que la meditación aumenta la actividad del hipocampo.

Los estudios sobre personas que practican meditación trascendental (MT), la modalidad de meditación más investigada, muestran que su edad biológica es significativamente menor que su edad cronológica, y que tienen habilidades mentales, físicas, cognitivas y per-

ceptivas equiparables a las de personas más jóvenes. Los meditadores parecen tener valores más bajos de cortisol y niveles de DHEA (la hormona de la juventud) parecidos a los de personas cinco a diez años más jóvenes. Las concentraciones de DHEA se reducen con la edad y los valores bajos se asocian con la enfermedad y la muerte.

La meditación parece ser un recurso útil para gestionar muchas de las enfermedades asociadas con el envejecimiento. Ayuda a reducir la presión arterial elevada: la MT ha mostrado ser más efectiva que otros tipos de relajación o que los programas de cuidados convencionales para reducir los valores de la presión sistólica y diastólica en hombres y mujeres (parece que mantiene abiertos los vasos sanguíneos). Puesto que carece de efectos secundarios y es fácil practicarla en casa, los médicos la recomiendan de forma habitual en las personas con riesgo de ictus. También puede ser útil para las enfermedades cardíacas. Puede ayudarnos a vivir con el dolor crónico liberando gran parte de la tensión muscular que contribuye al ciclo del dolor. El Instituto Benson-Henry, en Massachusetts, descubrió que después de un año de formación en rela-

jación-respuesta, los participantes consultaron a los profesionales de la salud aproximadamente un 43% menos.

La meditación suele incluirse en los programas de apoyo para los pacientes con cáncer y puede ayudar a reducir los síntomas desagradables que aparecen durante la quimioterapia. Algunos estudios han mostrado que los pacientes con cáncer que practican la meditación sobrevivieron hasta el doble que otros pacientes.

Mindfulness

El *mindfulness* o acto de ser consciente de cada momento sin juzgarlo se ha estudiado menos que la meditación. Pero ya hay muchos estudios recientes de la reducción del estrés basada en el *mindfulness* (MBSR) que han probado sus efectos positivos. El MBSR incluye sentarse en silencio, la meditación caminando, escanear el cuerpo y el movimiento consciente (yoga, qigong y modalidades de baile como el tango —véase la pág. 326—, entre otras actividades). El *mindfulness* parece estimular la acción antiinflamatoria, potenciar el número de leucocitos y la respuesta de los anticuerpos y activar la parte del cerebro responsable de la inmunosupresión. Se ha visto que previene la atrofia del hipocampo y que favorece la neuroplasticidad. También puede mejorar los síntomas de la menopausia, entre ellos los molestos sofocos.

Esta práctica puede ser especialmente fácil de incorporar a nuestros ritmos de vida tan activos, porque no necesitas reservar un tiempo, podemos usar las técnicas para realizar cualquier actividad con conciencia meditativa, desde cepillarnos los dientes a levantar pesas, simplemente manteniéndonos conscientes de cada acción y dejando pasar los pensamientos intrusivos. Nos relaja y dejamos espacio para una vida mental y sensorial más rica.

ARRIBA: Es más efectivo aprender a meditar con un profesor y unirse a un grupo de meditación que se encuentre regularmente para compartir ideas e inquietudes.

Sentarse en silencio

Esta es la posición clásica que se adopta para meditar. El término zen *zazen* se traduce como «solo sentarse» y se refiere al estado al que accedemos cuando somos plenamente conscientes de las sensaciones, los pensamientos y las emociones. Es importante que nos sentemos con la espalda recta. Como enseñó el gurú del yoga B. K. S Iyengar, cuando la columna está recta, el cerebro está alerta. Para ayudar a llevar a tu mente al presente puedes usar alguna técnica de enfoque, como respirar o contar mientras estás sentado (véase la pág. 292). Empieza practicando de tres a cinco minutos, hasta llegar a veinte minutos, dos veces al día. Puedes sentarte en una silla o sobre el suelo con las piernas cruzadas y la espalda apoyada en la pared, o de rodillas. Lo más importante es que notes el cuerpo relajado cuando empieces y que tu columna esté recta.

VENCER LOS PENSAMIENTOS INTRUSIVOS

Cuando medites, trata de ser consciente de los pensamientos en el momento en que aparezcan. Esto evita que acabemos convirtiéndolos en relatos (por muy encantadoras que sean, las historias son atractivas y nos arrastran desde el momento presente a hacer planes para el futuro o a replantear el pasado). A medida que practiques, tu percepción de los pensamientos intrusivos se afinará y serás más capaz de detener las ensoñaciones y mantener tu foco en el ahora con más intensidad.

1. Siéntate o arrodíllate de modo que estés cómodo. Si lo prefieres, colócate una manta doblada entre los pies y otra bajo las nalgas. Mantén la columna recta, y las orejas y los hombros alineados. Mira hacia delante.

2. Deja reposar las manos sobre los muslos o las rodillas con las palmas hacia abajo. Con los ojos medio cerrados, dirige la vista hacia adelante y hacia abajo, con la mirada relajada. Para evitar distracciones, te será útil ponerte frente a una pared blanca.

3. Lleva tu atención hacia el interior y nota cómo la respiración entra y sale de tu cuerpo a través de las fosas nasales. Con calma, muévete mentalmente a una posición de testigo, contemplando tus pensamientos, emociones y sensaciones como si fueras un observador desinteresado. Cuando un tren de pensamientos te arrastre, algo que seguramente ocurrirá, no te castigues, solo obsérvalos, pídeles que pasen y lleva tu conciencia de regreso a tu respiración. Revisa tu postura y relaja los hombros.

4. Cuando llegue el momento de acabar, vuelve a llevar tu conciencia a la habitación en la que estás. Mueve los dedos de las manos y los pies y descruza las piernas con cuidado.

Concentrarte en una llama

La meditación en la llama de una vela (*trataka*) se basa en concentrar físicamente la mirada para calmar la mente. A medida que miras solo la llama, tu conciencia del flujo de ideas que pasa por tu cerebro se ralentiza y finalmente se suspende. Esta meditación en un solo punto y un único foco puede ser especialmente útil en épocas estresantes, cuando es difícil mantener la mente en una sola cosa. Necesitarás una mesa baja y una vela.

1. Siéntate cómodamente con la espalda recta, con las manos descansando en las rodillas o los muslos. Pon una vela a la altura de tus ojos.

2. Observa cómo tu respiración entra y sale. Luego enfoca tu mirada en el extremo de la llama, en el punto en el que su forma y su color desaparecen.

3. Mantén tu mirada fija en la llama hasta 30 segundos, intentando no pestañear. Luego cierra los ojos y visualiza la llama en tu mente. Imagina que limpia tu mente, quemando los pensamientos y convirtiéndolos en vapor.

4. Cuando la imagen se desvanezca, abre los ojos y vuelve a mirar la vela. Si los pensamientos te invaden, permite que ardan y regresa a la llama. Practica durante tres minutos, dejando que la imagen de la vela limpie las distracciones de tu mente.

Caminar con conciencia

Esta es una forma muy accesible de probar el *mindfulness*. Ayuda a calmar la mente antes de la meditación sentada, y es muy útil cuando quieres seguir meditando pero se te duermen los pies y las piernas. Necesitarás suficiente espacio para dar 30 pasos en línea recta. Si puedes, hazlo descalzo.

1. De pie al principio de tu recorrido, mira hacia delante y estira la parte superior del cuerpo. Nota el estiramiento en la columna y el cuello. Relaja los hombros y deja los brazos colgando a los lados. Para centrarte, cierra los ojos y atiende a cómo la respiración entra y sale de tu cuerpo.

2. Abre los ojos y mira hacia abajo y un poco hacia delante, relajando y ampliando el alcance de tu mirada (imagínate como si miraras hacia fuera a través de las sienes). Al inhalar, mueve tu pie derecho hacia delante. Exhala. En la siguiente inhalation, da un paso adelante con el pie izquierdo.

CONSEJO: Prueba un mudra tradicional durante tu meditación caminando mientras haces tu recorrido. Cierra el puño izquierdo sin apretarlo y colócalo en el centro de tu pecho, alineado con el corazón. Cubre el puño con tu mano derecha, con el pulgar apoyado encima. Mantén los codos separados, con los antebrazos paralelos al suelo. Intenta mantener esta posición mientras caminas.

3. Continúa tu recorrido al mismo ritmo lento. Percibe cómo tu peso pasa del tobillo al dedo gordo con cada paso. Disfruta del movimiento del tobillo levantándose del suelo, nota el impulso bajo los dedos de tus pies y el dedo gordo que te sujeta.

4. Sigue caminando y ahora fíjate en cómo tus brazos adaptan su ritmo a tu andar. Lleva tu conciencia a la parte trasera de tu cuerpo y reduce el ritmo deliberadamente, si has adelantado el pecho y la barbilla. Pon la atención en tu abdomen. ¿Notas cómo el movimiento se inicia ahí?

5. Cuando llegues al final del recorrido, da la vuelta y vuelve a hacerlo. Mira suavemente hacia delante, no a tus pies. Fíjate en cada paso, consciente solo de la acción repetida de levantar cada pie, de avanzar, de volver a bajarlo al suelo y de transportarte. Vuelve a centrarte en lo anterior cuando los pensamientos te distraigan. Puedes caminar tanto tiempo como quieras.

Caminar hacia el conocimiento

Un viaje a pie siempre se ha asociado a la búsqueda de la paz interior, la calma y la conexión con algo más grande que nosotros, sea divino, natural o nuestro lugar en el estado de las cosas. Por lo general, estos viajes se realizan en épocas de transición. El peregrinaje cristiano por el Camino de Santiago o el Hajj musulmán a La Meca comparten la idea de que, a medida que te acercas al final físico del viaje, avanzas en tu propio viaje de autodescubrimiento y transformación o hacia una nueva fase de la vida.

El mitólogo Joseph Campbell se basó en los arquetipos junguianos para popularizar la idea del viaje del héroe. El arquetipo del héroe (o la heroína) inicia una búsqueda para encontrar el Santo Grial o el vellocino de oro o para matar al monstruo. Es un viaje arduo tanto física como emocionalmente, durante el que se ve obligado a superar una serie de pruebas cuya intensidad aumenta a medida que se adentra en el viaje. Durante este, el héroe descubre una verdad sobre sí mismo y afronta una decisión: continuar como antes o abrazar la verdad y luchar para superarla. Hay una noche oscura del alma, un punto hacia el final del viaje en el que todo parece perdido y en el que la intensidad de las fuerzas antagónicas alcanza su punto máximo. Si es capaz de hacer la elección correcta en ese momento, es recompensado seguramente no con aquello que deseaba, el anillo, sino con lo que necesita, el autoconocimiento. El regreso a casa se inicia cuando al final del viaje el héroe es capaz de conseguir aquello que no podía lograr al principio.

DERECHA: En el Hajj o peregrinación anual a La Meca, los devotos rodean el antiguo edificio de La Kaaba, en la Gran Mezquita de La Meca (Arabia Saudí).

El relato más antiguo es el *Poema de Gilgamesh*, escrito hace unos tres mil años en Mesopotamia, en el que el héroe epónimo parte para descubrir el secreto de la vida eterna, después de la muerte de su mejor amigo. A través de su viaje por tierras salvajes debe aprender a aceptar no solo la muerte de su amigo, sino su propia mortalidad y a convertirse en un rey bondadoso y sabio. Lo consigue y acaba volviendo a casa, donde reinará durante 126 años.

Respiraciones lentas y profundas

Atender a la respiración es la forma más sencilla de *mindfulness* y un método fácil de meditación que nos protege de los efectos envejecedores del estrés.

Es inevitable: cuando seguimos el flujo de entrada y salida del aire a través de nuestras fosas nasales y sentimos subir y bajar el diafragma y expandirse la caja torácica, estamos presenciando el momento presente y excluyendo todo lo demás de nuestros pensamientos.

Emocionalmente, ser testigos de la respiración nos enseña a distanciarnos y a observarnos a nosotros mismos en las situaciones diarias hasta que nos hacemos conscientes de nuestras reacciones habituales. Esa autoconciencia puede ayudarnos a detener la ira cuando empieza a aparecer y a abandonar con amabilidad hábitos que nos hacen sentir mal. Aprendemos a atemperar las emociones difíciles y a extraer positividad de lo negativo. Físicamente, una respiración más profunda transforma la respuesta de huida o lucha del estrés y activa el sistema nervioso parasimpático, el estado de descanso, recuperación y sanación.

Una mejor respiración es aún más importante a medida que envejecemos, para la distribución de oxígeno y para liberarnos del dióxido de carbono. La función pulmonar máxima se registra sobre los 25 años. Después de los 35 empieza a decaer, y a medida que nos hacemos mayores tendemos a respirar menos eficientemente: los músculos intercostales que envuelven la caja torácica y el diafragma se debilitan, sobre todo en los hombres, los huesos de las costillas pueden adelgazarse y la forma de la columna vertebral puede cambiar. Los sacos aéreos de los pulmones pierden resistencia a partir de los 50, y se convierten en espacios no funcionales. Por eso es más difícil inspirar y exhalar por completo: esta capacidad se reduce un 20% cuando somos sendentarios (que es lo habitual con la edad). Si no seguimos practicando la respiración profunda, que nos ayuda a mantener los músculos fuertes y a expandir y contraer los pulmones eficazmente, tenemos una desventaja mecánica.

DERECHA: Cada respiración importa. Ser más conscientes es tan sencillo como pararnos a sintonizar con cada inhalación y cada exhalación.

EL RATÓN Y LA TORTUGA

En muchas tradiciones, existe la idea de que nacemos con un número de respiraciones asignado. Aristóteles creía que era una cantidad finita de «sustancia vital». Cuando la hemos consumido, sencillamente morimos. Un ejemplo que apoya esta idea pone como ejemplos al ratón y a la tortuga. Un ratón respira muy rápido (90-170 veces por minuto) y vive como mucho tres años. Una tortuga respira lentamente (3-4 veces por minuto) y puede vivir hasta 400 años.

Controlar la respiración

Las técnicas de control de la respiración se han considerado tradicionalmente como una forma de alcanzar la longevidad. Algunas formas de ralentizar la respiración son alargar la inhalación, maximizando el tiempo de transferencia del oxígeno y el dióxido de carbono, haciendo la exhalación más completa y efectiva y fortaleciendo los músculos del pecho.

> «Porque el aliento es vida, si respiras bien vivirás mucho tiempo en la tierra».
>
> **PROVERBIO VÉDICO**

CONSEJO: Practica las torsiones de yoga (véanse las págs. 224–225) para desarrollar los músculos que usamos al respirar y liberar la tensión que endurece la caja torácica, para una respiración completa y sencilla.

EL NERVIO VAGO

El nervio vago (un nervio «disperso») es el más largo y complejo de los doce nervios craneales y llega más lejos que cualquier otro nervio. Su trayectoria descendente discurre desde el cerebro hasta el abdomen. Sus múltiples ramas inervan los órganos de los sentidos en la nariz, los ojos, los oídos y la lengua, los músculos faciales y los que controlan la deglución y el habla, el corazón, los pulmones y el diafragma, y bajan hasta el tracto gastrointestinal. Los impulsos que transmite equilibran el sistema nervioso: controlan la frecuencia del corazón y la respiración, la presión arterial y la digestión, y pueden reducir la inflamación y eliminar los efectos del estrés y del miedo.

Cuando su tono es «alto», nos sentimos bien y los sistemas corporales funcionan eficazmente. El tono bajo se asocia con muchas de las afecciones propias del envejecimiento, desde las crisis cardíacas y el ictus a la depresión, los trastornos digestivos y la artritis reumatoide. La estimulación del nervio mediante impulsos eléctricos administrada por un implante en el pecho se emplea para regular el humor y atenuar la depresión, reducir el riesgo de enfermedad cardíaca y tratar la inflamación, los trastornos de la memoria y el alzhéimer.

La respiración diafragmática profunda con foco en la espiración puede activar el nervio vago, lo cual quizás explique la capacidad de las técnicas de respiración del yoga para activar el sistema nervioso parasimpático, o la respuesta de descanso y reparación. También se usa la acupuntura en la oreja para estimular este nervio.

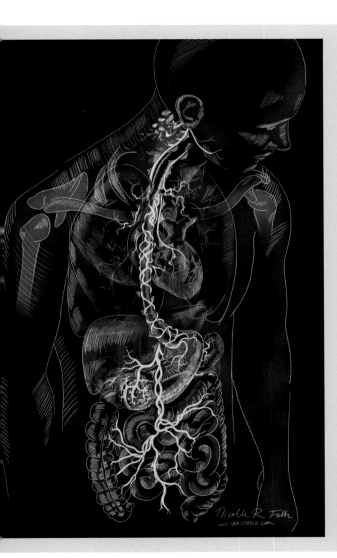

IZQUIERDA: Las distintas ramas del nervio vago descienden desde el cerebro hasta los intestinos; de todos los nervios, este es el que se distribuye más extensamente.

La tortuga

La tortuga es la especie de vertebrado de vida más longeva. El animal terrestre más viejo del mundo (se cree que tiene 183 años) es una tortuga de la isla de Santa Elena. En China y Japón se la considera un símbolo de longevidad, y su figura se representa en amuletos que se llevan como protección contra la enfermedad y otras fuerzas malignas. En la tradición del yoga, se la admira por su capacidad de confiar en sus sensaciones y su habilidad para protegerse del estrés del mundo, mirar en su interior y reunir la energía que promueve la vida y la fuerza.

En los relatos se destaca a la tortuga por su paciencia y su resistencia. Sus poderes naturales, lentos e imperturbables, la llevan a atravesar la línea de meta antes que la excitable y distraída liebre. Una característica de la arquitectura son las representaciones en forma de tortuga, que sostienen con solidez edificios y columnas, igual que en la mitología india, en la que las patas de la tortuga sostienen al elefante mítico sobre el que descansa el peso del mundo. El caparazón en forma de cúpula representa la curva de la Tierra, y en muchas tradiciones la tortuga es el vínculo entre la vida en este mundo y otros mundos distantes. En China, es un símbolo frecuente en los cementerios, y en los relatos de creación de los indios nativos americanos es la tortuga la que eleva nuestro mundo desde lo profundo y lo materializa.

IZQUIERDA:
En la tradición hindú, la tortuga es el vínculo entre el cielo y el reino terrestre. Sobre su caparazón están los elefantes que sostienen la esfera de los cielos, mientras el cielo flota en el «océano universal».

Encuentra tu respiración

Si te has acostumbrado a respirar superficialmente, como ocurre cuando llevas una vida sedentaria, es más difícil conectar con la respiración. Este ejercicio enseña los fundamentos de la respiración profunda y te muestra cómo hacer inspiraciones y espiraciones prolongadas.

1. Túmbate de espaldas con las rodillas flexionadas y los pies en el suelo, separados a la anchura de las caderas. Relaja la cabeza y los hombros y descansa las manos en el vientre, con la palmas hacia abajo y los dedos tocándose. Reposa hasta que te sientas relajado (puedes ponerte una manta doblada bajo la cabeza). Conéctate con tu respiración. Nota si tus manos se mueven mientras respiras.

2. Ahora inhala como si inflaras un globo en tu abdomen desde abajo. Nota cómo sube y cómo los dedos se separan unos de otros.

3. Exhala y observa cómo tu abdomen se hunde y

CONSEJO: Intenta inspirar y espirar por la nariz con la boca cerrada. Esto refuerza el sistema respiratorio al estimularse la producción de óxido nítrico, lo cual mejora la capacidad de los pulmones para absorber oxígeno y ayuda al sistema inmunitario. Tararear oprime la garganta como la respiración *ujjayi* (véase la pág. 68). Parece que esto también aumenta la producción de óxido nítrico.

tus dedos vuelven a tocarse. Repite estas inhalaciones y exhalaciones completas hasta siete veces. A medida que inspires, nota cómo la caja torácica se expande hacia los lados y la espalda presiona sobre el suelo. A medida que espires, fíjate en cómo tus hombros bajan y en la sensación de relajación que esto proporciona.

4. Una vez puedas hacerlo con confianza tumbado, siéntate con la parte trasera de la pelvis apoyada en una pared (tal vez te ayude sentarte sobre unos bloques de yoga o un cojín duro). Apoya los omóplatos y la espalda en la pared y mira hacia delante. Enfócate en la respiración y nota tu vientre y la parte trasera del tórax aumentando con cada inspiración.

Cuenta las respiraciones

Tu mente puede divagar mientras meditas, pues es difícil prestar atención.
Contrarresta las distracciones concentrándote para encadenar tus pensamientos
y detenerlos simplemente sentándote. Este ejercicio es una preparación útil para
las técnicas que permiten alargar la respiración. El número de respiraciones que
tradicionalmente se intenta alcanzar es 108.

1. Siéntate o arrodíllate cómodamente con
la espalda recta y las manos sobre las rodillas
o los muslos. Cierra los ojos. Observa un
momento cómo el aire entra y sale de tu
cuerpo. Siente expandirse tus costillas con la
inhalación y el calor de la exhalación en tu
labio superior.

2. Cuando te sientas calmado y tu
respiración se haya estabilizado, empieza
a contar. En silencio di «uno» con la
primera inspiración, y «uno» con la primera
espiración. Sigue contando, observando

hasta qué numero llegas sin que la atención
se extravíe. Nunca fuerces la respiración
y mantén todo muy relajado.

3. Cuando comiences a divagar, vuelve a
la conciencia de tu respiración y regresa al
uno. Al principio solo podrás contar hasta
dos, pero con perseverancia y practicando
regularmente llegarás hasta diez o incluso
más. Llegues hasta donde llegues, observa
cómo te concentras y el sentimiento de
alerta tranquila. Esto es meditación.

«Si la respiración se altera,
la mente se altera. Al controlar la
respiración, el yogui estabiliza su
mente. Mientras el cuerpo respira,
está vivo… por esa razón debemos
controlar la respiración».

HATHA YOGA PRADIPIKA,
TEXTO VÉDICO DEL SIGLO XV
SOBRE EL HATHA YOGA

Alarga la respiración

Aprende a respirar como una tortuga. Es muy agradable detenerse por completo
en las pausas entre respiraciones porque despierta una autoconciencia meditativa.

1. Siéntate o arrodíllate cómodamente con la espalda recta y las manos sobre las rodillas o los muslos. Cierra los ojos y concéntrate en la respiración. Nota el aire frío cuando inspiras y caliente cuando espiras.

2. Inhala contando hasta tres o cuatro. Exhala hasta tres o cuatro. Esto es un ciclo. Si lo necesitas, respira normalmente después del primer ciclo. Repítelo tres, cinco o siete veces.

3. Cuando te sientas cómodo con la técnica, empieza a alargar la espiración. Inhala hasta cuatro, luego exhala contando hasta ocho. Al exhalar, déjate envolver por la calma. Luego permite que la inspiración llegue con naturalidad y sin esfuerzo. Si te quedas sin aliento durante la inspiración, reduce la duración del tiempo que aguantas el aire.

4. Añade una pausa antes de la inspiración. Inspira contando hasta cuatro, aguanta hasta dos, y espira hasta ocho. Durante la pausa retén la respiración, intenta no tensar los hombros ni dejar que se levanten, pero nota una sensación de quietud, claridad y espacio. Puedes aumentar o reducir el número, pero mantén un patrón de 2–1–4.

5. Para acabar, añade otra pausa, ahora al final de la espiración. Inspira hasta cuatro, aguanta hasta dos, espira hasta ocho y aguanta hasta dos. De nuevo, si te quedas sin aire entre respiraciones, vuelve a la versión más sencilla del ejercicio y ve avanzando hasta la etapa final poco a poco.

Respiración en tres partes

Esta es otra forma efectiva de ralentizar tu respiración y de dar más tiempo al intercambio de oxígeno y de dióxido de carbono.

1. Siéntate o arrodíllate cómodamente con la espalda recta y las manos reposando en las rodillas o los muslos. Cierra los ojos y observa tu respiración hasta que te sientas calmado y tu cuerpo esté relajado.

2. Imagínate que la parte superior de tu cuerpo es un bote, y que la base es tu pelvis. Inhala contando hasta tres, y llena la tercera parte inferior del bote, más o menos hasta el abdomen. Haz una pausa. Sigue inhalando hasta tres y llena el centro del bote, cerca del pecho. Haz otra pausa. Para acabar, inhala hasta la parte superior del bote, hasta los omóplatos, y aguanta el aire. Libera el aire con una única exhalación prolongada y relajada. Esto es un ciclo. Respira normalmente. Haz tres, cinco o siete ciclos.

3. Cuando te sientas listo (tal vez en otra sesión), invierte la dirección. Toma una inspiración larga sin forzar, llenando los pulmones. Exhala contando hasta tres, vaciando la parte superior del bote, más o menos en los omóplatos. Haz una pausa. Sigue exhalando contando hasta tres, vaciando el centro del bote, más o menos en el pecho. Finalmente, exhala hasta la base del bote, en el abdomen, y aguanta la respiración. Esto es un ciclo. Haz una respiración normal. Repite durante tres, cinco o siete ciclos.

PARA VIVIR MÁS TIEMPO, DEJA DE FUMAR

Fumar es la principal causa prevenible de morbilidad y de mortalidad prematura. La buena noticia es que este hábito está reduciéndose en todos los grupos de edad, y que las personas más mayores parecen más capaces de dejar el hábito. Las habilidades cognitivas se reducen cuando respiramos aire contaminado, y fumar lleva ese aire contaminado directo a nuestros pulmones que van envejeciendo. Al dejar de fumar podemos respirar con más facilidad, reduce el riesgo de ictus y de enfermedad cardiovascular e impide que los problemas presentes se agraven. Dejar de fumar es una forma probada de vivir más tiempo.

ARRIBA: Sé consciente del esfuerzo que dedicas a los diferentes aspectos de la respiración y mantenlos equilibrados.

UNA RESPIRACIÓN REGULAR

En cualquier ejercicio que hagas, fíjate en lo que ocurre con cada respiración del principio al final. ¿Es tu respiración fuerte al principio de la inhalación o la exhalación pero pierde fuerza al final? Intenta mantener un equilibrio, de modo que haya tanta fuerza al final como al principio. Tal vez necesites refrenarte al principio y aplicar un poco más de energía al final para mantener la respiración pareja y equilibrada. Trata de igualar la duración de la inhalación y la exhalación contando la duración y corrigiéndolas para igualarlas. Es posible que tengas que acortar la respiración más larga. .

Observa si la parte frontal de tu cuerpo se expande más que la trasera. Visualiza la parte trasera de tu cuerpo para corregir esto. Las costillas se extienden alrededor del pecho, por tanto deberían hacerlo de forma igualada. Por último, fíjate en si tu pulmón izquierdo o derecho se nota más pleno. Lleva tu atención consciente al otro pulmón y observa qué ocurre (mágicamente, puedes hacerlo solo al pensarlo). ¡Es el poder de la atención consciente!

Una mente pensante...

...es una mente engrasada. Ejercitar el cerebro de forma habitual ayuda a igualar su rendimiento al de un cerebro 10 años más joven. Igual que el ejercicio físico, el mental mejora la memoria y la toma de decisiones, reduce el tiempo de reacción y perfecciona el razonamiento, el aprendizaje verbal y las habilidades de solución de problemas después de los 60, cuando parecen ralentizarse.

Los estudios muestran que las personas que ejercitan sus cerebros mediante actividades estimulantes como crucigramas, pasatiempos con los que aprenden nuevas habilidades o trabajos intelectualmente exigentes aparentemente tienen menos probabilidades de sufrir deterioro cognitivo de mayores. No se ha probado que esto prevenga la demencia, pero están haciéndose estudios. Las personas que han participado en investigaciones científicas también han visto que los ejercicios de entrenamiento mental mejoraron su capacidad para realizar las tareas diarias, como ir de compras.

La mejora de la función cognitiva se relaciona con la neuroplasticidad, la capacidad que tiene el cerebro de cambiar permanentemente su estructura o su función como respuesta a los estímulos externos. El cerebro que envejece parece especialmente plástico: basta fijarse en los muchos pacientes de ictus que recuperan la función a medida que distintas partes del cerebro asumen las funciones de las áreas dañadas.

Necesitamos preservar nuestra inteligencia fluida, cuyas habilidades centrales incluyen la velocidad de procesamiento, la memoria de trabajo, la memoria a largo plazo y el razonamiento. Incluso si tenemos formación superior, algo que nos protege del envejecimiento cognitivo, estas se deterioran con la edad.

¿Cómo funciona el entrenamiento mental? En realidad, no se sabe. Algunos creen que el cerebro compensa las pérdidas levantando «andamios» (circuitos adicionales en el área prefrontal) que ayudan a mantener la función. El entrenamiento mental nos ayudaría a construir ese andamiaje y estimularía la adaptación y reorganización de nuestras redes. Otros afirman que al seguir realizando actividades de estudio y trabajo estimulantes, y mantener un estilo de vida activo a medida que envejecemos, construimos reservas que podemos recuperar cuando las funciones normales decaen. Las nuevas experiencias recargan nuestra reserva cognitiva.

La clave parece ser seguir poniéndonos a prueba, en lugar de adaptarnos a una forma de vida cómoda. La plasticidad aumenta cuando forzamos los límites y mantenemos la flexibilidad necesaria para asumir riesgos, por ejemplo llegar a una nueva dirección sin usar el GPS. Las novedades son importantes, entendidas como hacer algo que salga de nuestra experiencia vital corriente y que sea lo su-

IZQUIERDA: Puedes entrenar la mente sin usar pantallas ni papel. Haz que tu cuerpo también participe con aficiones como la carpintería, la artesanía o construyendo muros en seco.

CONSEJO: Para vivir más tiempo, lee un libro. Un estudio de la Universidad de Yale sobre 3.635 personas mayores de 50 años mostró que quienes leían más de 3 horas a la semana tenían una probabilidad de morir en los 12 meses siguientes un 23% menor que quienes leían menos o no leían.

ficientemente desafiante para crear cambios en el cerebro. Las actividades complicadas y exigentes son las más beneficiosas, por ejemplo aprender un nuevo idioma. Si bien es cierto que algunos aspectos del aprendizaje de una lengua nos resultan más sencillos gracias la edad (cuando podemos aplicar la experiencia de la vida y el aprendizaje contextual para entender algo), otros son más exigentes. Aprender gramática, dominar las expresiones con estructuras distintas a las de nuestro idioma o reproducir un acento (algo que depende de las habilidades de escucha, de la memoria y de la capacidad para reproducirlo) estimulan la función ejecutiva que necesitamos para planificar, gestionar el tiempo, cumplir objetivos y llevar a cabo la organización general necesaria para acabar las cosas con eficacia. En las investigaciones de estudiantes bilingües, los que aprendieron una segunda lengua en la edad adulta activaron áreas cerebrales completamente distintas de las que se usan con los lenguajes que se aprenden de nacimiento, lo que demuestra la astucia que aplica el cerebro cuando necesita adaptarse.

Las investigaciones sugieren que necesitamos mantener la actividad mental de forma continuada en el tiempo para obtener resultados duraderos. En un estudio realizado en la Universidad de Regensburg, en Alemania, los voluntarios que hacían malabares ganaron volumen en la parte del cerebro que más se encoge con la edad, el córtex prefrontal, y los que lo dejaron a los tres meses perdieron ese volumen. Por lo que parece, tenemos que hacer algo la mayor parte de los días para mantener esos beneficios. Las investigaciones realizadas con videojuegos han dado resultados interesantes. Los juegos más sencillos, como Tetris, aumentaron los tiempos de respuesta cuando se jugaron durante decenas de horas (en comparación con mirar películas). Los juegos de acción más dinámicos son incluso más potenciadores de las capacidades cognitivas (aceleran nuestra capacidad de tomar decisiones, la coordinación mano-ojo, la atención visual, la memorización de las reglas y la estrategia), porque podemos practicarlos durante horas. Y según la investigación, los jugadores mayores de 65 años juegan con más frecuencia que cualquier otro grupo de edad.

TOCA MÚSICA

Una forma muy agradable de mantener el cerebro ágil es aprender a tocar un instrumento. Para hacerlo necesitas coordinar la información sensorial procedente de la vista, el oído y la mano, y la retroalimentación constante para autocorregirte mientras tocas. El piano es especialmente efectivo puesto que se toca con las dos manos de forma independiente mientras el ojo lee y el cerebro interpreta los distintos sistemas de notación para los agudos y los bajos. En los estudios, parece aumentar la velocidad de procesamiento y la coordinación mano-ojo. Solo ejercitar las manos es útil (así se hace en la terapia de rehabilitación del ictus). Al igual que ocurre cuando aprendes una nueva lengua, nunca llegas a dominar del todo un instrumento, y otros ejercicios creativos de solución de problemas, como escribir una novela, también son actividades estimulantes que pueden seducirnos y hacer que sigamos esforzándonos para continuar haciéndolo mejor. La curiosidad, la creatividad y la persistencia mantienen al cerebro joven.

ARRIBA: Cuando aprendes a tocar el piano, cuesta usar la mano izquierda, pero enseguida aprendes a usar las dos.

EL ESTUDIO DE LOS CONDUCTORES DE TAXI DE LONDRES

Este estudio pionero mostró la asombrosa capacidad plástica del cerebro, incluso cuando envejecemos. Se comparó el cerebro de conductores de taxi de Londres de entre 32 y 62 años y con muchos años de experiencia conduciendo por la ciudad (incluidos 2 años aprendiendo un número enciclopédico de rutas, al que llaman «El Saber») con un grupo de control formado por voluntarios que no eran conductores de taxi. La zona del hipocampo de los conductores era completamente distinta de la misma zona en los cerebros del grupo de control. En los taxistas era significativamente mayor, y los más veteranos tenían cerebros mayores en la zona conectada con la conciencia espacial. Esto demuestra que podemos aumentar nuestra materia gris de forma considerable mediante el estudio y la práctica diaria.

BUENOS ESTIMULANTES CEREBRALES

- Visitar lugares nuevos y recorrerlos con un mapa.
- Empezar a tocar un instrumento musical (particularmente efectivo si aún no tocas ninguno).
- Aprender un nuevo idioma.
- Aprender malabares.
- Apuntarte a un grupo de orientación.
- Inventar reglas mnemotécnicas, como rimas, acrónimos, imágenes o frases que te ayuden a recordar.
- Unirte a grupos en los que se comparten lecturas o se fomenta la lectura.
- Practicar juegos de memoria.
- Cooperar con grupos de solución de problemas, como grandes juegos multijugador.
- Sumergirte en videojuegos narrativos con protagonistas atractivos que despierten empatía y suspense suficientes para invitarte a jugar durante decenas de horas.
- Tejer siguiendo patrones.
- Leer distintos géneros y sobre varios temas.
- Hacer puzles, crucigramas o sudokus todos los días.
- Jugar al ajedrez o al bridge.
- Ir a clases de pintura.
- Prueba cualquier tipo de artesanía con el que aprendas nuevas habilidades, como grabado, cerámica, tejer, tallar cucharones, tapizar…
- Apúntate a clases de escritura creativa.
- Lee poesía o asiste a recitales poéticos.

CONSEJO: Busca en Internet puzles para el entrenamiento mental, juegos y aplicaciones móviles desarrolladas por organizaciones como la Sociedad del Alzhéimer y GCHQ, o las que se han probado en investigaciones, como Game Show, el juego de memoria creado por la Universidad de Cambridge. Pero sé prudente: hay quien realiza afirmaciones falsas. Cualquiera que diga que su producto previene la demencia o el alzhéimer, miente (hay compañías procesadas por ello).

ABAJO: Aprender nuevas habilidades que requieran sensibilidad, creatividad y atención consciente desestresa el cerebro y crea nuevas conexiones neuronales.

Activación instantánea

Moshe Feldenkrais diseñó este ejercicio que es un reto para el cerebro y a la vez un ejercicio de integración corporal. Piensa en él como una especie de cubo de Rubik de todo el cuerpo. Te reta a que te centres en cada parte de tu cuerpo y a que enfoques tu mente en una sola cosa mientras sostienes bloques de madera en las manos y mueves los pies. Necesitarás cuatro libros de bolsillo, bloques de yoga, pelotas de semillas o almohadas pequeñas de plumas, además de espacio para rodar. ¡Ah, y también sentido del humor!

1. Túmbate de espaldas con las piernas y los brazos en el aire, como una mosca muerta. Mueve los miembros para liberarlos de la tensión. ¿Puedes rodar hacia tu izquierda y luego hacia el frente, manteniendo las manos y los pies separados del suelo, como si balancearas algo con ellos? Intenta no bajar las manos. Tal vez no puedas hacer todo el recorrido. Cuando estés de frente otra vez, ¿puedes rodar sobre tu espalda, manteniendo las manos y los pies levantados? Practícalo unas cuantas veces. Luego rueda hacia tu derecha, de frente, y de vuelta otra vez.

2. Cuando estés listo, balancea un libro, un bloque o un cojín de semillas en una mano y repite el movimiento (es más fácil con un cojín de plumas). Intenta ponerte de frente, manteniendo en la mano el objeto que balanceas. Repítelo de nuevo. No hay una manera correcta de hacer esto. Inténtalo a la izquierda y a la derecha. Ahora prueba con dos objetos, uno en cada mano (puede que sea más fácil porque tienes que concentrarte más).

3. Para acabar, balancea los objetos en un pie o en los dos. ¿Hasta dónde puedes llevar la barriga sin que los libros se caigan? ¿Qué movimientos funcionan para mantener el equilibrio y el movimiento? No hay una solución, solo deja que tu cuerpo te la muestre. Nota cómo tus músculos centrales participan en el ejercicio y cómo tu atención cambia a cada parte del cuerpo. Seguro que has dejado de pensar en otras cosas. Después de unos días de práctica, observa hasta dónde has llegado con esta tarea aparentemente imposible de atención y activación de todo el cuerpo. Busca en línea a quienes dominan el ejercicio del todo (busca «práctica de movilidad total del cuerpo»).

> «Una vez estimulada por una nueva idea, la mente humana nunca regresa a su dimensión original».
>
> **OLIVER WENDELL HOLMES**

ARRIBA: La escritura creativa y reflexiva que busca la autoexpresión tiene un efecto terapéutico.

LA POESÍA TERAPÉUTICA

La poesía es la forma de escritura más concentrada: en ella, cada palabra importa. El cerebro se enfrenta a una mezcla de pensamientos inferidos, imágenes y metáforas. Tiene que saltar entre significados literales e inesperados, ideas e imágenes que se entrecruzan y que piden tanto al escritor como al lector un pensamiento flexible, y les hacen manejarse con lo inesperado. Los estudios han observado que escuchar poesía estimula al cerebro de forma distinta a escuchar otro tipo de textos. En los escáneres cerebrales se ven iluminarse zonas conectadas con la respuesta sensorial emocional que a la vez estimulan un estado de reposo. Las cadencias de la rima y el ritmo, la repetición y los patrones que se repiten en múltiples lecturas no solo son un entrenamiento para el cerebro, sino que son emocionalmente gratificantes, incluso sanadores. En estudios realizados por el Sistema Nacional de Salud del Reino Unido, un curso de poesía de ocho semanas (o de cerámica, dibujo o mosaicos) dio como resultado que las visitas al médico de cabecera se redujeron un 37% y los ingresos hospitalarios, un 27%.

El poder de las preguntas

La curiosidad es una de las características de la longevidad, según muchos estudios. Querer saber cómo, seguir preguntando por qué, buscar la novedad y conservar un interés inquisitivo en otras personas ayuda al cerebro a mantener activas sus vías neuronales.

La curiosidad se relaciona con un sistema nervioso central sano. También parece ser clave para mantener la autoestima y para estimular la recuperación de una depresión. Hacernos preguntas continuamente quiere decir que no dejamos de aprender.

Formular preguntas es la técnica de aprendizaje de los *koans*, preguntas insondables, enigmas sin respuesta que se ponderan en silencio como forma de meditar en la tradición zen Rinzai. Esta idea surgió de los diálogos entre maestro y discípulo, y se pusieron por escrito por primera vez en el siglo XIII. Todavía se recomiendan como una forma de entrenamiento mental.

Cuando se enfrenta a una de estas afirmaciones paradójicas, la mente se satura. No hay una respuesta que encontrar a partir de la lógica o las matemáticas, y esto crea un efecto beneficioso. La naturaleza insoluble de estos enigmas, las diversas posibilidades y los imposibles que aparecen, la duda y la frustración, hacen que el cerebro se salte el conocimiento recibido, trascienda las aparentes paradojas y salte a las tangentes. Descondiciona el cerebro. Solo sentándote con un *koan* desarrollas la capacidad del cerebro para adaptarse a nuevas perspectivas, ser más espontáneo y preocuparse menos por hacer las cosas correctamente.

«La curiosidad es la primera y la última pasión de las mentes grandes y generosas. Y diría que siempre predomina en proporción a la fuerza de las facultades mentales».

SAMUEL JOHNSON

DERECHA: La práctica budista del zen pone el acento en el valor de la meditación sentada para liberar la mente y hacernos conscientes de la interconexión de todas las cosas.

ROMPECABEZAS JAPONESES

Los *koans* no tienen una respuesta correcta. Intentar «resolverlos» es hacer que pierdan su esencia, que es provocar a la mente y ejercitarla. No caigas en analizar o interpretar estos ejemplos, solo llévalos a tu mente varias veces. Deja que el problema entre en ti y madure. Quizás puedas escribir un poema o dibujar un boceto en respuesta, en lugar de dar soluciones con palabras.

- Cuando dos manos aplauden hacen un sonido. Escucha ahora el sonido de una sola mano que aplaude.
- Tráeme el sonido de la lluvia.
- ¿Qué dirección tomas cuando quieres moverte hacia adelante?
- ¿Qué es esto?
- ¿Cuál es el tesoro de la bolsa? Mantén la boca cerrada.

Hacer que nuestra mente se mantenga flexible o empiece a serlo es un factor esencial para aumentar la neuroplasticidad. El tai-chi tiene un concepto llamado doble peso: no aferrarse a un lado de la práctica, sino ser capaz de adaptarse, ser consciente del cambio del yin y el yang, atento a dónde debe suavizarse y qué hay que fortalecer para moverse, y capaz de cambiar en nuevas direcciones. Cualquier forma de práctica de movimiento meditativo (yoga, baile, capoeira) fomenta un aumento de la conciencia, ayudándonos a mantener un pensamiento de juventud: que la vida ofrece infinitas posibilidades y que todo está ahí a tu alcance.

Respiración de fuego (*kapalabhati*)

Esta técnica de yoga purificadora o *kriya* es como una limpieza interior del cráneo que promueve la claridad de pensamiento. Se dice que fomenta la percepción y la sabiduría y que apoya al sistema nervioso parasimpático a la vez que estimula la digestión y mejora los reflejos. Evítala si tienes la presión arterial alta, alguna enfermedad cardíaca o asma.

1. Colócate en una posición cómoda, sentado o arrodillado, descansando las manos sobre los muslos o las rodillas. Cierra los ojos y observa tu respiración entrar y salir del cuerpo.

2. Antes de iniciar la técnica, coloca las manos sobre la parte inferior del abdomen, una sobre la otra. Inspira profundamente, luego contrae los músculos del estómago con fuerza para hacer salir el aire por la nariz. Nota cómo el aire aspirado entra de forma natural en tus pulmones, como un fuelle. Esta es la técnica que vas a usar. Inténtalo de nuevo. Si no estás seguro de cómo hacerlo, presiona las manos sobre el estómago para forzar esa espiración explosiva. Si te sientes mareado, detén el ejercicio.

3. Para empezar el ejercicio en sí, inspira profundamente, luego contrae los músculos del estómago y empuja el aire a través de la nariz. Deja que el aire entre de nuevo y repite la espiración rápida. Repítela una vez cada segundo, dejando que el abdomen se relaje a medida que el aire vuelve a entrar. Haz una inspiración entre cada expulsión de aire. Intenta no tensar los hombros y mantén el pecho relajado.

4. Después de cinco a siete respiraciones, detén el ejercicio (esto sería un ciclo) y vuelve a respirar con normalidad durante un minuto. Observa lo ligero y brillante que se siente tu cráneo. Repite el ciclo de dos a tres veces, haciendo 20 respiraciones en cada ronda.

Contemplar el horizonte

Prueba este ejercicio para ampliar tu percepción y recordar y valorar las numerosas posibilidades que ofrece la vida. También puedes encontrar un espacio cómodo al aire libre para observar la amplitud del cielo o un firmamento estrellado.

1. Siéntate cómodamente con la espalda recta y las manos descansando en las rodillas. Cierra los ojos y céntrate en el movimiento de entrada y salida de la respiración. Cuando te invadan pensamientos o sensaciones, obsérvalos pero permite que pasen. Ten paciencia.

2. Imagínate que estás sentado en el borde de un acantilado, en una colina con vistas a un llano o en una gran playa mirando al océano. Visualiza mentalmente el horizonte. Mira lo amplio, lejano y abierto que es. Imagínate observando el cielo, viendo la bóveda inmensa de horizonte a horizonte. Sé consciente de su amplitud. Tal vez el tamaño de la vista te maree un poco.

3. Cuando te invada algún pensamiento, visualízalo apareciendo sobre el horizonte, tan lejos que en realidad no te apremia. Deja que se deslice bajo el horizonte.

4. Incorpora en ti el sentimiento de expansión y amplitud. Visualízalo expandiéndose por tus órganos internos, incluyendo tus pulmones y tu cerebro.

5. Pon de nuevo el foco en tu cuerpo. Nota los huesos sobre los que estás sentado y que están en contacto con la superficie. Pon la atención en la respiración y llévala hacia abajo. Siente la inhalación expandiendo tu abdomen y la exhalación que lo lleva hacia la espalda. Respira desde el suelo, imaginando que la respiración se filtra desde la tierra por los pies y los huesos sobre los que estás sentado. Permanece en calma unos minutos para permitir que desaparezca alguna posible sensación de mareo.

IZQUIERDA:
Pasar tiempo al aire libre en un entorno natural espectacular basta para generar una agradable sensación de perspectiva.

MENTE LONGEVA

Conciencia sensorial

Nuestra percepción sensorial pierde agudeza a medida que envejecemos. La vista, el oído y los sentidos del gusto y el olfato pierden intensidad, igual que la capacidad de diferenciar olores. Si vivimos solos, incluso podemos perder tacto.

IZQUIERDA: El yoga nos enseña que los sentidos, que se enfocan sobre todo en la cara, nos distraen. Al distanciarnos de ellos nos es más fácil descubrir quiénes somos en realidad.

Todo esto afecta a cómo nos relacionamos con otros y con nuestro entorno, privando al cerebro de estímulos e impidiendo que participemos en actividades que favorecen la longevidad. También lleva a un mayor riesgo de sufrir caídas y de que perdamos nuestra autonomía.

Perdemos percepción sensorial porque el sistema nervioso central procesa peor los estímulos cerebrales y se reduce el número de receptores sensoriales. Al hacernos mayores, las pruebas de imagen del cerebro muestran que al ser expuestos a estimulación sensorial, se iluminan menos áreas en las zonas adecuadas. La disfunción sensorial también es un síntoma de los trastornos neurodegenerativos.

El sentido del olfato es el primero que pierde agudeza, ya desde la treintena. Más del 75% de las personas mayores de 80 años padecen deterioro olfativo (la mitad de ellas no huelen nada). Esto afecta también al gusto (dos tercios de las sensaciones gustativas dependen de nuestra olfato). Las papilas gustativas también se deterioran de distintas formas, tanto el número de ellas como su sensibilidad. Por ejemplo, podemos percibir el sabor dulce y el amargo, el ácido se hace menos intenso y el salado es el que menos percibimos.

Basta perder una pequeña parte de nuestros sentidos del olfato y el gusto para que los alimentos nos parezcan menos apetitosos y que produzcamos menos saliva, lo que afecta a la digestión haciéndola menos eficiente. Esto puede llevar a una situación de desnutrición, igual que a añadir más sal a la comida para que sepa mejor, porque no notamos los sabores.

PRUEBA SENSORIAL

Tápate la nariz y ponte un dulce en la boca. Sin destapártela, degústalo durante un rato y fíjate en qué sabores percibes y qué partes de la lengua parecen responder a la golosina. Ahora destápate la nariz e inspira por las fosas nasales. ¿Notas cómo el sabor explota instantáneamente? Acabas de comprobar el efecto del sistema olfatorio sobre nuestras sensaciones gustativas.

CONSEJO: Si te cuesta seguir una conversación en una sala atestada, es una buena idea que te hagas revisar el oído.

La pérdida sensorial que más afecta a las personas mayores es la pérdida auditiva. Hasta el 30-50% de los mayores creemos que afecta a la comunicación y a las relaciones, nos crea frustración y nos lleva a retirarnos a un mundo de silencio. Esta situación puede diagnosticarse erróneamente como un problema cognitivo o de conducta. Como la pérdida es progresiva, es difícil que uno mismo se dé cuenta.

La agudeza visual se mantiene estable hasta los 45 o 50 años aproximadamente, y a partir

ARRIBA: A medida que nuestro sentido del tacto se desarrolla, somos capaces de experimentar nuestro entorno y de sentir cuál es nuestro lugar en él.

de entonces empezamos a perderla. Hacia los 65 años, la mitad de nosotros necesitamos ayuda para ver bien y nos cuesta enfocar con rapidez o adaptarnos a los cambios de intensidad lumínica. Los colores se destiñen y nos cuesta más estimar las distancias y manejarnos con los brillos. También están los efectos de alteraciones frecuentes de los 65 años, como las cataratas, el glaucoma y la degeneración macular asociada con la edad (pérdida de visión central).

El tacto es el primer sentido que experimenta el cuerpo humano. Se cree que junto con el oído, es el último sentido que nos deja antes de que muramos. Se extiende por todo el cuerpo (se le llama sistema somatosensorial) y responde a los estímulos exteriores. La sensibilidad se reduce a medida que envejecemos, lo mismo que las sensaciones del dolor, tanto internas como externas. La información sensorial como las vibraciones, la sensibilidad táctil y la temperatura tarda más en llegar al cerebro. A esto se suma que enfermedades como la diabetes pueden afectan a la sensibilidad nerviosa. En especial los pies se vuelven menos sensibles a los estimulos y a los cambios de temperatura, y los dedos ancianos son menos capaces de detectar e identificar las texturas. Reaccionar al tacto puede llevarnos tiempo. Pero es triste que las personas mayores sean las que menos probabilidades tienen de que las toquen.

Está claro que al envejecer necesitamos tantos estímulos sensoriales como sea posible: más luz (tres veces más a los 80 que a los 20), más alimentos de sabores fuertes (ajo, cebollas y limones) y mucho más tacto. Este último es una herramienta terapéutica. Cuando nos tocan, nos mantenemos sanos: se reducen la ansiedad y el dolor, la frecuencia cardíaca y la presión arterial disminuyen, mejoran la función pulmonar e inmunitaria, mejora el estado de lucidez y el rendimiento del cerebro. Pero por encima de todo, tiene un efecto positivo en el estado de ánimo, estimulando los valores de oxitocina, la hormona del «amor». Se sabe que los bebés a quienes no se toca dejan de crecer y pueden morir. Y cuando nos involucramos en un ejercicio reflexivo, también despertamos los sensores interiores del tacto.

ABAJO: La piel es el mayor órgano del cuerpo. Es extraordinariamente rica en terminaciones nerviosas que, cuando se estimulan mediante el tacto terapéutico, despiertan sensaciones de bienestar.

Adivinación

Las Grayas de la mitología griega son un trío de mujeres mayores, las Ancianas, de las que se dice que nacieron con cabellos canos y pieles arrugadas. Viven en las profundidades de una cueva en un bosque de los montes del Atlas. Salen solo de noche porque la oscuridad es su experiencia sensorial. Tienen un solo ojo que comparten y se van pasando. Y aun así, pueden verlo todo, augurando el futuro de los jóvenes mortales que con su visión perfecta solo pueden ver lo que tienen delante. Como el tercer ojo (véase la página 339), el de las Grayas es un ojo de percepción espiritual que les confiere visión interior y una videncia suprahumana.

Muchos jóvenes héroes se aventuran en el bosque para encontrar a esta sorprendente entidad triple con el fin de conseguir conocimientos, entre ellos Perseo, que roba el ojo de las hermanas y lucha por su saber secreto. Ahora tiene la sabiduría que buscaba en las Gorgonas, tres hermanas de las Grayas que viven más allá del océano (el padre de los dos grupos de trillizas es Forcis, a quien Homero llamó «el anciano que manda en las olas»). La mirada de las Gorgonas es tan penetrante que pueden convertir a los hombres en piedra. Perseo le amputa la cabeza a una de ellas, Medusa, y el poder de su mirada basta para servirle de escudo protector. La cabeza está montada en la coraza de la diosa Atenea, con réplicas instaladas en lugares públicos para protegerlos del mal.

El poder de un solo ojo para ver más allá de lo visible y para mantenernos seguros es un símbolo utilizado en todas las culturas. Es un signo del poder que todo lo ve y de la energía dadora de vida del dios del sol, Ra, del Ojo de Osiris colocado en el cuerpo embalsamado para guiarnos a través de la oscuridad hacia la luz de un nuevo mundo, y de los chamanes aztecas que accedían a los misterios del mundo espiritual a través de los ojos del jaguar.

DERECHA: Un entusiasta Perseo se encuentra con las Grayas. Nacen con el cabello cano y comparten un ojo y un diente, pero pueden ver y decir verdades que están más allá de este mundo.

Los sentidos y los recuerdos

La pérdida del olfato, que es el deterioro sensorial más frecuente, repercute en la memoria. El del olor es el sentido más estrechamente vinculado a las partes del cerebro ligadas con los recuerdos y las emociones (la amígdala y el hipocampo). Nuestro «equipo» olfativo físico discurre por rutas cercanas a esas áreas, y este parece disparar el cerebro más que los estímulos visuales y auditivos. Este sistema cerebral límbico es muy antiguo: ha estado con nosotros durante nuestra evolución y se asocia a las respuestas primitivas. El olor es un aspecto instintivo y emocional.

Los recuerdos que el olfato desencadena a través de los aromas parecen corresponder a nuestros primeros años de vida, mientras que los que resultan de la visión son posteriores, del principio de la edad adulta. Se cree que guardamos los recuerdos asociados al olor hasta una edad avanzada, y que es el tipo de recuerdo que más abunda en el cerebro. Al parecer, recordamos las impresiones relacionadas con el olor el doble que las asociadas a otros estímulos. Ciertos olores nos despiertan la sensación de viajar en el tiempo. Pero podemos seguir creando nuevos recuerdos, por ejemplo, con un nuevo perfume en un nuevo lugar.

Muchas formas de meditación nos indican que desplacemos la atención a los distintos sentidos. Si podemos despertar los sentidos a la vista, el sonido y los aromas, y atender al tacto y el gusto, entraremos instantáneamente en contacto con lo que está ocurriendo aquí y ahora. Y apreciar la inmediatez y diversidad del mundo estimula nuestro cerebro.

CONSEJO: ¿Quieres sentirte más joven? Rodearte de los aromas de la adolescencia y la juventud te transportará de nuevo a aquellas épocas.

Meditar en la mirada

La atención consciente a lo que ocurre ante nuestros ojos expande la conciencia y puede darnos la sensación de tener una nueva visión, más joven. Encuentra un lugar tranquilo y especial en el que sentarte y observar el mundo, o combina este ejercicio con el de caminar con conciencia (véase la pág. 280).

1. Siéntante o arrodíllate en el exterior en una postura erguida y cómoda. Pon las manos relajadas sobre las rodillas o los muslos. Centra la cabeza sobre la columna vertebral y mantén los ojos alerta. Cierra los ojos y entra en calma observando cómo el flujo de la respiración entra por tus fosas nasales.

2. Abre los ojos y contempla el paisaje que tienes delante como si lo vieras por primera vez. Aprecia los colores reales del mundo en lugar de los que damos por sentados (el cielo no es azul, la hierba es más que verde, una pared de hormigón es un arcoíris de tonos). Interpreta lo que ves como impresiones visuales sin etiquetas, como un cuadro impresionista.

3. Inclínate hacia delante y examina muy de cerca una brizna de hierba o una piedra. Luego mira al horizonte e intenta descifrar las manchas. Apunta al cielo con la barbilla y permite que su enormidad amplíe tu perspectiva. Sin mover los hombros, gira la cabeza y mira hacia atrás, aprovechando cada espiración para aumentar la rotación.

4. Imagínate que observas esta escena a través de los ojos de un perro o de un extraterrestre. Luego nubla tus sentidos para intentar imaginar las sensaciones que una flor percibiría desde aquí. Permite que tu mirada libere a tu mente de la naturaleza empobrecida de las percepciones corrientes.

Meditación con incienso

En este ejercicio puedes usar tus perfumes favoritos o una caja de especias, pero el incienso es el olor que todas las culturas escogen como ayuda para meditar. Necesitarás algo de inicienso y un cuaderno.

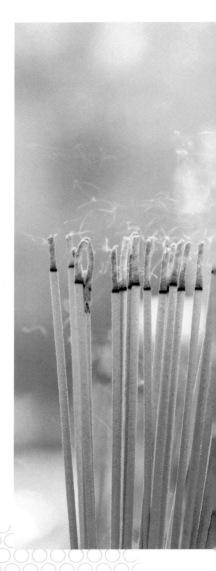

1. Enciende un poco de incienso y colócatelo delante, tal vez sobre una mesa baja. Siéntate o arrodíllate con comodidad, con la columna recta y descansando las manos sobre las rodillas o los muslos. Luego cierra los ojos. Dirige tu mirada hacia el interior y nota tu respiración entrando y saliendo. Observa el calor sobre tu labio superior al exhalar y permite que cada inspiración llegue sin forzarla.

2. Cuando te sientas calmado y enraizado, empieza a percibir el aroma del incienso. Deja que todo lo demás se aleje. Si te llegan pensamientos intrusivos, acéptalos sin reaccionar y vuelve una y otra vez al aroma. ¿Distingues las notas base y las altas? ¿Qué diferencia al efecto inicial de la impresión duradera? Prueba el aroma poniéndolo en tu paladar.

3. Escucha lo que el olor tiene que decir, por muy difícil que sea. ¿Cuál es tu respuesta emocional? ¿Te recuerda algún lugar, época o persona?

4. Ahora intenta escribir una descripción de cada aroma. Una lista sirve, pero intenta evitar los lugares comunes. ¿Puedes encontrar nuevas formas de explicar cómo son los elementos del olor? ¿Te ayuda pensar en ellos como sonidos o colores?

AROMAS MEDITATIVOS

- **Incienso:** hace que respiremos con más profundidad, calma la mente y restaura el equilibrio emocional, intensificando los efectos de la meditación.

- **Sándalo:** es el aroma terapéutico más espiritual. Desde tiempos védicos, en la India se considera que potencia los efectos de la meditación.

- **Ciprés japonés:** es un antiguo símbolo de vida eterna que ayuda a una respiración más profunda y la purifica.

Los recuerdos en el cuerpo

Los recuerdos se guardan tanto en la mente como en el cuerpo. Este ejercicio te ayuda a recuperar la sensación de las experiencias pasadas, que puede resultar sorprendentemente intensa. Te permite experimentar la sensación táctil desde dentro. Puedes escribir los pensamientos que aparezcan después del ejercicio.

1. Túmbate de espaldas con los pies sobre el suelo, separados a la altura de las caderas. Relaja los brazos separados a los lados, con las palmas hacia arriba. Relaja la espalda, los hombros y la parte posterior de la cabeza sobre el soporte que tienes debajo. Extiende las piernas si te resulta cómodo, y deja que los pies cuelguen hacia fuera.

2. Piensa en una ocasión en que te sintieras extasiado. Es esa emoción que te lleva fuera de ti, el sentimiento de sobrecogerse y maravillarse ante algo superior, tanto si es la naturaleza (la salida del sol, las cumbres), una experiencia religiosa (una catedral, una misa) o actos humanos de creación (una pieza musical, grandes obras de arte). Transpórtate a ese momento; observa cómo responde tu cuerpo, qué partes de él se activan. Puedes sentir mariposas en el estómago, o una sensación de desmayo. Sumérgete en las sensaciones tanto tiempo como estés cómodo, luego deja que se desvanezcan.

3. Piensa en una ocasión en la que sintieras placer. El placer se enfoca en nosotros. Es la sensación que viene de tomar tu alimento o bebida favorita, de sumergirte en un baño caliente, de la seda sobre la piel o de una mano frotando aceite sobre la piel de tu espalda. Ahora transpórtate a ese momento; nota cómo responde tu cuerpo. Tal vez sientas calidez y conexión. ¿Qué partes de él reaccionan? Disfruta las sensaciones interiores tanto tiempo como te sientas bien. Permite que esos sentimientos se instalen en tu cuerpo, y luego deja que se desvanezcan.

4. Regresa a la conciencia de tu respiración. Siente la parte posterior de la cabeza, los hombros, la pelvis, los talones en el suelo. Rueda hacia un lado y descansa. Tómate tu tiempo para regresar, antes de darte impulso para sentarte.

DERECHA: Catedral Basílica de la Asunción de Covington, en Kentucky (Estados Unidos). La atmósfera de un lugar sagrado puede acercarnos a la sensación de éxtasis.

Meditar en el sonido

Agudiza tu oído sintonizándolo con los sonidos que te rodean
y que habitualmente no percibes.

1. En el lugar donde estés, interrumpe
tu actividad, ponte de pie o siéntate con
la espalda recta y «desactiva» todos tus
sentidos excepto el oído. Cerrar los ojos
puede ayudarte.

2. Concéntrate en el entorno. ¿Qué oyes con
el oído izquierdo? ¿Y con el derecho? ¿Qué
sonidos te llegan desde delante? ¿Y desde
atrás? No te centres solo en los agradables.
Escucha también las sirenas, las alarmas de
los coches, los gritos, el gemido de un niño.
No nombres los sonidos, solo distínguelos
por su tono y su timbre.

3. Ahora escucha tus proximidades.
¿Qué oyes detrás de ti? ¿Qué sonidos
identificas en el edificio? ¿Cuáles te llegan
del exterior? Intenta aguzar el oído por
encima del tráfico y los pájaros, el viento
y los árboles agitándose. Durante la práctica
de la meditación se nos anima a que
nos sintonicemos con lo audible y a que
escuchemos la resonancia del universo.

ABAJO: Escucha a un pájaro cantando (pueden oírse en
los lugares más inesperados). ¿Qué tipo de trinos eres capaz
de reconocer?

Respiración de color

Escoge un color (azul profundo para calmarte, turquesa para cargarte de energía, plateado para sanarte). A medida que respires por la nariz, visualiza el color fluyendo desde detrás de la garganta. Al exhalar, imagina que el color corre por detrás de los hombros (nota cómo se ensanchan), relaja los brazos y los dedos y extiéndelos hacia el universo.

Caminar descalzo

Los pies tienen innumerables terminaciones nerviosas y sensores de presión que los conectan con otras partes del cuerpo. A través de ellos podemos despertar los sentidos, como con esta meditación en movimiento que se basa en la tradición japonesa del *takefumi* (caminar sobre bambú) tal como la practicaban los guerreros *samurai*, que equiparaban las plantas de los pies al alma. Es una forma de ejercitar los pies sintiendo sorprendentes combinaciones de texturas. Necesitarás algo de espacio al aire libre.

1. Prepara un camino de meditación disponiendo una hilera formada por varias cubetas o bandejas de objetos con diferentes texturas (tal vez grava, cantos de tamaños distintos, hierba, arena, barro, agua muy caliente, agua helada, tallos de bambú separados por la mitad, con la parte curva hacia arriba, palos de escoba, etc.).

2. De pie al principio del camino, céntrate repartiendo el peso entre los pies, con la columna vertebral recta y la coronilla apuntando al cielo. Presta atención a cómo la respiración entra y sale de tu cuerpo.

3. Empieza a andar por el camino que has preparado. Reparte con cuidado el peso al pisar cada nueva superficie, prestando atención a las sensaciones y observando cómo reaccionan las diferentes partes del pie. Prueba a cambiar el peso corporal, balanceándote de lado a lado y de delante hacia atrás.

CONSEJO: Las manos también contienen infinidad de receptores sensoriales que pierden sensibilidad con la edad. Adapta el ejercicio de caminar descalzo uniendo telas de distintas texturas (cachemira, seda, bambú, fieltro, lana merino, pana, terciopelo, linón, popelín, satén, algodón, jeans, lino, algodón peinado). Solo estas palabras ya son una experiencia sensorial. Si llevas una mezcla de telas cerca de la piel, puedes sumergirte en un baño sensorial durante el día y la noche.

4. Cuando te canses de una sensación, pasa a la siguiente bandeja. Nota cómo responde el resto de tu cuerpo a los estímulos cambiantes. Si te invaden los pensamientos, respira, deja que se vayan y regresa a las sensaciones en los pies. Haz esta práctica de 5 a 10 minutos una vez a la semana.

El poder del tango

Numerosos estudios avalan el poder de la danza para alargar la vida, no solo porque fortalece el cuerpo y mejora la coordinación, sino porque estimula las necesidades cerebrales y sociales. Es la única actividad física que ha demostrado reducir el riesgo de demencia, y en el caso del tango, parece que sus beneficios son especiales: los bailarines dicen caer en un estado de flujo, de atención consciente total que les aísla de cualquier otra cosa, incluso del paso del tiempo. Las investigaciones apuntan a que el tango puede ayudar al equilibrio y la pérdida de memoria más que otros ejercicios comparables. Los beneficios que tiene para las personas con párkinson están tan reconocidos (más que la fisioterapia) que en Buenos Aires se ofrecen clases gratuitas a los pacientes.

La improvisación es importante (el tango no se coreografía). En lugar de seguir movimientos predeterminados, respondemos al tacto de nuestra pareja, captamos las pistas emocionales, interpretamos las señales de la música y las letras, nos guiamos por los cuerpos de otras parejas y, en milisegundos, nuestro cerebro envía al cuerpo decisiones que reconectan nuestros circuitos neuronales, preservando las funciones cognitivas.

También tiene un aspecto espiritual: los bailarines se refieren a un espíritu que habla o baila a través de ellos, o de unas conexiones, que se asemejan al trance, con las raíces misteriosas del tango y su relación con el dios africano Chango, ancestro de la virilidad y la fuerza. El tango es una modalidad centrada en el corazón. Primero aprendes a caminar con la mano sobre el corazón de tu pareja, algo que pide una conexión sincera y respeto mutuo, y la sensibilidad de entender y responder a la otra persona sin usar palabras. Es esto lo que se baila, y no pasos aprendidos.

El corazón también guía la conexión con la música. Este baile intenso es adecuado para las personas de edad, pues habla de recuerdos, de la tristeza del tiempo pasado y las oportunidades perdidas. Puede ser una expresión erótica (se ha visto que eleva los valores de testosterona en hombres y mujeres), y la pasión en movimiento es accesible sin que importen la edad o el estado físico. Esto despierta la confianza: es un baile honorable y prestigioso que empodera a sus bailarines. La autoconfianza llega cuando dominamos un repertorio de movimientos y el don de la gracia.

DERECHA: Antes de aprender los pasos de baile del tango, establecemos una conexión corazón a corazón. Esto tiene que ver con la capacidad de interpretar a la pareja y de comunicarse sin palabras.

Parte 4

ESPÍRITU LONGEVO:
energía, fe, conexión

La palabra «espíritu» viene del latín *spiritus* (respiración y alma). El espíritu es el principio que nos anima y nos confiere nuestra naturaleza esencial. Es nuestra vitalidad y fuerza energética, pero además se llama así a un poder inspirador mayor que nosotros, a la esencia de un lugar o comunidad, y a lo que queda una vez que se desvanece nuestra encarnación material.

El espíritu del buen envejecimiento es mantener nuestro carácter y vitalidad, aquello que hace que seamos «nosotros», según pasan las décadas, y refinar la forma en que nos relacionamos con nuestra naturaleza esencial a medida que afrontamos el cambio y la pérdida.

A medida que envejecemos puede faltarnos la energía. Perderla es uno de los síntomas de la mediana edad, que se asocia con la menopausia y su versión masculina, la andropausia, un descenso en la producción de testosterona que afecta al 20% de los hombres mayores de 60 años. El culpable puede ser un metabolismo en declive: el proceso que combina el «combustible» que obtenemos de los alimentos con oxígeno para producir la energía que nos impulsa.

Afortunadamente, para muchas mujeres la vida después de la menopausia está llena de nuevas alegrías y de anhelo por la vida (y a veces también de anhelo sexual). La antropóloga Margaret Mead bautizó este fenómeno con el nombre de «entusiasmo posmenopáusico» en la década de 1950, y una de las instructoras de yoga más inspiradoras del siglo xx, Vanda Scaravelli (que empezó a enseñar yoga después de los 60 años), comparó este «renacimiento» con el de las flores que florecen en otoño. Parece que llega una vez que las hormonas se asientan tras la sacudida de la menopausia y de que los valores de testosterona se estabilizan.

IZQUIERDA: Puedes mantener encendida la chispa de la vida si la alimentas con actividades alegres y conectas con personas que te hagan sentir bien.

Probablemente, desde la escuela primaria es la primera vez que las mujeres se liberan de las fluctuaciones hormonales (la energía, la confianza y la asertividad de una niña que juega y corre todo el día pueden ser increíblemente empoderadoras), y tal vez encuentren el impulso para fundar negocios, correr maratones o acceder a un cargo público. La investigación muestra que las tasas de depresión se reducen tras la menopausia: un estudio del Sistema Nacional de Salud del Reino Unido observó que es más probable que nos deprimamos en la veintena que al llegar a los cincuenta, y otro estudio longitudinal de la Universidad de Melbourne vio que los estados de ánimo negativos y la depresión se reducían significativamente en las mujeres cuando pasaban de la edad media a una edad avanzada. Los datos de la *British Psychological Survey* indican que las mujeres se sienten más satisfechas a los 60 años que a los 40, y en un estudio danés sobre las experiencias positivas de la menopausia, las participantes afirmaron sentirse bien gracias a las nuevas oportunidades que brindó a su crecimiento personal y a la libertad de escoger. El descubrimiento de esta nueva energía y serenidad puede coincidir con la época en que los hijos dejan el hogar, con el replanteamiento del propósito de la propia vida y con la liberación de los estresantes estereotipos corporales de los años reproductivos. La Oficina Nacional de Estadística del Reino Unido muestra que los británicos son más felices entre los 65 y los 79 años.

Muchas personas asocian lo espiritual con la conciencia de lo divino y con conectar con la energía que hay fuera de nosotros. La investigación ha probado que la fe tiene claros beneficios para la salud de las personas mayores, y parece que la espiritualidad ayuda en el tránsito hacia una edad muy anciana, con la pérdida de autonomía y voluntad que implica.

Sobre todo, el espíritu tiene que ver con encontrar satisfacción en cómo y dónde vivimos, y en las personas con quienes compartimos nuestras vidas. En los lugares del mundo en los que la longevidad parece ser un hábito cultural (las islas de Okinawa o la comunidad de los Adventistas del Séptimo Día de Loma Linda, en California) vemos que se repite el patrón de una comunidad con valores compartidos y un estilo de vida cercano a una espiritualidad común y donde se ayuda a todos. Al final, esto es lo que puede permitirnos irnos con serenidad, sabiendo que hemos tenido una buena vida y que hemos dejado el mejor legado posible a futuras generaciones para que también tengan una buena vida: nuestro legado energético.

CONSEJO: ¿Sufres insomnio, inapetencia o te falta la energía? Ve al médico. Pueden ser signos de depresión, que a veces se pasan por alto en los mayores.

ARRIBA: Tener buenos amigos y un círculo social amplio se asocia con una buena salud cognitiva y una vida longeva.

¿Qué es la energía?

La medicina convencional, el ayurveda y la medicina china tienen distintas ideas de la energía, de cómo cambia al envejecer y de cómo reequilibrarla y saber aprovechar la que tenemos.

La medicina occidental relaciona el gasto de energía con la tasa metabólica, que va reduciéndose con la edad a medida que nuestra masa corporal disminuye y el funcionamiento de los tejidos empeora. Los científicos están investigando qué papel tiene el metabolismo en la longevidad. En 1908, el alemán Max Rubner postuló una sencilla teoría. Se dio cuenta de que los pequeños mamíferos con una tasa metabólica más acelerada consumían la duración de su vida más rápido que los más grandes, que usan menos energía para su masa corporal. Sugirió que cada especie tiene asignada una cantidad de energía, y la rapidez con que se utiliza determina la duración de la vida. Se conoce como «teoría de las tasas de vida». Por desgracia, las cosas no son tan sencillas. Las especies de mayor tamaño con metabolismos más lentos parecen vivir más que las especies más pequeñas con metabolismos más acelerados, pero desconocemos la razón y su teoría no sirve para explicar por qué unos individuos vivimos más que otros.

Lo que sí sabemos es que la actividad (incluso simplemente moverse), un sueño de buena calidad y una dieta saludable mantienen activo al metabolismo. Nuestra tasa metabólica en reposo (que se lleva hasta el 80% de nuestro gasto de energía) se reduce poco a poco después de los 20 años, algo que quizás tenga relación con la pérdida de masa en nuestros órganos, cerebro, músculos y huesos a medida que cumplimos años. El ejercicio nos protege porque hace que sigamos desarrollando músculo y hueso. En los estudios, las mujeres más mayores, en especial las que se han entrenado para correr o nadar durante períodos largos, no sufrían un declive de su tasa metabólica en reposo, sino que igualaba la de jóvenes corredores que competían. Pero volviendo a la teoría de las tasas de la vida, en los estudios realizados en personas, ni el gasto de energía ni el metabolismo en reposo parecían predecir la duración de la vida, pero quienes estaban en el tercio inferior de niveles de actividad tenían tres veces más probabilidades de morir que los que estaban en el tercio superior. Parece que mantenernos más activos conserva la energía y alarga la duración de la vida.

En las tradiciones india y china, la fuerza de la vida o energía sutil que nos anima (se cree que todas las formas de vida son una manifestación de ese espíritu universal) se llama *prana* o *qi*. Ambas incluyen los términos «respiración» y «energía». Esta fuerza de la vida circula por el universo, pero también por nuestros cuerpos, en los que su presencia alimenta la respiración, la circulación y los procesos celulares. Fluye a través de los canales sutiles conocidos como *nadis* en la tradición india y *meridianos* en la china. En las principales intersecciones de estos canales están los poderosos centros energéticos de los *chakras* del sistema indio (*dantien* en el chino). Los principales se distribuyen a lo largo del canal central de energía que discurre paralelo a la columna. El bloqueo de uno de esos canales implica un bloqueo energético en otro lugar que causa agotamiento. La práctica del yoga y del taichi o el qigong, la meditación y la respiración consciente nos hacen despertar a la energía sutil circulante. Estas prácticas eliminan los bloqueos y permiten que la energía fluya libremente, aportando equilibrio, vigor y fuerza a todo el sistema y promoviendo la sanación y una vida larga.

DERECHA: En esta ilustración del siglo XVIII se observan los chakras, centros de energía que van desde la base de la columna a la coronilla.

EL EQUILIBRIO DE ENERGÍAS DEL AYURVEDA

El ayurveda ve el cuerpo como una mezcla de tres *doshas* o energías constitutionales (*vata*, *pitta* y *kapha;* véase la página 17). Se dice que tenemos más energía *vata* en las últimas décadas de vida. El exceso de *vata* se asocia con muchas alteraciones propias de la edad, como la fatiga, el insomnio, los problemas digestivos, la sequedad cutánea y las manos y los pies fríos. La energía *vata* aumenta si nos faltan rutinas o alimentos nutritivos, y *pitta* (calor) y *kapha* (oleosidad y quietud) alivian su exceso. Para reducir *vata:*

- Fijar una rutina.
- Estimular el cuero cabelludo con aceite de coco.
- Abrigarse bien.
- Ralentizar el ritmo y descansar.
- Tomar más sabores dulces, ácidos y salados (véase la página 258).
- Tomar suficientes lácteos, frutos secos y arroz.
- Cocinar con condimentos calientes como el jengibre, el ajo, la canela y la cúrcuma.
- Practicar la postura invertida (*viparita karani,* véase la página 342).
- Reequilibrarse con la respiración alterna purificadora (*nadi shodhana pranayama*), véase la página 344).

ARRIBA: En el *shirodhara* (ayurveda) se vierte un chorro de aceite de hierbas templado en el centro del chakra del tercer ojo.

Siente la energía

Al practicar movimientos con atención, podemos hacernos conscientes de *qi*. En este ejercicio de qigong, se siente entre las palmas de las manos. Puedes percibir la energía *qi* (llamada *prana* o energía de la vida en la tradición del yoga) como un hormigueo en las manos, o notar que el espacio entre tus manos es algo más denso de lo habitual. Si no sientes nada, sigue intentándolo. Conectar con tu conciencia puede requerir algo de práctica.

1. Colócate en la postura básica del qigong, con los pies algo más separados que la anchura de las caderas y las rodillas relajadas. Suelta los hombros y libera la tensión del cuello y la cara.

2. Junta las palmas de las manos frente a ti y frótalas con energía durante 30 segundos. Agita las manos, luego repítelo otros 30 segundos. Ahora separa las palmas e imagínate una pequeña bola entre ella. ¿La sientes? Mueve un poco las manos una vez y otra, y observa si puedes sentirla. Este es tu campo electromagnético.

3. Inhalando, separa las palmas lentamente (¿notas cómo crece la bola de energía?). Detente cuando ya no puedas sentirla.

4. Mientras exhalas empuja las palmas una hacia otra como si apretaras la bola de energía. ¿Notas si se vuelve más intensa? Cuanto más lentamente te muevas y te enfoques en el movimiento, más probable es que sientas el *qi*. Repite siete veces o más los movimientos de acercar y alejar las palmas de las manos lentamente.

El néctar de la inmortalidad

¿Ayuda el yoga a acceder a la fuente energética de la inmortalidad? Los numerosos instructores de yoga longevos dan fe de su poder para conservar cuerpo y mente. Notables profesores del siglo xx llegaron a edades avanzadas y enseñaron hasta el final de sus días: B. K. S. Iyengar (95), Kl Pattabhi Jois (93), Vanda Scaravelli (91), Indra Devi (102) y su profesor Krishnamacharya (100).

El *Hatha Yoga Pradipika*, un texto védico del siglo XV sobre el hatha yoga, habla del divino «néctar de la inmortalidad» (*amrita*) que brota cerca del chakra *soma*, un punto de energía sutil en la parte superior trasera de la cabeza (donde llevarías una cola de caballo), sobre el paladar blando. Se cree que es el elixir de la vida, que nos asegura una salud perfecta y alarga la vida. Se desarrolla practicando meditación y posturas de yoga. Con el transcurso de las décadas, la rutina diaria hace que este fluido rejuvenecedor se filtre lentamente hacia abajo por el canal entre la nariz y la garganta hacia los centros energéticos, hasta el chakra *manipura* alrededor del plexo solar, donde *agni*, el fuego digestivo, la consume.

La posición del chakra *soma* coincide con la de la glándula pineal (Descartes, el filósofo del siglo XVII, creía que en ella estaba el alma), que sintetiza la serotonina y la melatonina. Está activa sobre todo en la oscuridad y controla nuestros ritmos circadianos y el ciclo de sueño-vigilia. En algunas especies se parece a un ojo, y se la ha llamado «tercer ojo» por su capacidad de responder a la luz y convertirla en otro tipo de señales.

Existen técnicas yóguicas específicas para detener la pérdida de este néctar de la inmortalidad. Las posturas invertidas conservan el fluido vital en la parte superior del cuerpo. Los «bloqueos» de barbilla (bajarla después de exhalar por completo para «sellar» la energía sutil o *prana*) capturan la esencia en la garganta y devuelven la energía hacia arriba. Cualquier técnica que cultive la quietud y un corazón en paz nos permite acceder a esta fuente de potencial y desarrollar la vitalidad y el vigor. Muchas prácticas se centran en la garganta, sede del chakra *vishuddha*, conectado con la comunicación, el poder de escoger el curso de nuestra vida, hablarnos a nosotros mismos y desarrollar una voz espiritual. Para la medicina convencional esta región corresponde a las glándulas tiroide y paratiroide, que segregan las hormonas que rigen el funcionamiento de todos los sistemas y células del cuerpo, y que influyen en todo, desde la fuerza de los músculos a la memoria y el metabolismo.

IZQUIERDA: B. K. S. Iyengar, uno de los profesores de yoga más importantes del siglo XX, creía que la edad avanzada revelaba la estabilidad (*sthira*) y la dulzura (*sukham*) del cuerpo, la inteligencia y el yo a medida que practicó y perfeccionó las posturas.

«Con seguridad, el yogui que bebe el *soma* con la mente concentrada conquista la muerte».

HATHA YOGA PRADIPIKA (MANUAL CLÁSICO DE HATHA YOGA)

Conservar la energía vital

Esta es una técnica de respiración avanzada, así que si te quedas sin aliento en algún momento, regresa a la respiración profunda. Primero practica sin aguantar el aliento o mirando hacia dentro.

1. Siéntate cómodamente sobre tus talones (o en una silla) y deja las manos reposando sobre los muslos o las rodillas. Inspira profundamente y nota cómo se expande tu abdomen.

2. Abre la boca y saca la lengua hacia abajo, en dirección a tu barbilla. Exhala todo el aire, haciendo un sonido prolongado como «haaaa».

3. Al final de la espiración, enrosca la lengua y deja que la punta descanse en el paladar. Cierra la boca y mete un poco para dentro la barbilla. Ahora aguanta la espiración, mirando al ceño si puedes.

4. Relaja la mirada, eleva la barbilla, suelta la lengua y deja que el aire entre de forma natural a través de tu nariz. Respira una vez con normalidad y repite todo dos veces si te sientes cómodo con ello.

Postura invertida (*viparita karani*)

Esta inversión del yoga restaurador conserva la energía y, según los antiguos textos, favorece la longevidad estimulando *amrita*, «el rocío joven». Si tienes frío, ponte unos calcetines de abrigo y tápate con una manta. Esta postura es reconfortante si sientes cansancio en los órganos pélvicos y se dice que evita la pérdida de pelo. Necesitarás una almohada o cojín alargado o dos bloques de yoga.

1. Siéntate en el suelo de modo que quedes de lado a una pared, con un hombro y una rodilla junto a ella. Gira con cuidado, inclinándote hacia atrás y apoyándote con las manos por detrás mientras llevas las nalgas hacia la pared y apoyas las piernas.

2. Túmbate apoyando la espalda y los hombros en el suelo. Deberías sentir la parte trasera de la pelvis bien apoyada. Si esto no te resulta cómodo o prefieres usar un apoyo, levanta las caderas y coloca un bloque de yoga o un cojín firme bajo tu pelvis. Túmbate de modo que el coxis descanse sobre el espacio que quede entre tu apoyo y la pared. Comprueba que la cabeza, el pecho y las piernas estén alineados y que no estén desplazados a un lado o al otro. Si estás incómodo, arrastra los pies para que te quede más espacio. Relaja los brazos a los lados con las palmas hacia arriba, o descánsalas sobre el suelo detrás de ti. Cierra los ojos y relájate durante 8 a 15 minutos.

3. Para deshacer la postura, flexiona las rodillas y coloca las plantas de los pies sobre la pared. Empuja con ellos para levantar las nalgas y quita el apoyo, dejándolo a un lado. Pon de nuevo las nalgas en el suelo y rueda hacia un lado. Descansa apoyado en un lado, antes de empujar con suavidad con las manos para sentarte.

4. Para conseguir una relajación total, lígate los muslos con un cinturón de yoga. Al mantener las piernas en esta posición reduces el esfuerzo necesario y puedes sentir la calma. Tápate los ojos con una almohadilla para liberar la tensión de la cara, y cúbrete las palmas de las manos con almohadillas para los ojos o bolsas llenas de arena. La presión resulta muy reconfortante.

Equilibrar la energía

Esta técnica se llama respiración alterna purificadora (*nadi shodhana pranayama*) y ayuda a equilibrar la energía en los principales canales de energía sutil.

1. Siéntate o arrodíllate en una postura erguida que te resulte cómoda. Descansa el dorso de las manos sobre los muslos o las rodillas. Junta el pulgar izquierdo con el índice, dejando los otros dedos extendidos (esto es *jnana mudra*). Dobla el índice y el dedo medio de la mano derecha (*chin mudra).*

2. Llévate la mano derecha a la nariz. Coloca el anular y el meñique en tu fosa nasal izquierda, y el pulgar en la derecha.

3. Cierra los ojos. Inhala a través de la nariz, luego tápate la fosa nasal izquierda con el dedo anular y el meñique y exhala por la derecha. Inhala a través de la derecha, visualizando la energía activadora.

4. Al final de la inhalación, cubre la fosa nasal derecha con el pulgar y exhala por la izquierda. Inhala a través de la fosa nasal izquierda, notando una energía calmante y refrescante. Esto es un ciclo. Repítelo hasta siete veces. Acaba con una exhalación por la fosa nasal derecha, y acaba inhalando por las dos.

CONSEJO: Prueba la respiración lunar refrescante inhalando por la fosa nasal izquierda y exhalando por la derecha, para estimular la «cueva» de donde se filtra *amrita*. Para una respiración solar cálida, inhala por la derecha y exhala por la izquierda. Se cree que así se elimina el exceso de *vata* del envejecimiento, estimulando las energías *pitta* y *kapha*.

El poder de la fe

La fe parece ayudarnos a vivir vidas más largas y saludables. Los estudios apuntan a que las personas con creencias espirituales manejan mejor el estrés y la enfermedad crónica, sufren menos dolor y se recuperan de la enfermedad más rápidamente que quienes no las tienen.

Ir de forma habitual a los servicios religiosos puede añadir hasta siete años de duración a nuestra vida, según un estudio. Los efectos beneficiosos de la fe parecen ser especialmente importantes en las mujeres.

La mayoría de los estudios se han realizado en comunidades religiosas tradicionales con un sistema de creencias definido, con ideales de vida y sistemas de reunión formales, y casi todos en comunidades cristianas de Estados Unidos con patrones fácilmente observables. En el Reino Unido el número de personas adheridas a una confesión religiosa ha disminuido considerablemente. Los feligreses suelen ser bastante mayores que la población general (entre 65 y 74 años), y se ha visto un aumento importante de la proporción de mayores de 50 o 60 años que solicitan ser sacerdotes.

Quizás sean los aspectos formales del culto y sus conexiones sociales lo que da lugar a sus efectos beneficiosos. La palabra «religión» procede del latín *religare*, «ligar o amarrar». Estamos ligados por creencias compartidas con las personas de nuestra comunidad, con quienes estuvieron antes y con los que vendrán. Podemos unirnos a una congregación por razones personales, y darnos cuenta enseguida de que ir a rezar es algo inmerso en una red de relaciones existentes, con funciones y obligaciones con los que podemos encajar.

Las religiones del mundo enseñan que no podemos vivir una vida productiva solos, que somos parte de algo mayor que nosotros mismos. Si creemos sin reservas que estamos hechos a imagen y semejanza de Dios, entonces estamos en el centro de la relación con lo divino, como todas las criaturas vivientes. Esto puede adquirir más importancia a medida que nos hacemos mayores y tenemos que empezar a afrontar dificultades con nuestra autonomía. Los estudios realizados en personas que viven en residencias han visto que la imagen que tienen de Dios es importante para dar significado a su vida. Los investigadores creen que puede ser consecuencia de mayores sentimientos de fragilidad, de pasar más tiempo «siendo» en lugar de «haciendo», de depender de otros para actuar, y de tener más tiempo para pasarlo a solas, mirarse adentro y reflexionar sobre la vida. La relación con Dios parece reemplazar a la relación con los demás tras empezar a vivir en un hogar de ancianos, donde están más aislados de amigos y familia.

La conciencia espiritual nos puede ayudar a aceptar la realidad del envejecimiento: más frágiles físicamente, la potencia de nuestro cerebro disminuirá y dependeremos de otros. Ver el envejecimiento como un viaje puede ayudarnos a entender que no desarrollamos un yo inmutable en la edad adulta. Tenemos la capacidad de desarrollarnos durante la vida, de seguir encontrando nuevos propósitos y explicaciones de lo que significa estar vivo.

ARRIBA: Cuando unimos las manos y cerramos los ojos, tanto al rezar como durante las prácticas contemplativas, reconocemos nuestra necesidad humana de encontrar un significado.

Los estudios confirman que nos volvemos más espirituales con la edad, incluso si salimos de los marcos espirituales formales. La meditación, el *mindfulness* y las prácticas del movimiento de la conciencia nos animan a buscar en el presente un lugar de silencio interior que nos permita saber quiénes somos en esencia, cuando quedemos despojados de nuestras capacidades físicas y mentales.

Una vida espiritual puede darnos significado y esperanza ante la perspectiva de una mayor ausencia: de habilidades, de voluntad, de personas, de lugares. Nos permite trascender el yo personal y valorar la interconexión de todas las cosas. Nos ofrece formas compasivas de hacer las paces con los efectos del paso del tiempo y la llegada del final, incluyendo la posibilidad

de reconciliación. Tiene una gran importancia en la «terapia de la dignidad» de los cuidados paliativos. Una vida espiritual nos ofrece un espacio en el que articular la persona en que nos estamos convirtiendo y alivia la frustración o el arrepentimiento que pueden aparecer.

EL TESORO DE *SHEN*

En la medicina tradicional china, la energía espiritual o *shen* es la última fuerza tangible de las tres fuerzas esenciales de la vida: junto con *qi* y *jing* (véase la pág. 18), *shen* es parte de los tres tesoros que debemos mantener en equilibrio para conservar la salud y la longevidad. Se guarda en el *dantien* superior, cerca del tercer ojo (véase la pág. 339). Se dice que el *shen* se aprecia como un brillo en el ojo. Los depósitos se agotan también a través de los ojos, y cuando esta energía está desequilibrada, se manifiesta a través de ansiedad e inestabilidad mental. Nutrimos y hacemos crecer nuestro depósito de *shen* mediante la meditación y la introspección, y con la práctica de qigong.

IZQUIERDA: Una práctica física consciente como el qigong o el yoga pueden despertar la conciencia de la dimensión espiritual y el apoyo de una comunidad de almas afines.

La llegada de la longevidad

Otra comunidad considerada «zona azul» (una de las cinco áreas mundiales consideradas centros de longevidad) está en la ciudad de Loma Linda, en California. Esta población vive de cuatro a diez años más que el californiano medio, y tiene la mayor esperanza de vida de Estados Unidos (88 para los hombres, 89 para las mujeres).

La longevidad puede estar relacionada con los lazos estrechos que mantiene la comunidad: la gente con quien pasamos más tiempo determina si envejeceremos bien al reforzar nuestros buenos o malos hábitos de vida. Muchas de las comunidades más longevas del mundo están, de alguna forma, aisladas en islas y penínsulas, entre el océano y las montañas, encerradas entre límites étnicos y vecinos en guerra.

En este caso el nexo es la práctica religiosa (una tercera parte de los miembros de la comunidad son Adventistas del Séptimo Día). La vida se vive siguiendo normas estrictas (que en realidad son bastante saludables), la dieta es vegetariana y a base de ingredientes sin procesar, que incluye abundantes frutos secos, y la gente disfruta de comidas comunitarias. El ejercicio físico se valora y se incorpora en los vecindarios, y se fomentan el descanso y las actividades relajantes (el *sabbat* se observa estrictamen-te). Fumar está desaconsejado. Así que aunque la espiritualidad influye en la longevidad, son los aspectos prácticos de la vida comunitaria lo que acaba marcando una diferencia, en especial la voluntad de esta comunidad de hacer lo correcto hace de este lugar (y del mundo) un lugar mejor para todos.

El psiquiatra Harold G. Koenig investiga los efectos de la religión y la espiritualidad en la salud. Trabajando con personas ancianas, ha descubierto que cuando se satisfacen ciertas necesidades espirituales, es mucho más probable que envejezcamos saludablemente. Tal vez no sea sorprendente que esas necesidades espirituales incluyan necesidades religiosas, como la de experimentar una relación con un Dios viviente, expresarnos de un modo religioso y que se respete nuestra perspectiva espiritual. Estas demandas incluyen además requerimientos espirituales más amplios, como perdonar y ser perdonado, poder expresar la ira y las dudas, servir a otros y sentir gratitud, tras-

ARRIBA: Un hombre de 94 años se da su baño diario en Loma Linda (California), una ciudad popular por la edad avanzada y la buena salud de sus habitantes.

cender nuestras circunstancias y prepararnos a conciencia para la muerte. Pero bajo todo esto están las necesidades humanas de amor incondicional, dignidad y autoestima, y de una vida con significado en la que haya un lugar para la esperanza.

Respirar el universo

El objetivo de esta técnica centenaria de respiración del yoga es trascender lo personal y experimentar la interconexión de todas las cosas del mundo espiritual. Con cada inspiración repite el sonido «*so*», con la espiración repite «*hum*». Así de sencillo. Empieza susurrando las palabras para acostumbrarte a su sonido, luego repítelas en silencio. «*So*» significa uno mismo y se dice que es el sonido que emiten todas las criaturas vivientes cuando inhalan. «*Hum*» se refiere al universo y es el sonido que todas las criaturas hacen al exhalar. Al repetir una y otra vez estas dos palabras cuando inhalas y exhalas el *prana*, la respiración y la energía vital, te vinculas con la energía del mundo y de cada ser viviente.

DERECHA:
Al contemplar el universo nos alineamos con las fuerzas naturales, el ciclo de la vida y la energía cósmica de los ritmos circadianos.

Meditar en la compasión

Tenemos evidencias de que a medida que envejecemos somos más proclives a orar y reflexionar. La compasión es una cualidad que va evolucionando, y las personas mayores son el motor espiritual de muchas comunidades de fe, en las que desempeñan el papel de padre espiritual o compañero de plegarias. Esta práctica, *metta bhavana*, desarrolla nuestra compasión, amabilidad, tolerancia y empatía innatas cultivando la amabilidad amorosa para todos los seres. Repártela en sesiones de diez minutos y pasa al siguiente paso cuando te sientas cómodo con el anterior.

DERECHA: La meditación desarrolla la compasión, el amor y la amabilidad, y todo ello nos impulsa a ayudar a los demás.

1. Siéntate cómodamente en una posición erguida, con las manos en las rodillas o los muslos. Cierra los ojos y enfócate en tu interior, observando la respiración, que se volverá más lenta y prolongada a medida que te vayas relajando. Ahora lleva la atención a tu corazón y observa cómo lo notas, sin hacer análisis alguno.

2. Recuerda una época en la que te sentías bien contigo mismo. Trae a la mente los olores y sonidos, recuerda qué ropa llevabas y la sala donde estabas. Permite que te llenen las sensaciones de felicidad, seguridad y paz interior. Si no encuentras un momento específico, imagínate uno.

Asocia esos sentimientos con la siguiente frase, repetida lentamente y en silencio en tres exhalaciones: «Que yo sea feliz. Que esté bien. Que esté libre de dolor». Fíjate en cómo te hacen sentir las palabras. Puedes crear tus propias frases para expresar estos sentimientos, si lo prefieres.

3. Piensa en un buen amigo. Represéntate mentalmente a esa persona, o recuerda un momento que disfrutasteis juntos. Permite que los sentimientos de amor y seguridad que evocaste en el paso anterior llenen tu corazón. Luego envíale esos sentimientos, imagínate que los envuelves para tu amigo, repitiendo: «Que seas completamente feliz. Que estés bien. Que estés libre de dolor».

4. Cuando te sientas listo, piensa en alguien a quien no conozcas mucho. Evoca esos mismos sentimientos y, esta vez, extiéndelos a esa persona. Repite las palabras. Imagínate al destinario envuelto en seguridad y amor incondicional.

5. Piensa en alguien que te desagrade, en alguien que incluso te haya hecho daño. Observa qué sentimientos aparecen cuando piensas en esa persona. ¿Cuánta felicidad podrías sentir si soltaras esa negatividad? Date cuenta de que tienes elección. No tienes que abrazar esos sentimientos. Ahora evoca tu escena de felicidad y permite que los sentimientos de amor y seguridad eliminen a los de incomodidad. Sin pensar demasiado, envía este sentimiento a esa persona, repitiendo las frases. Si te ayuda, inclúyete diciendo: «Que seamos totalmente felices…». Esto tiene efectos, incluso si no lo pretendes.

6. Para acabar, trae de nuevo los sentimientos de felicidad y paz e irrádialos hacia cada ser viviente de este mundo. Empieza con tu casa, tu calle, tu ciudad, tu región, tu país, tu continente… hasta que hayas extendido la red de buenos deseos tan lejos como pueda llegar. Luego siéntate en silencio, acostumbrándote de nuevo a la sala donde estás.

Comunidad y longevidad

La vida social y una buena red de apoyo nos animan a medida que envejecemos, y previenen el deterioro cognitivo y el riesgo de demencia. Dicen los estudios que las relaciones sociales influyen en la mortalidad tanto como fumar. El aislamiento es el primer paso hacia la demencia y la pérdida de una vida autónoma. Lo triste es que si estamos socialmente aislados, es más probable que muramos antes.

Tenemos muchas más probabilidades de vivir solos que las generaciones anteriores. En algunos países de Europa, más del 40% de las mujeres mayores de 65 años viven solas, según la OMS. Esto es una tendencia incluso en países con una fuerte tradición de convivencia familiar como Japón. En el Reino Unido, más de la mitad de las personas viven en un punto alejado de su lugar de origen y un millón de personas mayores de 75 años no conocen su vecindario más próximo.

Cuando fallece la persona que tenemos más próxima, la comunidad adquiere importancia. Perder a la pareja es la principal circunstancia que nos lleva a recluirnos en casa, exponiéndonos a la exclusión social que a su vez contribuye al declive físico y mental. Sin embargo, la vida después del matrimonio, incluso si nos quedamos viudos, puede ser larga y feliz, y elegir vivir solo en el propio hogar en lugar de mudarse a una residencia se asocia con una mayor longevidad y mejores lazos sociales. Para muchos, perder a la pareja es un acicate para salir y hacer todo lo posible para evitar la soledad. En el estudio Proyecto Longevidad, que siguió la vida de los participantes desde la década de 1920 (véase la pág. 361), mujeres viudas o divorciadas que se mantuvieron sin pareja tenían más probabilidades de vivir hasta la setentena. En cambio, los hombres necesitaban un matrimonio largo para alcanzar la misma edad.

La mayoría de nosotros vivimos en familias de varias generaciones, pero con solo algunos miembros de cada una. En la edad mediana y avanzada, es probable que tengamos cerca a nuestros padres, nuestros hijos y adultos de distintas edades. Según la OMS, no hay antecedentes históricos de esta situación. Al parecer, las relaciones intergeneracionales nos hacen actuar como si fuéramos jóvenes, y mayores grados de integración mientras envejecemos reducen la probabilidad de enfermedad (sin embargo, las relaciones entre los más jóvenes y los más ancianos son menos probables). En todo el planeta, las personas luchan contra ese «*apartheid* generacional». En la residencia Humanitas de Deventer, en Holanda, los estudiantes viven con personas mayores y prestan

DERECHA: Podemos crear un espacio mejor para que todos crezcan uniéndonos a la comunidad, contribuyendo a ella y compartiendo tiempo con gentes de todas las generaciones.

EL ESPÍRITU DE BABA YAGA

Baba Yaga («la abuela bruja») es una poderosa hechicera rusa con un temperamento espeluznante y un rostro temible. Vive en el bosque, en una cabaña alzada sobre patas de gallinas y coronada con la cabeza de un gallo. Se come a los desobedientes y recompensa a los que la complacen. Lo que más valora es la inventiva. Un grupo de mujeres mayores de París se ha inspirado en la energía de esa anciana para poner en marcha *La Maison des Babayagas* (la casa de las brujas), un proyecto de vivienda comunitaria autogestionada en el que mujeres mayores de 60 años viven juntas, con el objetivo de envejecer bien, mantenerse activas y disfrutar siendo protagonistas, experimentar los placeres de la vida y las oportunidades de aprendizaje constante que ofrece la ciudad (el proyecto incluye una universidad para personas mayores).

En su tratado sobre la ancianidad, *La Vieillesse* (1970), la escritora feminista Simone de Beauvoir dice que nuestra forma de ver la ancianidad y de tratar a los mayores evidencia un fracaso de «la civilización humana». Ella nos invita a repensar cada relación y cada forma de vivir para crear una sociedad más justa. Es lo que hacen medio siglo después estas feministas francesas que se hacen cargo de su propio envejecimiento, con millones de ancianos más en el mundo.

DERECHA: Se suele representar a la abuela bruja Baba Yaga montando un almirez que dirige con un mortero. Barre su rastro con una escoba de abedul plateado.

30 horas mensuales de servicios de «buenos vecinos» a cambio de no pagar un alquiler. Las distintas generaciones cocinan y comen juntas, y comparten actividades sociales, desde partidos de fútbol a fiestas, y todos parecen entusiasmados. La OMS apunta que las personas mayores deberían reconocerse como una riqueza para las generaciones más jóvenes.

Alemania ha inaugurado 450 centros multigeneracionales de reunión, con «salones públicos» en los que todos pueden pasar tiempo juntos. Las residencias del Reino Unido, pasando por las de Tokio y Singapur, están abriendo guarderías en las que se comparten actividades como las comidas y la actividad física. Los ancianos se benefician de la energía y el espíritu de los más jóvenes, y los niños pequeños se empapan del amor y la experiencia de los mayores, algo que permite romper estereotipos en todas las generaciones. Las investigaciones muestran que a partir de los 50 años no queremos actividades solitarias. Si somos escritores, queremos clases de escritura. Si nos encanta la horticultura, queremos un huerto. Si nos gusta la música, queremos tocar en un grupo, da igual nuestra edad.

Un informe del Centro Internacional de Longevidad del Reino Unido establece qué necesita una comunidad para ofrecer un buen envejecimiento a sus miembros. Al principio de la lista están más lugares donde puedan reunirse personas de todas las edades (el juego parece un factor clave para un buen envejecimiento), además de formas asequibles y sencillas de desplazarse. Una cuarta parte de los mayores de 80 años en el Reino Unido no tienen acceso a un coche, por lo que poder desplazarse a pie o en bicicleta es una cuestión importante. En Holanda, casi una cuarta parte de los desplazamientos de los mayores de 65 años se hacen en bicicleta. Para salir a relacionarnos necesitamos multitud de sitios en los que sentarnos y descansar, comer y usar los aseos (la ausencia de baños públicos está directamente relacionada con la soledad y el aislamiento; el miedo mantiene a la gente encerrada en casa).

Ser parte de una comunidad significa que todos invierten energía en ayudar a los demás. Las ciudades adaptadas a la edad avanzada deberían contar con espacios en los que personas de todas las edades puedan compartir habilidades y ofrecerse como voluntarios. En el informe sobre la tercera edad en las ciudades del Real Instituto de Arquitectos Británicos, el 76% de las personas mayores de 65 años afirmó que los mayores eran talentos desperdiciados. Ayudar a otros parece reducir la depresión (se estima que una de cada cinco personas de más de 65 años está deprimida). En la tradición del yoga, el servicio a la comunidad es un camino espiritual en sí mismo: el *karma yoga* (servicio desinteresado) es una forma de autorrealización cuyo valor espiritual equivale al *bhakti yoga* (devoción), al *raja yoga* (meditación) y al *jnana yoga* (el estudio de los textos sagrados).

Las personas que se dedican a actividades que sirven de ayuda a otros tienden a vivir más tiempo: el hábito de la persistencia marca una diferencia, según los hallazgos del Proyecto Longevidad (véase la pág. 361), que al parecer tiene más efectos en la longevidad que la positividad o el sentido del humor. El compromiso con el servicio a la comunidad se evidencia cuando participamos en política. En Estados Unidos, las mujeres mayores de 65 años son el grupo demográfico que más se registra para votar, mientras que en el Reino Unido, los asientos del ayuntamiento ocupados por mujeres aumentan significativamente con la edad. También marcan la diferencia en la organización local y la recogida de fondos de los partidos («lo hago porque es lo correcto» fue una motivación frecuente esgrimida en un estudio sobre el activismo de las mujeres mayores). La edad despierta la energía, la sabiduría y la compasión que nos lleva a decir basta y a hacer algo para mejorar las cosas.

El compromiso a largo plazo con un empleo también se asocia con la longevidad: las personas que trabajan hasta después de los 55 años parecen mostrar una pérdida de función cognitiva más lenta y vivir más que quienes se jubilan pronto, según una investigación publicada en *British Medical Journal*. Un estudio alemán de los trabajadores de una planta de coches observó que la productividad de los trabajadores aumenta hasta los 65 años. Los efectos beneficiosos del trabajo pueden ser el resultado de la camaradería y de un sentido de propósito. Otro estudio vio que cuantos más roles tenemos en la vida (empleado, voluntario, miembro de un club deportivo, hermana, miembro de una congregación), mejor funcionan los pulmones en la edad avanzada, sin que importe qué roles sean esos.

> «¿Hay algo más placentero que vivir la ancianidad rodeado por el entusiasmo de la juventud?».
>
> **CICERÓN**

IZQUIERDA: En 2012, a la edad de 66 años, Susan Sarandon encabezó la Top 10 Celebrity Protesters de la revista *Time*, encarnando en su vida personal a las personalidades valientes y extrovertidas que interpreta como actriz.

EL PROYECTO LONGEVIDAD

En 1921 un grupo de psicólogos de la Universidad de Stanford empezó a estudiar las vidas de 1.500 personas; esta investigación duraría ocho décadas. El plan era ver cuáles de ellos vivían más y qué factores psicológicos influían en su salud y su bienestar. Algunos de los descubrimientos parecían contrarios a la lógica: el matrimonio no protegía la salud, como demostró el hecho de que hubiera mujeres solteras que vivían mucho, trabajar muchas horas no destrozaba la salud (al contrario, podía llevar a tener vidas más largas), la felicidad y la positividad no proporcionaban los beneficios que podríamos esperar (llevó a muchos a asumir más riesgos y a muertes por accidentes y tabaquismo). La mayor lección extraída fue que vivir de forma consciente desde la niñez (respetando las reglas, persistiendo en seguir adelante, valorando la prudencia y la planificación, preocupándose de los detalles y de hacer lo correcto) tenía un papel protector. La persistencia hacía que las personas tuvieran mejores relaciones y se implicaran más con sus redes de contactos, tuvieran más éxito en el trabajo y llevaran vidas con sentido y propósito. Esa es la personalidad longeva.

Sanación verde y azul

Tener acceso a un espacio verde comunitario parece ser especialmente útil a medida que cumplimos años. En el estudio estadounidense de 1976 llamado *Nurses' Health Study* se investigó a 108.000 mujeres. Las que tenían acceso a zonas verdes mostraron una tasa un 12% menor de «todas las causas de mortalidad no accidentales» que las que tenían menos zonas verdes en su vida cotidiana. Los científicos lo señalan como una forma de reducir el riesgo de depresión y de favorecer una mayor participación en la comunidad.

La posibilidad de contemplar un espacio verde nos hace sentir cómodos y seguros. Según investigadores holandeses, se reducen el estrés, la ira, la frustración y la agresividad, y tiene efectos positivos en la salud mental y la función cognitiva. Todos deberíamos tener cerca parques y jardines (y columpios y gimnasios), según recomienda el Centro Internacional para la Longevidad. Un parque agradable a diez minutos caminando influye en cuánto tiempo andamos, en el que pasamos al aire libre y en la frecuencia con que socializamos. Las relaciones al aire libre no solo nos hacen sentir que tenemos mejor salud, también refuerzan la cohesión social de un vecindario.

El contacto con el agua (espacios azules) tiene efectos similares. La Universidad de Exeter analizó los datos censales de 48 millones de personas en Inglaterra y

observó que vivir cerca de la costa se asocia con una mejor salud y más felicidad. Los resultados fueron aún más acusados en las comunidades pobres. Las peceras tienen un efecto similar… ¡incluso cuando en ellas no hay peces!

BAÑOS DE BOSQUE

Los baños de bosque (*shinrin-yoku*) se prescriben en el sistema público de salud de Japón desde 1982. Se receta a la gente con estrés que siga las sendas terapéuticas de los bosques. Según los investigadores, pasar tiempo en entornos naturales parece aumentar la circulación sanguínea al cerebro, y sus efectos sobre la inmunidad se mantienen hasta un mes después.

IZQUIERDA: Los estudios muestran que cuanto mayor es la frecuencia y el tiempo que pasamos en espacios verdes, más activos estamos y más beneficios sentimos sobre nuestro bienestar y nuestra salud mental.

«No es la belleza del bosque lo que atrae a los corazones de los hombres, sino ese algo sutil, esa cualidad del aire que emana de los árboles viejos, que cambia tan maravillosamente y que renueva el espíritu cansado».

ROBERT LOUIS STEVENSON

EL ESPÍRITU DE LA CANCIÓN

Unirse a un grupo de canto coral tiene efectos positivos medibles para las personas mayores, según el Instituto Nacional de Salud y Excelencia Clínica del Reino Unido. Además de los beneficios sociales (alivia la soledad y la depresión, nos mantiene activos y nos da una buena razón para salir de casa), el canto coral parece desarrollar la fuerza de la parte inferior del cuerpo y equilibrar y reforzar la memoria y la función ejecutiva (la capacidad mental para planificar, organizar y hacer las cosas), a la vez que reduce el estrés y estimula la producción de endorfinas, que nos hacen sentir bien. Cantar en un coro se asocia con menos visitas al médico y un menor consumo de fármacos. Otros proyectos artísticos comunitarios en los que los estudios han observado efectos energizantes para la salud incluyen la escritura creativa y las clases de arte, pero además el canto retribuye a los demás. Es placentero para las audiencias y transmite la herencia cultural. Los coros nos arraigan a un lugar y nos permiten expresar esa conexión expresando sentimientos a través de las canciones, más allá de nuestras vidas y hacia el futuro.

Desde el punto de vista del yoga, cantar activa *vishuddha*, el chakra de la garganta, la energía central conectada con la empatía y la conexión con las vibraciones de los demás. Desde aquí podemos expresar la creatividad y comunicar lo que necesitamos para sentirnos felices. Se dice que cuando este centro de energía funciona, favorece una vida más larga.

IZQUIERDA: Nuestros latidos cardíacos se sincronizan cuando cantamos en grupo. Una investigación realizada en 2008 por las universidades de Harvard y de Yale descubrió que cantar en un coro aumenta la esperanza de vida.

Los frutos de la tierra

La horticultura no solo potencia la salud cardiovascular. La afición a cultivar promueve los hábitos asociados con la salud mental y el bienestar emocional, como la autoestima y la persistencia. Cuanto más sedentarios, solitarios y encerrados estamos, mayores beneficios nos aporta. En los estudios, las personas tuvieron más posibilidades de persistir en la horticultura que en un plan de ejercicios, y la continuidad de la rutina y el ritual fomentan la memoria. Parece que los huertos urbanos o comunitarios son especialmente beneficiosos (su naturaleza semipública mejora la integración social y cultural y combate el aislamiento).

Es reconfortante pensar que, a medida que nos hacemos mayores y pasamos más tiempo en un lugar, somos lo que comemos: nuestros cuerpos pasan a ser parte del lugar si comemos los productos de ese suelo, clima y geología, también llamado *terroir*. Los análisis de los huesos de esqueletos antiguos pueden determinar con precisión dónde creció esa persona, puesto que sus alrededores forman parte, literalmente, de esos huesos. Si nos tomamos el tiempo y las molestias de descubrir qué crece bien en nuestro clima y suelo, y cultivamos plantas con una larga historia en nuestra zona, nos sentiremos motivados a embebernos de nuestra cultura y paisaje y a expresar nuestra identidad. A medida que envejecemos y nuestra percepción del tiempo se acelera, el ciclo de arar, sembrar, trasplantar, abonar, cosechar y comer se hace más perceptible. ¿Hay una forma mejor de obtener placer del paso del tiempo? Cicerón habló del

DERECHA: Cultivar plantas o un jardín nos permite hacernos conscientes a todos los niveles físicos del paso del tiempo y de la muerte detrás de cada nuevo crecimiento. Esto puede resultar tranquilizador y sanador.

placer de ver crecer las uvas en la vid, con la humedad de la tierra y el calor del sol nutriéndolas hasta hacerlas madurar desde un sabor amargo a uno dulce. Esta observación contiene una lección metafórica sobre la dulzura de una vida que da sus frutos.

«Tus descendientes recogerán tus frutos».

VIRGILIO

CALENTAMIENTOS IMPROVISADOS

Los ejercicios de confianza ayudan a romper el hielo en los grupos creativos intergeneracionales. Estos calentamientos usados por los actores y los monologuistas nos dan algunas ideas divertidas que podemos explorar.

- **Comparte tu movimiento.** De pie en un círculo, una persona empieza a mover solo un poco una parte del cuerpo (dedos de los pies, de las manos, nariz), y el movimiento crece hasta que quien lo realiza «lo lanza» aleatoriamente a otra persona, que lo continuará. La segunda persona desarrolla el movimiento, lo lleva a otra parte del cuerpo y, cuando está lista, se lo envía a otro miembro del círculo. Este ejercicio estimula el contacto visual, y suelta el cuerpo y la imaginación.

- **Siéntate, ponte de pie, apóyate.** Escoge a tres personas. Una de ellas se sienta, otra se queda de pie y la tercera se apoya. Luego representan alguna situación (en la consulta del médico, en el campo de juego, en la clase) e improvisan una escena. Cambia de posición durante la improvisación, pero siempre debe haber alguien en una de las tres posturas.

Me inclino ante ti

Namasté es el saludo tradicional indio, en el cual se unen las palmas de las manos a la altura del corazón. Se traduce como «lo que hay de divino en mí se inclina ante lo divino que hay en ti». Esto alude a la creencia de que en el corazón de todos nosotros hay una chispa de divinidad. Al juntar nuestras palmas en el centro del pecho (una posición llamada *anjali mudra*) honramos esta conexión con los otros. La presión en las palmas activa los chakras menores que se conectan con el corazón, y al mismo tiempo unir las manos estimula los dos lados del cerebro.

El viaje de una vida

La edad despierta distintas vulnerabilidades, ansiedades y sentimientos de fragilidad a medida que la mente, el cuerpo y la vida familiar parecen cambiar con nuestra posición en la sociedad. Tal vez sintamos un vacío, una sensación de perder a la persona que pudimos llegar a ser.

Quizás tenemos menos puntos de referencia que nos permitan intuir en quiénes nos convertiremos en el futuro. Nos resultan difíciles el obligado cambio de circunstancias y la desasosegante certeza de tener que despedirnos de algunas partes de nosotros mismos.

Sin embargo, envejecer también nos permite soltar todo lo que ya no nos sirve (aquello que no conseguimos, las expectativas que no cumplimos) y dejar espacio para otras cosas. Una vez que los hijos dejan el hogar familiar, se acaba el trabajo, las hormonas decaen y pasamos un tiempo de duelo, reencontramos nuestro rumbo y nos rehacemos, queda espacio para alimentar nuevos proyectos que requieren la generosidad de nuestro tiempo y atención, tal vez una práctica creativa o un negocio, un nuevo lugar donde vivir o una nueva pasión. Carl Jung dijo que la vida tenía una mañana, una tarde y una noche, y creía que las actividades que son idóneas en la ma-

ñana de la vida, tal vez no fueran apropiadas para las tardes o las noches. Cada una de ellas tiene su momento, y a medida que el día pasa encontramos sentido y propósito en las nuevas cosas apropiadas para cada período. Si nos empeñamos en asuntos de la mañana por la noche, no creceremos.

Recogerse es una práctica espiritual útil en los tiempos de transición. Cuando lo que nos rodea nos hace sentir inseguros, hacer introspección usando técnicas de meditación nos ayuda a reajustar las expectativas y a probar nuevos aspectos de nosotros mismos con seguridad. Entonces, cuando te ves en una encrucijada, eres capaz de escoger un camino recurriendo a tu experiencia, las lecciones prácticas y la compasión aprendida en décadas de tomar decisiones realistas sobre qué hacer a continuación, y de ver que tu vida ha tenido un propósito hasta ahora, y que la que queda seguirá teniendo muchos más.

IZQUIERDA: Atreverse a dejar ir puede dar paso a una experiencia liberadora y estimulante que deje espacio para una nueva vida.

Contención

1. Descansa en la postura del niño (*balasana*, véase la pág. 65), con o sin apoyos. Es una posición de rendición y veneración que pone en contacto la frente con la energía de la tierra para obtener una tranquilidad profunda. Podemos descansar así y esperar que el universo haga su trabajo.

2. Pon la atención en cómo la respiración mueve tu espalda. Nota cómo se expande alrededor del sacro y cómo ensancha tus costillas traseras. Contempla la preciosa fuerza de la vida, *prana*, en cada respiración y nota cómo sube y baja. En el yoga, la parte frontal del cuerpo representa lo individual, es donde se encuentran nuestros órganos. La parte trasera representa a la comunidad, todo lo demás que existe en el universo. Por lo general descuidamos esta parte porque nuestros sentidos se centran en el frente. También se considera que la parte trasera es el oeste, que es suave y cede a la energía activadora del este. Piensa en la energía del sol cuando amanece por el este y se pone por el oeste. Deja que la energía del oeste y la conexión con el universo te ayuden a adaptarte a lo que ha de venir. Al flexionarnos hacia delante nos rendimos a las fuerzas de la naturaleza en funcionamiento durante el envejecimiento, y nos sentimos resguardados y seguros.

Consuelo inmediato

Para calmarte de forma instantánea colócate un peso ligero sobre la frente. Te dará también una sensación de amabilidad contigo mismo. Este peso presiona los puntos neurovasculares de la frente del mismo modo que nos colocamos la palma de la mano sobre la frente cuando tenemos conocimiento de malas noticias, una reacción humana instintiva.

- Descansa en la postura del cadáver (*savasana*, véase la pág. 385) y colócate una toalla doblada o una almohadilla para los ojos en la frente durante 8 minutos o más. En el *iyengar yoga* podemos envolvernos suavemente la cabeza con una banda de tela arrugada antes de relajarnos, algo que resulta increíblemente tranquilizador.

REPENSAR QUIÉNES SOMOS

En el tránsito hacia el envejecimiento y sus circunstancias cambiantes, es útil tomarse un tiempo para reconsiderar quiénes somos y dónde estamos, y preguntarnos si nuestra vida sigue siendo feliz y significativa. Estas preguntas pueden alimentar la vida interior y el sentido de espiritualidad que nos ayuda a pasar por emociones negativas, como la vulnerabilidad y la pena, y cultivar la esperanza y un sentido de propósito autónomo:

- ¿Cuál ha sido el propósito de mi vida hasta este momento?
- ¿Cuál puede ser ahora?
- ¿Qué me hace sentir completo?
- ¿Qué experiencias vale la pena llevar adelante?
- ¿Qué finales inconclusos puedo cerrar?
- ¿Son satisfactorias mis relaciones?
- ¿Cómo puedo encontrar nuevas formas de intimar y conectar con otros?
- ¿Qué es la alegría para mí?
- ¿Qué cosas hacen que la vida valga la pena?
- ¿Qué me resulta difícil en este momento?
- ¿Cómo manejo lo que me resulta difícil?
- ¿Tengo un sostén para la esperanza? ¿Procede de una tradición espiritual?
- ¿Soy más capaz ahora de vivir con la ambigüedad y la incertidumbre?

- ¿Puedo hacer algo sobre lo que ha quedado sin hacer o sin decir?
- ¿Cómo he hecho que el mundo sea un lugar mejor?
- ¿Cuál ha sido el valor de mi vida?
- ¿Qué me sobrevivirá? ¿Cuál será mi legado?

ARRIBA: Acostúmbrate a tomarte un tiempo aparte de las rutinas semanales para pensar en lo que es realmente importante, repensar las prioridades y renegociar tus relaciones.

Meditación en el tiempo

El cuerpo no deja de evolucionar, algo que nos resulta evidente en ciertas etapas de la vida (infancia, adolescencia, embarazo, menopausia). Pero las células se renuevan constantemente. No tenemos un cuerpo fijo. Esta meditación hace emerger la conciencia empoderadora de que no somos el cuerpo físico, sino un constante «yo» en su interior.

1. Siéntate o arrodíllate cómodamente, con las manos sobre las rodillas o los muslos. Cierra los ojos y centra tu mente en los movimientos de la respiración entrando y saliendo del cuerpo.

2. Cuando tu mente esté tranquila, empieza a centrarte en tu cuerpo. Imagínate la línea media de tu columna emergente, días después de la concepción. Observa tus dedos de las manos y los pies cuando eras un recién nacido. Visualiza tus brazos y piernas cuando tenías dos años y cuando tenías ocho. Piensa en los cambios de la adolescencia. Si eres madre, recuerda los cambios físicos del embarazo. Comprende que el cuerpo está constantemente cambiando y que no define quién eres.

3. Empieza a observar tu mente. Considérala una pantalla en blanco y contempla los pensamientos que se proyectan en ella sin dejarte llevar. Observa quién eres cuando eliminas tus pensamientos. Ellos no son tú.

4. Luego percibe las sensaciones (quizás alfileres y agujas en las piernas, la nariz que te pica, la urgencia de estornudar, el aire en la piel desnuda). Mira cómo cambian a medida que pasa el tiempo, y comprende que la estimulación de los receptores de los sentidos es independiente de ti.

5. Valora la libertad de no tener que ser tu cuerpo, tus pensamientos o tus sensaciones. Disfruta el potencial que esto tiene. Usa este conocimiento para ayudarte a decidir lo que quieres de la vida y para poner en marcha esos cambios y hacerlos realidad.

Los cinco actos de la vida

Una de las características del cerebro humano es su tendencia a buscar un sentido a las cosas. No podemos resistir la tentación de explicar una serie de acontecimientos aleatorios aplicándoles distintas causas y efectos, convirtiéndolos en un relato. Esto resulta útil cuando nos hacemos mayores y nos esforzamos por encontrar significados en la vida. Crear una historia vital que enfatice la espiritualidad ayuda a las personas a desarrollar relaciones más sólidas con otros, también en las residencias. Este ejercicio se basa en las técnicas para estructurar historias y nos ayuda a dar sentido a la vida vivida y a la futura. Usa estas preguntas para escribir la historia de tu vida en cinco actos.

Acto 1: ¿Quién eres y cuál es tu estado emocional? ¿Cuál es tu objetivo? ¿Por qué le importas a la gente? ¿Qué te hace comenzar el viaje de tu vida?

Acto 2: ¿Qué reticencias te despierta seguir este camino? ¿Qué obstáculos afrontas? ¿Has aprendido algo? ¿Cómo te cambia esto o cómo cambia tu objetivo?

Acto 3: ¿Qué has aprendido en mitad de tu historia que cambie tu forma de ver la vida o de ver tu objetivo? ¿Qué pasa si no lo cambias? ¿Cuál es tu estado emocional en mitad de tu historia?

Acto 4: ¿Qué dudas tienes? ¿Cuál es el mayor obstáculo para alcanzar tu objetivo? ¿Cómo lo afrontas y cómo afrontas el cambio?

Acto 5: ¿Vas a alcanzar tu objetivo, o vas a escoger otro camino? ¿Vas a descubrir tu verdadero yo y tu verdadero propósito? ¿Cuál es tu estado emocional al final de tu historia? ¿Por qué le importas a los demás?

La energía del cambio

Kali es la feroz diosa hindú que nos ofrece fuerza en las épocas de cambio. Es el espíritu del tiempo y encarna sus ciclos, los cambios que traen y el terrorífico poder del tiempo para crear y destruir. Es de color azul, con tres ojos que miran fijos mientras saca la lengua. Se la representa pisando el cuerpo muerto de su esposo, Siva. De su cinturón cuelgan cráneos y de su cintura, manos humanas, mientras blande una cabeza cortada goteando sangre con una de sus cuatro manos, y sostiene una espada en la otra. La intensidad de su energía aniquiladora es terrorífica. Cuando se enfrenta a sus enemigos y batalla contra los demonios está ebria de energía destructora. Es la representación hindú de la energía divina más horrible y representa cómo podemos percibir la vida en esta etapa: cruda, sangrienta, el fin del mundo.

Pero las otras dos manos de Kali ofrecen bendiciones, y en la India se la venera como la Madre Divina cuya energía feroz nos da el poder de resistir frente a lo peor y de emerger de ello con la energía y el espíritu intactos. A la muerte de todo sigue el crecimiento, y Kali nos recuerda nuestro infinito potencial creativo.

DERECHA: La diosa hindú Kali es terrorífica: mirarla debería hacernos salir de nuestro pensamiento cotidiano. Ella nos anima a canalizar, si podemos, esa potencia bruta.

Postura de Kali

Esta sencilla posición de pie nos llena de la fiereza de la energía creativa de Kali y nos hace sentir increíblemente poderosos.

1. Ponte en la postura del caballo, con los pies separados a mayor anchura de las caderas y abriéndolos un poco, con las rodillas un poco dobladas. Descansa las manos sobre las caderas.

2. Mientras exhales, baja para hacer la sentadilla más intensa y levanta los brazos, los codos doblados a 90 grados, como un cactus, y con los dedos extendidos, con las palmas abiertas y mirando hacia delante. Exhala por la boca haciendo ruido, como «haaaaa». Saca la lengua si te resulta agradable.

3. A medida que inhales, regresa a la postura del caballo. Repite la sentadilla y la espiración sonora de cuatro a seis veces. Mira hacia delante y nota la energía fiera de Kali en la fuerza de tus piernas y en la potencia de la parte superior del cuerpo.

Contemplar la impermanencia

Este es un ejercicio de calentamiento del qigong. Camina cinco pasos en cualquier dirección, detente y observa el cuerpo inmóvil. Cuando estés listo, da otros cinco pasos en cualquier dirección y detente de nuevo. Repite esto durante cinco minutos en total, moviéndote donde el impulso te lleve y deteniéndote tanto tiempo como necesites. No hace falta que los pasos tengan la misma longitud, o que camines hacia delante. Puedes caminar hacia los lados, en diagonal, hacia atrás, dar pasos pequeños o largos. Nota cómo, sorprendentemente, la conciencia de impermanencia va desarrollándose.

Un trato con la muerte

Los mitos contienen una gran sabiduría. A través de ellos podemos explorar y articular lo más profundo, y a menudo lo más desagradable, las verdades de lo que significa ser humano. Muchas tradiciones tienen su propio relato sobre el precio que debemos pagar por volver a la vida tras haber entrado en el submundo. Hades, soberano del inframundo, secuestra a Perséfone y la obliga a convertirse en la reina de sus dominios. Finalmente es devuelta a la vida y regresa al mundo superior, pero como ha tomado las semillas de granada del inframundo, se ve obligada a regresar y a pasar un tercio del año lejos de la fertilidad de la tierra. Si has tenido una enfermedad que ha alterado tu vida, ¿qué pacto has hecho, a qué has renunciado para volver a tu antiguo mundo? Puede ser dejar el tabaco, saber que no puedes aumentar de peso o seguir un plan de ejercicio físico. Piensa cómo ese acontecimiento ha cambiado tu cuerpo y tu mente, y en qué clase de nuevo ser humano te has convertido.

ARRIBA: El secuestro de Perséfone por el dios del submundo según Rubens. Ella debe convertirse en la reina de los muertos y en la nueva vida que sigue al invierno.

Las cualidades del invierno

En las disciplinas artísticas es frecuente representar al invierno como una mujer anciana. Puede hacernos pensar en el espíritu de una abuela o una sabia anciana. El suyo es un momento de tranquilidad al que damos la bienvenida tras la energía y la actividad del verano y la fructificación del otoño, una época para retirarnos, descansar y reflexionar después de meses plenos y activos. Un verano interminable sería agotador, con flores abriéndose constantemente que no darían frutos y plantas que no conservarían energía suficiente para transferirla a sus semillas.

El invierno es una etapa necesaria en el ciclo anual, la época en la que nos recogemos y guardamos las semillas (los granos con capacidad para dar nueva vida y muchos felices resultados en el año). Tal vez no veamos todas las plantas que crecen de esas semillas, pero obtenemos fuerza de su potencia y su potencial, la energía creativa que contienen en sus vainas.

DERECHA: Skadi, la diosa nórdica del invierno y la caza, escoge a su esposo Njord (el de los pies más bellos, oculto tras una cortina). Por su tamaño en proporción con la habitación resulta evidente que es una giganta.

Postura del cadáver

Al final de cada clase de yoga se hace una relajación en la postura del cadáver (*savasana*). Durante esta relajación inmovilizamos el cuerpo y la mente, imitando a la muerte. Aunque es una postura difícil, durante la clase anhelamos esa «nada», ese dejar ir que nos conduce a una profunda restauración y rejuvenecimiento.

1. Túmbate de espaldas, relaja los brazos separándolos del cuerpo, con las palmas hacia arriba. Mueve los hombros para abrir el pecho, un importante centro de energía. Estira las piernas cómodamente, separándolas bastante para relajar las lumbares. Deja que los pies te cuelguen hacia fuera.

2. Nota cómo el suelo soporta todo el peso de tu pelvis, la parte trasera de tu cabeza, los hombros y los talones. Húndete hacia abajo.

3. Visualízate a ti mismo pesado sobre la tierra, hundiéndote y convirtiéndote en ella, alimentando el suelo en el que crecerán los árboles, absorbiendo el dióxido de carbono que el mundo exhala y enviando nuevo oxígeno. Ahora eres parte de la tierra, del árbol y del aire. Eres las moléculas que forman todo lo que existe en el universo.

4. Cuando estés listo, siente el mundo sobre ti. Imagina sus colores. Nota la sensación del aire en la cara. Mueve lentamente los dedos de las manos y los pies y la lengua. Estírate y rueda sobre un lado antes de empujar para sentarte.

Conciencia del final de los sonidos

Una meditación en el sonido es una introducción útil a los finales. Tal vez parezca perverso, pero contemplar la muerte despierta nuestra conciencia al presente, para apreciarlo y aprovechar al máximo cada minuto. Para este ejercicio necesitarás una campana o un platillo.

Siéntate en silencio, cierra los ojos y haz sonar la campana o el platillo. Sigue el sonido de las ondas sonoras a medida que cambian. Observa cómo la pureza del sonido inicial se hace más rica y resonante a medida que el sonido se alarga y luego se hace más absorbente para el oído a medida que se desvanece en ondas imperceptibles. Sigue las cuatro etapas del sonido: el silencio del que emerge, el principio, cómo se sostiene, luego decae y vuelve a convertirse en silencio. Nada, crecimiento, sostén, decadencia hasta la nada: una metáfora de la condición humana.

Contemplar la respiración retenida

Este es otro modo de contemplar los finales y de valorar el silencio, el espacio y las sensaciones de las oportunidades ilimitadas que traen. Durante la práctica, pregúntate si hay algo que te gustaría dejar de hacer. Si te estresas o te quedas sin aliento, vuelte a tu ritmo normal de respiración.

1. Siéntate cómodamente en una postura erguida y atiende a tu respiración. Después de un rato, observa los espacios al final de cada espiración antes de inhalar y al final de la inspiración, antes de espirar.

2. ¿Puedes retener el aire un momento al final de tu próxima inspiración sin forzar? Al final de la espiración, aguanta la pausa también un momento.

3. Repítelo haciendo una pausa al final de cada inspiración y espiración y alargando la duración del tiempo que aguantas. ¿Notas la diferencia entre la nada y la inspiración y la espiración? ¿Qué sensación te provoca esa detención? Disfruta sin tener nada que hacer. Siente el potencial de detenerte. Continúa tanto tiempo como puedas mantenerte enfocado y luego vuelve a tu ritmo normal de respiración.

«El yo no nace ni muere. Surge de la nada, la nada surge de él. Lo antiguo no nace, es eterno, perpetuo; él no muere, aunque el cuerpo muere».

KATHA UPANISHAD,
ANTIGUO TEXTO FILOSÓFICO VÉDICO

La isla de la vida eterna

En el lejano oeste, en el lugar donde el sol se esconde bajo el mar al final del día, está la isla de Avalon, el lugar donde la Dama del Lago guía a un rey Arturo herido después de su última batalla. Como Cicerón, Dante describe la edad avanzada como una pacífica navegación de regreso a casa. Avistamos la tierra y la costa al

IZQUIERDA: Glastonbury Tor, que se eleva desde los humedales de Somerset, ha sido asociado durante mucho tiempo con la isla de Avalon y las leyendas artúricas.

llegar a puerto para arriar las velas después de un largo viaje. En la isla de Avalon, Arturo descansará y se recuperará entre huertos de manzanos y árboles frutales. Es la isla de la Vida, donde nadie muere ni envejece. Como en los Campos Elíseos de los bendecidos adonde se retiraban los héroes griegos después de la muerte, todos los que habitan este lugar encantado están en la flor de la juventud. Aunque Arturo ha vivido un siglo de aventuras, como todos los superhéroes mantiene su forma juvenil, y es en Avalon donde espera ser llamado para salvar a la humanidad cuando sea necesario.

La mitología china habla de las islas de los Blest, «espíritus de las montañas» que viven en el océano y a los que es imposible encontrar porque, como Avalon, están envueltos en la niebla y hundidos entre las olas cuando los mortales se aventuran cerca. Aquí hay una fuente del vigor juvenil, entre preciosas joyas y hierbas de vida perpetua. Como ocurre con Avalon, los exploradores se proponen encontrar estas islas, pero la única forma de alcanzarlas es mediante prácticas mágicas, *fangshi*, que protegen el cuerpo y la mente.

Algunos dicen que estas islas corresponden a las tierras longevas de Okinawa, y los cuentos japoneses hablan de sus formas montañosas y del árbol de la vida del que penden joyas y el musgo de la inmortalidad. La vida perpetua del cuento japonés es algo que a los habitantes de la isla les parece tan inquietante que ruegan por su condición de mortales. De esto aprendemos que la inmortalidad solo es para las divinidades y los superhéroes como Arturo. Siempre quedará fuera del alcance de los mortales. Nuestra mayor esperanza de inmortalidad es el legado de una vida bien vivida.

ESPÍRITU LONGEVO

«Ahora bien, la cosecha de la vejez es, como he dicho tantas veces, el recuerdo y la rica reserva de bendiciones que hemos acumulado durante una época de la vida más fácil. Todas las cosas acordes con la naturaleza deben considerarse buenas. ¿Pero podemos estar más en sintonía con la naturaleza que cuando los hombres viejos mueren?… los ancianos mueren como un fuego que se apaga porque ha ardido según su naturaleza, sin medios artificiales. Igual que las manzanas sin madurar se arrancan de los árboles, pero que cuando están maduras y tiernas caen solas, así es la violencia que se lleva la vida de los jóvenes, y la madurez de los ancianos. Esta madurez me resulta tan deliciosa que, a medida que me acerco a la muerte, me parece avistar, como si estuviera aquí, una tierra a cuyo puerto me acerco al fin tras un largo viaje».

CICERÓN

Lecturas recomendadas

Allen, Katherine. *The Qigong Bible,* Godsfield Press, 2017.

Aurelio, Marco. *Meditations,* Penguin Classics, 2006.

Barnes, Julian. *The Sense of an Ending,* Vintage, 2012.

De Beauvoir, Simone. *The Coming of Age*, W. W. Norton & Company, 1996.

Bolen, Jean Shinoda. *Goddesses in Older Women*, HarperCollins, 2014.

Brown, Christina. *The Modern Yoga Bible*, Godsfield Press, 2017.

Cicerón. *On Living and Dying Well*, Penguin Classics, 2012.

Colette. *Break of Day*, Farrar, Straus and Giroux, 2002.

Collard, Patrizia. *The Mindfulness Bible*. Godsfield Press , 2015.

Dickinson, Emily. *The Complete Poems*. Faber & Faber, 2016.

Dinsmore-Tuli, Uma. *Yoni Shakti,* YogaWords, 2014.

Docherty, Dan. *The Tai Chi Bible*, Godsfield Press, 2014.

Estés, Clarissa Pinkola. *Women Who Run With the Wolves,* Rider, 2008.

Forster, E. M. *Aspects of the Novel*, Penguin Classics, 2005.

Graves, Robert. *The Greek Myths*, Penguin, 2017.

Iyengar, B. K. S. *Yoga: The Path to Holistic Health*, DK, 2014.

Jung, C. G. (Introducción de Anthony Storr). *The Essential Jung*, Fontana Press, 1998.

Kneipp, Sebastian. *My Water-Cure,* Forgotten Books, 2017.

Lad, Vasant. *The Complete Book of Ayurvedic Home Remedies*, Piatkus, 2006.

Lively, Penelope. *Ammonites & Leaping Fish*, Penguin, 2014.

Long, Diane, y Hoare, Sophy. *Notes on Yoga, The Legacy of Vanda Scaravelli,* YogaWords, 2017.

Marlowe, Christopher. *Doctor Faustus*, Longman, 2003.

Marriott, Susannah. *Witches, Sirens and Soothsayers*, Spruce, 2008.

Myers, Thomas W. *Anatomy Trains: Myofascial Meridians for Manual and Movement Therapists*, Churchill Livingstone, 2013.

Pilates, Joseph H., y Miller, William J. *Return to Life Through Contrology*, Martino Fine Books, 2014.

Rice, Sam, y Spencer, Mimi. *The Midlife Kitchen*, Mitchell Beazley, 2017.

Robinson, Marilynne. *Lila*, Virago, 2014.

Saradananda, Swami. *Chakra Meditation*, Duncan Baird Publishers, 2011.

Saradananda, Swami. *The Power of Breath*, Watkins, 2017.

Sarton, May. *Plant Dreaming Deep*, W. W. Norton & Company, 1996.

Semlyen, Anne, y Trewhela, Alison. *Yoga for Healthy Lower Backs*, Lotus Publishing, 2011.

Shakespeare, William. *King Lear,* Oxford University Press, 2008.

Shakespeare, William. *The Winter's Tale,* Oxford University Press, 2008.

Small, Helen. *The Long Life*, Oxford University Press, 2010.

Townsend Warner, Sylvia. *Lolly Willowes*, Virago, 2012.

Vogler, Christopher. *The Writer's Journey: Mythic Structure for Writers,* Michael Wiese Productions, 2007.

Yorke, John. *Into the Woods,* Penguin, 2014.

Recursos en línea

Introducción a la escritura terapéutica y reflexiva.
www.profwritingacademy.com/therapeutic-and-reflective-writing

Índice temático

Agradecimientos

Mi agradecimiento a Leanne por sus ideas brillantes y por iniciar el proyecto, y también a Ella y el equipo de Octopus. Me gustaría dar las gracias a mi profesora de yoga, Amanda Brown, por 12 años de inspiración durante dos días a la semana, y a todos los otros referentes del envejecimiento que hay en mi vida, sobre todo a Christina Bunce, Helen Shipman, Jane Pugh, Mary Mathieson, Lyn Gardner y Jo Leevers. Gracias a Gill Garrett por sus pensamientos estoicos y a Dan Cadwallader por su aportación sobre la película de la productora Hammer y su interpretación del envejecimiento.

Créditos de las fotografías

akg-images, Peter Connolly 315. **Alamy Stock Photo**, Anna Ivanova 213; ART Collection 379; Art Collection 2 335; Art Collection 4 151; Chronicle 108, 288, 358; Dinodia Photos 99; Lebrecht Music and Arts Photo Library 219; Michael Kemp 364; Mustafa Ismail 208; Olga Miltsova 246; Paul Fearn 384; Science Photo Library 71; Stefan Dahl Langstrup 60; Stephen Spraggon 388; Tim Gainey 20; Wavebreak Media Ltd. 147; Westend61 GmbH 10. **Bridgeman Images**, Birmingham Museums and Art Gallery 268; J. Paul Getty Museum, Los Angeles, USA 25; Pictures from History 305. **Dreamstime.com**, Anna Bocharova 35; Natalia Bachkova 322; Petr Goskov 233; Tilltibet 19; Wabeno 187; Wavebreakmedia Ltd. 18. **Getty Images**, A. Chederros 239; Alistair Berg 333; Andrea Wyner 117; Ascent/PKS Media Inc. 84; Ben Welsh 327; Blend Images - KidStock 45; BLOOM image 370; Bloom Productions 266; BSIP/UIG 101; David Lees 34; David McLain 351; DEA/G. CIGOLINI/Contributor 29; Dean Conger/Corbis via Getty Images 179; Dimitri Otis 160; Dominik Ketz/Contributor 338; Dougal Waters 36, 163, 376; Eric Fougere/Sygma via Getty Images 13b; Fancy/Veer/Corbis 252; Fine Art Images/Heritage Images 382; GARO 343; Hero Images 47, 295, 348, 375; Jamie Grill 46; Jose A. Bernat Bacete 386; Jose Luis Pelaez Inc. 347; Jupiterimages 336; Kjell Linder 366; Leemage/Corbis via Getty Images 39; Pascal Parrot/Sygma/Sygma via Getty Images 13a; Photo12/UIG via Getty Images 30; Rob Lewine 354; stilllifephotographer 323; Tetra Images 37; Thierry Dosogne 313; Westend61 7, 10; ZenShui/Frederic Cirou 285; Zu Sanchez Photography 26. **iStock**, 4kodiak 204; andresr 205; AntiMartina 241; anyaberkut 303; Avalon_Studio 189; Aviator70 283; bee32 261; Creativeye99 202; darjeelingsue 231; den-belitsky 236; dogfeeder 192; el_clicks 357; eurobanks 201; FatCamera 43, 59, 274; fcafotodigital 190; fizkes 125, 385; GCShutter 145; GMVozd 330; gnagel 321; GoodLifeStudio 299; graphicgeoff 220; gregory_lee 235; id-art 182; illustrart 186; jeffbergen 106; jenifoto 215; JensGade 191; Johnny Greig 223; juliedeshaies 193; konradlew 8, 362; kupicoo 218; laflor 301; Lecic 188; Magone 194; MarcoRof 111; monkeybusinessimages 184; mthipsorn 318; nerudol 195; Neustockimages 142, 324; OksanaKiian 210; ooyoo 248; Parshina Olga 69; PeopleImages 118, 264, 272, 296, 310; Rastan 352; rezkrr 249; Sasha_Suzi 58; scisettialfio 245; seanrmcdermid 199; SelectStock 140; splendens 308; spooh 316; Thomas_Zsebok_Images 390; vgajic 56; voinSveta 17; Wavebreakmedia Ltd. 312; YakubovAlim 198; YelenaYemchuk 259; YinYang 197; zeljkosantrac 216; ZU_09 77. **J. Paul Getty Museum**, 176. **Metropolitan Museum of Art,** Bequest of Phyllis Massar, 2011 250; The Elisha Whittelsey Collection, The Elisha Whittelsey Fund, 1951 28. **Octopus Publishing Group,** Ian Wallace 255; Russell Sadur 126, 229; Ruth Jenkinson 40, 49, 52, 62, 64, 68, 73, 74, 80a, 82, 83, 88, 90, 92, 95, 103, 113, 114, 119, 120, 122, 129, 130, 131, 133, 136, 139, 153, 154, 165, 168, 172, 174, 224, 226, 276, 280, 290, 340, 344, 369, 372, 380, 381; William Shaw 256, 257. **Pixabay,** Pitsch 242; urformat 104. **Press Association Images**, NurPhoto/SIPA USA 360. **Science Photo Library,** Dr. P. Marazzi 265; Gwen Shockey 14; Mauro Fermariello 51; Nicolle R. Fuller 287; Sovereign/ISM 270. **Shutterstock,** Brian A Jackson 23; Gekko Gallery 278. **SuperStock**, Fine Art Photographic Library 158; Lucenet Patrice/Oredia Eurl 171. **Wellcome Collection**, 207.